高职高专"十三五"物流类专业系列规划教材

交通运输与物流法规

主 编 余 霞

副主编 马耀文

西安交通大学出版社

XI'AN JIAOTONG UNIVERSITY PRESS

内 容 提 要

　　本书是根据高职高专教育特点，按照教育部有关精神，组织有丰富教学实践经验的教师共同编写的教材。全书共7个项目，内容几乎涵盖了交通运输与物流的主要法律法规，具体包括交通运输与物流法规基础知识、公路管理法规、公路运输管理法规、道路交通安全管理法规、交通行政管理法规、物流主体法规、物流职能法规等，内容翔实，案例新颖。每个任务都有导入案例，激发学生的学习兴趣；课后有案例分析、思考讨论、实训操作等丰富多样的练习，以方便检查学习情况；每个项目根据情况精选了法律法规条款，以拓展相关法律知识。本书的编写力求做到既有专业工具书的实用性，又有前沿案例的时代性。

　　本书既可作为高职高专物流管理、运输管理、交通运营管理等专业的教学用书，也可作为交通运营管理和物流管理人员的自学用书。

前言 Preface

随着 21 世纪知识经济的到来,物流业作为增长最快的行业之一,每年均以 20% 的速度增长,物流也被视为企业脚下的金矿,创造企业利润的源泉。物流国际化的发展使企业需要物流运输管理和交通运输方面的人才,尤其是能学习和跟踪中西方最新知识和技术的人才。交通运输与物流法规作为交通运输管理专业和物流管理专业的专业核心课程之一,必须跟上时代发展的步伐,尽量做到内容和信息量与时俱进,其编写工作就迫在眉睫。本教材编写的目的是要培养学生具备应用交通运输与物流法规的专业知识解决实际问题的能力,为新时期高职高专交通运输和物流管理人才培养奠定基础。

本书是根据高职高专教育特点,按照教育部有关精神,组织有丰富教学实践经验的教师共同编写的高职高专规划教材。本教材内容几乎涵盖了交通运输与物流法规的主要知识,具体包括交通运输与物流法规基础知识、公路管理法规、公路运输管理法规、道路交通安全管理法规、交通行政管理法规、物流主体法规、物流职能法规等项目。

本教材采用案例导入、问题启发的编写方法,以强化训练,实现教学做合一,适应高职教改思路。本教材具备以下几个方面的特点:

(1)案例经典。本教材精选了反映时代前沿信息的案例,分析到位。

(2)知识面广。本教材紧密结合专业知识,涵盖了交通运输与物流法律法规的核心知识,可读性强,既是教科书,也起到工具书的作用。

(3)方便检查与训练。项目后有思考讨论、实训操作等丰富的练习,每个项目根据情况精选了相关法律条款作为拓展知识,供师生阅读。

为便于教师使用,我们将同步提供教学课件(PPT)、导入案例分析和课后实训操作答案,以适应教和学的需要。

参加本书编写的编者有:南京交通职业技术学院余霞(项目一任务 1、项目二、项目三、项目四、项目五任务 1 和任务 2)、南京交通职业技术学院马耀文(项目一任务 2、项目六和项目七)、南京外国语学校石迪晗(项目五任务 3)。余霞担任主编,编写了教学大纲,设计了全书框架,并对全书进行统稿、校对与整理。马耀文担任副主编。

本教材编写过程中参考了许多教材、期刊的相关文章及网络中的相关文献，在此一并向作者们表示感谢。南京交通职业技术学院交通运营管理专业153101班的徐驰、蒋宋承、陈姝冰、王君、勾雯雯、李逞逞、王佳宁和刘心雨等同学协助收集了部分文献资料，对以上同学深表谢意！江苏省公安厅的王华副调研员和南京市公安局的李小宁主任对交通运输法规案例提出了宝贵意见，江苏共盈律师事务所的高级合伙人殷公平在法律上提供了富有建设性的建议，生原（中国）医疗集团的赵德龙经理、上海洪尊货运代理有限公司的创始人李超、联邦快递（中国）有限公司南京分公司的张凌经理也提出了中肯的修改意见，在此表示衷心感谢！尽管我们付出了很多努力，但因为编写水平有限，书中难免有错误或不当之处，恳请广大读者和专家提出宝贵意见！

编　者
2016 年 12 月

目录 Contents

项目一　交通运输与物流法规基础知识

┌───┐
知识目标
　　1.了解交通运输法规的概念；
　　2.熟悉交通运输和物流法律关系，以及交通运输法规和物流法规的调整对象；
　　3.掌握交通运输法律渊源。
能力目标
　　1.能描述物流法律关系和交通运输法律关系的构成要素；
　　2.具备辨析交通运输和物流法规表现形式的能力。
└───┘

任务1　交通运输法规概述

案例导入

　　某日上午，周某驾驶一辆帕萨特轿车送儿子去火车站。由于路况不熟，不知在哪个路口向左拐可去火车站，看见前面的一辆公交车是开往火车站的，他便跟着那辆公交车。在距离火车站300米的地方，公交车穿过十字路口，向右拐弯，他跟着拐了进去。不料一个交警叫他把车停在路边，说他违章了，这个路口不能向右拐。原来这个拐弯口是专用的公交车道拐弯口，仅允许公交车拐弯，其他机动车需要到前面绕行。交警对周某说明后，当场开具了罚单，罚款200元，让周某在几日内到银行缴款，并记了3分。

　　思考：交警作出行政处罚的法律依据是什么？

相关知识

一、交通运输法规的概念

　　交通运输是人和物借助交通工具的载运，在一定范围内产生有目的的空间位移的活动。

　　交通运输法规是指由国家权力机关或行政机关依法制定并颁布，体现国家的交通运输意志，维护交通秩序，调整交通运输行政管理机关在对交通客货运输、汽车维修、搬运装卸、运输辅助服务等进行管理的过程中与行政相对人形成的社会关系，并通过国家强制力保证实施的法律规范的总称。

　　1.交通

　　广义的交通指人类利用一定的工具而克服人、货物、音讯等在距离上的困难而进行的各种活动，包括普通的运输和邮电、通信等。狭义的交通则仅指人类利用一定的载运工具、线路、港站等实现旅客、货物的空间位移的活动，包括铁路、公路、航空、水路、管道五种交通方式。

2. 交通运输关系

交通运输关系是指人们在进行交通运输活动的过程中所形成的各种社会关系。如：人们在利用飞机运输货物过程中所形成的运输合同关系；在利用道路的过程中所形成的道路管理关系；在利用汽车等道路交通工具及在利用道路的过程中形成的各种社会关系。

3. 交通运输关系的当事人

交通运输关系的当事人即交通运输关系参与者。任何人，只要参与了交通运输关系，进行了交通运输活动，就会形成交通运输关系。

4. 交通运输法规的调整对象

交通运输法规的调整对象为交通运输关系。交通运输关系主要包括两方面的内容：第一，在交通运输行政管理权力行使运用过程中，交通行政管理机关与相对一方的公民、法人或其他组织之间发生的社会关系。第二，交通运输行政管理权力实施监督过程中发生的社会关系。

5. 确定交通运输法规的基本原则

交通运输法规的制定和实施符合合法性、合理性、程序公正和权力制约四个原则。

(1)合法性原则。合法性既有符合规律性、正当性、合理性的意思，也有符合法律规定的意思。首先是立法上必须是正当的、合理的，符合社会正义标准的，必须保护人的基本权利，必须是分配上正义，而且必须是符合社会规律而有效的。如果立法不能符合正当的合理的标准，那么立法的合法性就永远没有标准，没有方向。

(2)合理性原则。即交通司法程序的设计和执法必须遵循客观规律，交通运输管理部门行使权利活动内容要客观、适度、符合理性。

(3)程序公正原则。程序公正，是指制定和实施交通运输法律、法规、条例及其他政策时应遵循公正合理的程序(流程)安排。程序公正的基本特征有普惠性、公平对待、多方参与、公开性、科学性等。程序公正的意义在于：有助于保证社会成员的基本权利，有助于协调复杂的社会利益关系，有助于限制政府权力对于社会公正可能的不当干扰，有助于减少社会公正实现过程中的技术性失误，有助于形成社会成员对社会的普遍认同和信任。

(4)权力制约原则。权力制约原则是指国家权力的各部分之间相互监督、彼此牵制，以保障公民权利的原则。它既包括公民权利对国家权力的制约，也包括国家权力对国家权力的制约。就宪法的基本内容来说，不仅保障公民权利始终处于核心、主导地位，而且对国家权力不同部分之间的制约机制也有明确规定。

二、交通运输法规的渊源

交通运输法规的渊源即交通运输法规的表现形式。目前，我国交通运输法规的渊源主要有：

1. 宪法

宪法规范的是国家的根本制度和根本任务，是我国的根本大法，具有最高的法律效力。宪法也是我国制定有关交通运输法规的重要依据。我国现行宪法是《中华人民共和国宪法》，是1982年12月4日第五届全国人民代表大会第五次会议通过的，并根据1988年4月12日第七届全国人民代表大会第一次会议通过的《中华人民共和国宪法修正案》、1993年3月29日第八届全国人民代表大会第一次会议通过的《中华人民共和国宪法修正案》、1999年3月15日第九届全国人民代表大会第二次会议通过的《中华人民共和国宪法修正案》和2004年3月14日第十届全国人民代表大会第二次会议通过的《中华人民共和国宪法修正案》，先后经历四次修改。宪法是其他各法制定的依据,也是交通运输法的重要渊源。如《中华人民共和国宪法》第8条第2款规定:"城镇中的手工业、工业、建筑业、运输业、商业、服务业等行业的各种形式的合作经济,都是社会主义劳动群众集体所有制经济。"2004年3月14日第十届全国人民代表大会第二次会议通过的《中华人民共和国宪法修正案》将"三个代表"、政治文明建设、土地征用补偿、平等保护非公有制经济、私有财产不可侵犯、健全社会保障制度、尊重和保障人权等通过国家根本法律的形式确定下来,这些规定,是我国制定有关交通运输法规的重要依据。

2. 法律

法律是指全国人民代表大会及其常委会制定并通过的规范性文件。法律作为道路交通法规的渊源有两种情况:一是法律的全部内容都是规范道路交通关系的法律规范。如《中华人民共和国公路法》《中华人民共和国海上交通安全法》《中华人民共和国道路交通安全法》《中华人民共和国民用航空法》;另一种情况是法律中部分内容涉及道路交通关系,如《中华人民共和国合同法》第90条、99条、第107条、第290条、293条的规定,《中华人民共和国刑法》第116条、117条、119条、125条的规定等。法律作为交通运输法规的渊源,其效力仅次于宪法。行政法规、地方法规、行政规章、地方规章等不得与之抵触。

3. 行政法规

行政法规是指由作为最高行政机关的国务院制定或批准的规范性文件。目前,国务院制定的交通运输方面的行政法规主要有:《中华人民共和国道路运输条例》《中华人民共和国道路交通安全法实施条例》《公路安全保护条例》等。行政法规的效力次于宪法和法律,是道路交通法规的重要渊源。

4. 部门规章

部门规章是指国务院各部委制定的规范性文件。目前,部门规章是我国交通运输法规最大的渊源,在道路交通管理中占有十分重要的地位。有关道路交通管理方面的规章如公安部颁布的《机动车登记规定》、《机动车驾驶证申领和使用规定》、《道路交通事故处理程序规定》、《道路交通安全违法行为处理程序规定》以及交通运输部颁布的《通用航空经营许可管理规定》等。部门规章的效力较低,不能与行政法规相抵触,更不能与宪法、法律冲突。

5. 地方性法规

地方性法规指由省、自治区、直辖市的人民代表大会及其常委会,省、自治区人民政府所在地的市和国务院批准的较大市的人民代表大会及其常委会制定和颁布的在本地区发生效力的规范性文件。如江苏省实施的《江苏省道路运输条例》、广东省实施的《广东省道路运输管理条例》、上海市实施的《上海市道路交通管理条例》等。地方性法规是道路交通法规必要和有益的补充。地方性法规不得与宪法、法律、行政法规和部门法规相抵触。

6. 地方规章

地方规章是指省、自治区、直辖市以及省、自治区人民政府所在地的市和国务院批准的较大的市的人民政府根据法律、行政法规、地方性法规等制定的在本地区发生效力的规范性文件。如《北京市非机动车停车管理办法》《南京市道路交通管理规定》《沈阳市行人、乘车人道路交通管理办法》《济南市道路交通管理规定》等。目前,全国各地区制定了大量的道路交通方面的地方规章,这些地方规章为道路交通事业的发展,发挥了积极的作用。地方规章不得与宪法、法律、行政法规、部门规章和地方法规相抵触。

图1-1即为交通运输法律法规的框架。

```
                ┌──────────────────────────────────┐
         ┌─────┐│ 中华人民共和国道路交通安全法        │
         │     ││ 中华人民共和国公路法               │
         │法律 ├┤ 中华人民共和国合同法               │
         │     ││ 中华人民共和国行政法               │
         └─────┘│ 中华人民共和国刑法                 │
                │ ……                               │
                └──────────────────────────────────┘

                ┌──────────────────────────────────┐
         ┌─────┐│ 中华人民共和国道路运输条例          │
         │行政 ├┤ 公路安全保护条例                   │
         │法规 ││ ……                               │
         └─────┘└──────────────────────────────────┘

                ┌──────────────────────────────────┐
         ┌─────┐│ 道路旅客运输及客运站管理规定        │
         │部门 ├┤ 道路货物运输及站场管理规定          │
         │规章 ││ 机动车驾驶证申领和使用规定          │
         └─────┘│ ……                               │
                └──────────────────────────────────┘

                ┌──────────────────────────────────┐
         ┌─────┐│ 江苏省道路运输条例                 │
         │地方 ├┤ 浙江省道路运输管理条例              │
         │法规 ││ ……                               │
         └─────┘└──────────────────────────────────┘

                ┌──────────────────────────────────┐
         ┌─────┐│ 北京市非机动车停车管理办法          │
         │地方 ├┤ 济南市道路交通管理规定              │
         │规章 ││ ……                               │
         └─────┘└──────────────────────────────────┘
```

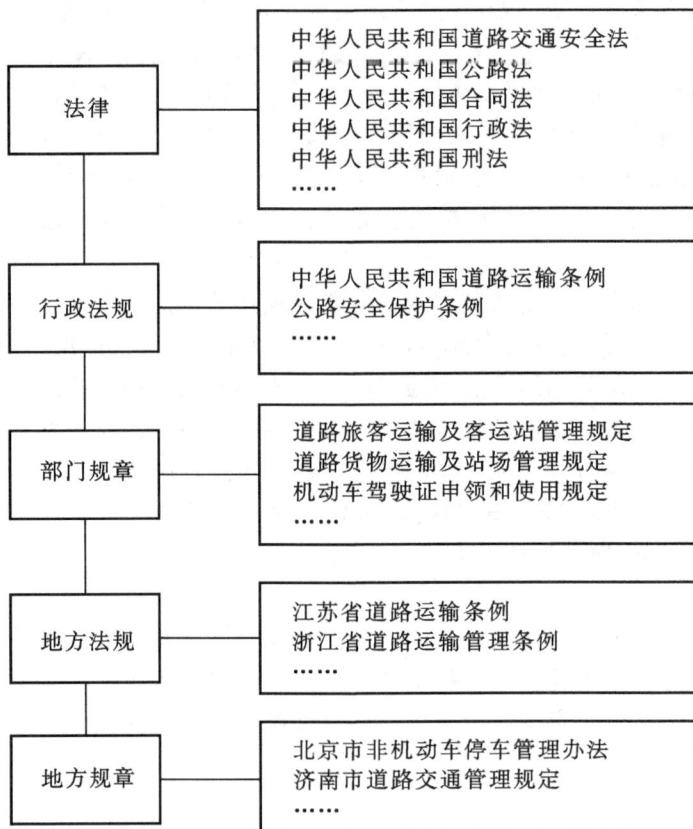

图 1-1　交通运输法律法规的框架

三、交通运输法规的内容

1. 公路管理法规

公路管理法规指调整人们在进行公路规划、建设、养护、利用和管理等活动中所发生的各种社会关系的法律规范的总称。如《中华人民共和国公路法》《中华人民共和国公路管理条例》《中华人民共和国收费公路管理条例》《公路安全保护条例》及其他地方法规、部门规章等公路管理法律法规体系。

2. 运输管理法规

运输管理法规指人们在利用汽车、飞机轮船等交通工具，从事客、货运输的活动中所形成的各种社会关系的法律规范的总称。道路运输管理法规有《中华人民共和国道路运输条例》《道路危险货物运输管理规定》《道路旅客运输及客运站管理规定》《道路货物运输及站场管理规定》《国际道路运输管理规定》《道路运输从业人员管理规定》等。

3. 交通安全管理法规

交通安全管理法规指规范交通安全关系的法律规范的总称，包括《中华人民共和国海上交通安全法》《中华人民共和国道路交通安全法》《公共航空旅客运输飞行中安全保卫规则》《中华人民共和国道路交通安全法实施条例》《中华人民共和国民用航空安全保卫条例》等。

4.交通运输行政管理法规

交通运输行政管理法规是规范交通行政关系的法律规范的总称,包括《中华人民共和国行政许可法》《中华人民共和国行政处罚法》《中华人民共和国行政复议法》《中华人民共和国行政诉讼法》《中华人民共和国国家赔偿法》《中华人民共和国海上海事行政处罚规定》《交通行政处罚程序规定》《交通行政复议规定》等。

四、交通运输法规的作用

建立和完善交通运输法律法规体系有利于全面推进依法治国总目标,加强交通运输法治建设,保障交通运输安全,强化运输生产管理,维护运输生产秩序,确保交通运输事业的发展,保护公民、法人等交通运输法律关系主体的合法权益。

(1)加强国家对交通运输的管理。交通运输事业涉及依法行政及人民群众合法权利的保护,因此政府必须加强管理,规范运输市场,监督行政权力主体、防止违法滥用行政职权。我国先后制定了《中华人民共和国行政许可法》《中华人民共和国行政处罚法》《中华人民共和国行政复议法》《中华人民共和国行政诉讼法》《中华人民共和国国家赔偿法》《交通行政处罚程序规定》《交通行政复议规定》《中华人民共和国海上海事行政处罚规定》等重要法律法规,加强交通运输的依法管理。

(2)确保交通运输事业的发展。交通运输是国民经济发展的基础,对社会政治、经济、文化和国防具有重要的促进作用,作为规范交通管理、依法建设的交通运输法规对交通运输事业的发展会产生积极影响,促进交通运输事业的发展。

(3)维持正常的交通运输秩序。交通运输法律法规调整的对象是交通运输活动中产生的社会关系,通过对人们在交通运输活动中的权利与义务的规定,有利于规范人们的行为,减少和避免纠纷,从而起到维护正常的交通运输秩序的作用。

(4)保护公民、法人和其他组织的合法权益。交通运输法规明确了公民、法人和社会组织对道路、站场、港口等交通运输设施的利用,规定了在交通运输法律关系中的权利、义务,从而确保了公民、法人和其他社会组织的合法权益。

五、交通运输法律关系构成要素

交通运输法律关系是法律关系的一种,指交通运输被交通运输法规调整所形成的权利义务关系,由三个要素构成,即交通运输法关系中的主体、内容和客体。

(1)交通法律关系的主体,指参与交通运输法律关系,并且能够依法享有权利、承担义务的当事人。

(2)交通法律关系的内容,指交通运输法律关系的主体依法所享有的权利和承担的义务。

(3)交通法律关系的客体,指交通运输法律关系的主体享有的权利和承担的义务共同指向的对象,主要包括物、行为等。

> **思考**
> 1.我国交通运输法规的表现形式有哪几种?
> 2.我国交通运输法规调整的对象是什么?

知识拓展

《中华人民共和国道路交通安全法》相关规定

第35条　机动车、非机动车实行右侧通行。

第36条　根据道路条件和通行需要，道路划分为机动车道、非机动车道和人行道的，机动车、非机动车、行人实行分道通行。没有划分机动车道、非机动车道和人行道的，机动车在道路中间通行，非机动车和行人在道路两侧通行。

第37条　道路划设专用车道的，在专用车道内，只准许规定的车辆通行，其他车辆不得进入专用车道内行驶。

第38条　车辆、行人应当按照交通信号通行；遇有交通警察现场指挥时，应当按照交通警察的指挥通行；在没有交通信号的道路上，应当在确保安全、畅通的原则下通行。

第39条　公安机关交通管理部门根据道路和交通流量的具体情况，可以对机动车、非机动车、行人采取疏导、限制通行、禁止通行等措施。遇有大型群众性活动、大范围施工等情况，需要采取限制交通的措施，或者作出与公众的道路交通活动直接有关的决定，应当提前向社会公告。

第42条　机动车上道路行驶，不得超过限速标志标明的最高时速。在没有限速标志的路段，应当保持安全车速。

夜间行驶或者在容易发生危险的路段行驶，以及遇有沙尘、冰雹、雨、雪、雾、结冰等气象条件时，应当降低行驶速度。

第43条　同车道行驶的机动车，后车应当与前车保持足以采取紧急制动措施的安全距离。有下列情形之一的，不得超车：

(1)前车正在左转弯、掉头、超车的；

(2)与对面来车有会车可能的；

(3)前车为执行紧急任务的警车、消防车、救护车、工程救险车的；

(4)行经铁路道口、交叉路口、窄桥、弯道、陡坡、隧道、人行横道、市区交通流量大的路段等没有超车条件的。

第44条　机动车通过交叉路口，应当按照交通信号灯、交通标志、交通标线或者交通警察的指挥通过；通过没有交通信号灯、交通标志、交通标线或者交通警察指挥的交叉路口时，应当减速慢行，并让行人和优先通行的车辆先行。

第51条　机动车行驶时，驾驶人、乘坐人员应当按规定使用安全带，摩托车驾驶人及乘坐人员应当按规定戴安全头盔。

第52条　机动车在道路上发生故障，需要停车排除故障时，驾驶人应当立即开启危险报警闪光灯，将机动车移至不妨碍交通的地方停放；难以移动的，应当持续开启危险报警闪光灯，并在来车方向设置警告标志等措施扩大示警距离，必要时迅速报警。

第53条　警车、消防车、救护车、工程救险车执行紧急任务时，可以使用警报器、标志灯具；在确保安全的前提下，不受行驶路线、行驶方向、行驶速度和信号灯的限制，其他车辆和行人应当让行。

警车、消防车、救护车、工程救险车非执行紧急任务时，不得使用警报器、标志灯具，不享有前款规定的道路优先通行权。

第 54 条　道路养护车辆、工程作业车进行作业时，在不影响过往车辆通行的前提下，其行驶路线和方向不受交通标志、标线限制，过往车辆和人员应当注意避让。

洒水车、清扫车等机动车应当按照安全作业标准作业；在不影响其他车辆通行的情况下，可以不受车辆分道行驶的限制，但是不得逆向行驶。

第 57 条　驾驶非机动车在道路上行驶应当遵守有关交通安全的规定。非机动车应当在非机动车道内行驶；在没有非机动车道的道路上，应当靠车行道的右侧行驶。

第 61 条　行人应当在人行道内行走，没有人行道的靠路边行走。

第 62 条　行人通过路口或者横过道路，应当走人行横道或者过街设施；通过有交通信号灯的人行横道，应当按照交通信号灯指示通行；通过没有交通信号灯、人行横道的路口，或者在没有过街设施的路段横过道路，应当在确认安全后通过。

第 63 条　行人不得跨越、倚坐道路隔离设施，不得扒车、强行拦车或者实施妨碍道路交通安全的其他行为。

第 64 条　学龄前儿童以及不能辨认或者不能控制自己行为的精神疾病患者、智力障碍者在道路上通行，应当由其监护人、监护人委托的人或者对其负有管理、保护职责的人带领。

盲人在道路上通行，应当使用盲杖或者采取其他导盲手段，车辆应当避让盲人。

第 67 条　行人、非机动车、拖拉机、轮式专用机械车、铰接式客车、全挂拖斗车以及其他设计最高时速低于七十公里的机动车，不得进入高速公路。高速公路限速标志标明的最高时速不得超过一百二十公里。

第 68 条　机动车在高速公路上发生故障时，应当依照本法第 52 条的有关规定办理；但是，警告标志应当设置在故障车来车方向一百五十米以外，车上人员应当迅速转移到右侧路肩上或者应急车道内，并且迅速报警。

机动车在高速公路上发生故障或者交通事故，无法正常行驶的，应当由救援车、清障车拖曳、牵引。

案例分析

1. 课堂任务操作

针对导入案例，进行讨论：

(1) 分析案情；

(2) 找出适用的法律法规条款；

(3) 根据法律法规条款的规定分析案例。

2. 课外任务

查阅《中华人民共和国道路运输条例》《江苏省道路交通安全条例》等法律法规。

思考讨论

1. 交通运输法规都有哪些相关的法律？请举出例子。

2. 说明交通运输法规的作用和内容。

任务2 物流法规概述

案例导入

上海一家出口公司(以下称为第一方)将一批茶叶交由第三方物流经营人安排装运。该第三方物流经营人和第一方签订物流服务总合同。然后,第三方物流经营人将茶叶交由另一家仓储公司(以下称为第二方)装箱。第二方在装箱时将茶叶和丁香配装在同一集装箱内。收货人收到茶叶后对茶叶做质检。质检报告认为茶叶与丁香串味,已经无法饮用。该批茶叶成交价为 CIF,并由中国人民保险公司(以下简称为"人保")承保。第一方凭保险单向人保提出赔偿要求,人保在赔付之后取得代位求偿权,进而向第三方物流经营人追偿。

思考:

1. 第一方的经济损失应该由谁承担? 为什么?

2. 人保补偿第一方经济损失后,可以向谁行使代位求偿权?

相关知识

一、物流法规的概念

物流法律法规是指调整与物流活动中产生的以及与物流活动有关的社会关系的法律规范的总称。物流活动涉及采购、运输、仓储、生产、流通加工、配送、销售等环节,但到目前为止,我国对物流法律制度的系统研究还很少,目前尚缺乏一个统一的物流技术和物流服务标准,更没有像"物流法"这样一个意味着所有物流法律规范有机结合而形成的一个独立的法律体系,而只能是一个基本的行业法律规范集合。目前,所有与物流直接相关的法律规范,散见于各个部门法之中。物流企业要遵守行业规范,在与物流相关的法律法规框架范围内,完成各自的物流活动,承担相应的法律责任。

二、物流法规的渊源

物流法规是在我国法律法规体系中构建的。目前,我国物流相关法规的框架主要有:

1. 物流相关法律

法律是由全国人大通过,以国家主席令形式发布的法律文件。因为没有专门的物流类法律文件,所以该层面的法律文件多数是中华人民共和国法律中部分涉及物流法规的内容,如《中华人民共和国产品质量法》第14条、第18条、第27条、第28条的规定;《中华人民共和国合同法》有关仓储合同的规定等。以上法律作为物流法规的基础,行政法规、地方法规、行政规章、地方规章等不得与之抵触。

2. 物流相关行政法规

行政法规,是指由国务院常务会议通过,以国务院令形式发布的法律文件。目前,国务院制定的物流方面的相关行政法规主要有:《中华人民共和国道路运输条例》《粮食流通管理条例》《中央储备粮管理条例》《化学危险品安全管理条例》《中华人民共和国国际海运条例》等。行政法规的效力次于宪法和法律,是物流相关职能法规的重要渊源。

3. 物流相关部门规章

部门规章,是指由政府各行业主管部门制定,以部、委、局令形式发布的法律文件。有关物流管理方面的规章如原国内贸易部颁布的《商品代理配送制行业管理若干规定》等。部门规章的效力较低,不能与行政法规相抵触,更不能与宪法、法律冲突。

4.物流相关地方性法规和规章

地方性法规指由省、自治区、直辖市的人民代表大会及其常委会,省、自治区人民政府所在地的市和国务院批准的较大市的人民代表大会及其常委会制定和颁布的在本地区发生效力的规范性文件。物流相关地方性法规和规章如江苏省第十一届人民代表大会常务委员会第三十一次会议通过的《江苏省道路运输条例》、南京市实施的《南京市邮政条例》等。地方性法规是物流法规在地方实施的必要补充。地方性法规同样不得与宪法、法律、行政法规和部门法规相抵触。

5.物流相关国际公约和惯例

国际公约由国际组织制定,各国签字加入成为缔约国。对我国企业或组织有约束力的是我国已正式加入的公约,我国未加入的公约对我国企业或组织在国际上的活动也具有一定影响。国际惯例是指经过长期的国际实践形成的习惯性规范。成文的国际惯例由某些国际组织或商业团体制定,各方可以自由引用,自愿受其约束,属于非强制性规范。

6.物流相关国家标准

国家标准由国家质量技术监督管理部门组织制定、批准和发布,物流相关国家标准如《一般货物运输包装通用技术条件》《危险货物运输包装通用技术标准》。其中有一些强制标准属于国家的技术法规,其他标准本身虽不具有强制性,但因标准的某些条文由法律赋予强制力而具有技术法规的性质。

表1-1为物流法律形式分类表。

表1-1　物流法律形式分类表

物流法的形式	制定主体	地位及效力	表现形式
法律	全国人民代表大会及常委会	仅次于宪法	中华人民共和国××法
行政法规	国务院	仅次于宪法和法律	××条例、××实施细则
部门规章	国务院所属机构	不得与宪法、法律和行政法规相抵触	××规章、××办法等
地方性法规	省/自治区/直辖市人大及常委会等	仅次于宪法、法律及行政法规	××地方××条例、暂行办法等
国际条约、协定	国际组织、协定参加国	以不与本国法律冲突为原则	公约、换文、协定
技术标准	受委托机构、行业协会等	源于法律授权,可成为法律技术规范	国家标准、行业标准、企业标准

三、物流法规的内容

1.物流企业市场准入规定

物流企业市场准入制度是指国家准许、限制或禁止企业进入某项物流业务经营活动的法律制度,例如《中华人民共和国公司法》、《商务部关于促进中小流通企业改革发展指导意见》及其他法律文件中关于物流企业市场准入的法律规定。

2. 仓储管理法规

我国目前尚无独立综合的仓储管理法律和行政法规出台,融合各类仓储行为和仓储规范文件,可以为仓储管理法规做出定义:利用仓储保管设施和设备从事仓储活动中的规范存储保管行为的法律规范的总称。相关法规包括《中华人民共和国合同法》中关于仓储合同的规定;规章规定层面包括《中华人民共和国海关对保税仓库及所存货物的管理规定》《仓库防火安全管理规则》《商业仓库管理办法》以及地方企业内部的经营管理政策。

3. 物资运输管理法规

我国目前尚无系统综合的物资运输管理法律和行政法规出台,融合各个运输法律规范文件,可以为物资运输管理法规做出定义:利用交通运输工具从事货物航空、水路、铁路、公路、管道运输乃至多式联运活动过程中规范物资运输活动的法律规范的总称。相关法规包括《中华人民共和国合同法》《中华人民共和国民法通则》等民事法律规范中关于运输合同的规定;规章规定层面包括《铁路超限超重货物运输规则》《汽车运价规则》《道路运输价格管理规定》等。

4. 物流配送管理法规

我国目前尚无系统综合的物资配送管理法律和行政法规出台,根据配送的一般规定内容,可以将配送管理法规定义为:从事货物配送活动过程中规范配送行为的法律规范的总称。相关法规包括《中华人民共和国合同法》中关于配送行为的规定;规章规定层面包括原国内贸易部颁布的《商品代理配送制行业管理若干规定》,商务部签发的《商务部关于推进现代物流技术应用和共同配送工作的指导意见》等。

5. 包装管理法规

我国目前无系统综合的包装法律和行政法规出台,但是专项的包装标准出台的较多。根据包装的技术方法及功能等内容,可以将包装管理法规定义为:从事货物包装活动过程中规范物品包装行为、提升物品使用价值的法律规范的总称。包装的相关法规主要包含法律层面上的《中华人民共和国合同法》《中华人民共和国产品质量法》的部分条款;部门规章中的包装规范,如《水路危险货物运输规则》《药品包装用材料、容器管理办法》等;以及国家标准层面出台的《一般货物运输包装通用技术条件》《包装储运图示标志》《危险货物运输包装通用技术标准》等数十项标准。

6. 装卸搬运法规

我国目前尚无系统综合的物资装卸搬运管理法律和行政法规出台,根据装卸搬运的作业内容,可以将装卸搬运法规定义为:利用装卸搬运设备从事物资空间水平移动的过程中规范装卸搬运行为动作的法律规范的总称。装卸搬运法规也是散布在各个法规中,在法律层次上,《中华人民共和国民法通则》《中华人民共和国铁路法》《中华人民共和国合同法》中的许多规定都适用于搬运装卸;在部门规章中,《铁路集装箱运输规则》《铁路装卸作业安全技术管理规则》都有专项的适用于搬运装卸的规定。

7. 流通加工法规

关于流通加工法规我国目前也无专门的法律和行政法规,根据流通加工的过程和特征,可以将流通加工法规总结为:与流通加工管理过程相关的规章制度的总称。在流通加工环节中,物流企业可以通过加工承揽合同履行其物流服务合同的加工义务。《中华人民共和国合同法》《粮食流通管理条例》等法规在专项领域为流通加工做出了规范。

8.物流信息管理法规

物流信息管理法规是指调整物流信息管理活动中,有关当事人之间权利和义务关系的法律规范的总称。物流信息管理法规遵循的法律规范主要源于信息技术的实施领域,与物流信息管理的内容相适应。我国调整物流信息管理活动的法律法规主要有物流信息网络政策、法律规定、知识产权法律制度和商业秘密保护法律制度。例如铁路运输、电子商务买卖,其法律的参照内容主要是物流信息事实领域的其他法律文献《中华人民共和国电子签名法》、《中华人民共和国著作权法》以及由全国人大常委会审议通过的《关于加强网络信息保护的决定》和商务部发布的《第三方电子商务交易平台服务规范》等决定、办法文件。

四、物流法规的特点

1.广泛性

广泛性指物流活动的各个领域都存在有关的法律、法规或公约。在物流的"七要素"中,即在物流的运输、储存(保管)、装卸搬运、包装、流通加工、配送、信息处理的七个环节之中,涉及的行业、部门以及参与者是多样的、广泛的。

2.复杂性

即使在同一类法律规范中,由于物流活动所涉及的领域多、环节多、参与的人数多,同一物流服务提供者也常常处于双重或多重法律关系中,因而导致产生各种法律规范来约束不同的主体。随着国际物流的发展,跨国公司的物流活动会涉及很多国家,各国将针对物流国际立法问题进行协调和平衡。

3.技术性

整个物流活动过程都需要运用现代信息技术和电子商务,物流活动自始至终都体现出较高的技术含量。物流法律法规作为调整物流活动的法律规范,涉及物流活动的专业术语、技术标准等,具有较强的技术性特点。

4.国际性

国际物流的出现和发展,使得物流超越了国家和区域的界限走向国际化。与之相适应,物流法律法规也呈现出国际化的趋势,这具体表现在一些领域内出现了全世界通用的国际标准。

五、物流法规的作用

对物流企业和物流从业人员来说,物流法律法规的基本作用是促进、保障物流活动的正常进行及维护有关当事人的合法利益;对政府管理来说,通过物流法律法规,可以规范各物流行为,建立起健康发展的现代物流业。从以上角度,我们可以把物流法规的作用理解为以下几个方面:

1.正确引导物流业的发展方向

国家通过立法或针对物流的不同流程制定单行法规,引导物流业向有序、健康的方向发展。

2.促进物流市场体系的形成、发展

物流市场体系的形成、发展对促进物流业的发展具有至关重要的作用,但它的形成和发展需要国家政策的引导,需要法律规范的调整与之相适应。

3.规范各种物流行为,促进物流业的健康发展

从总体上看,物流本身有着广泛的内容,物流活动的具体内容必然存在一定的差异。随着经济全球化、一体化的进程,物流市场体系逐步形成,都需要有相应的法律规范作指导,约束当事人的行为,对违规者进行惩处,以净化市场环境,促进物流业向健康的方向发展。

4.保护物流活动当事人的合法利益

物流法规首先是保护物流活动当事人的合法利益,这是法律的基本目的。一个良好的物流法规环境是从事物流经营活动和提供物流服务的重要基础,尤其是完善的物流合同法律制度,对保护当事人的合法利益最为重要。相对统一的物流法可以实现通过公正的司法途径解决物流活动中的争议,充分保证受害人获得法律救济,保护当事人的合法权益。

六、我国物流法规现状及存在的问题

1.我国物流法规的现状

(1)有关物流市场准入规则。当前我国缺乏对应物流法律制度的物流经营人,其入行的资质甚至市场准入资质等问题一直因为没有制定相关的法律法规而饱受影响,在物流行业中的许多领域无法可依,甚至因为与其他行政管理条例或法律规范相冲突,而从根本上受到制约,不仅使得企业自身发展步履维艰,更影响到行业的长远发展。

(2)有关物流作业的技术规范。我国目前只颁布了国家《物流术语》标准化规定,对于物流计量标准、技术标准、数据传输标准、物流设施和装备标准、物流作业和服务标准等大多数物流职能的技术形态都还没有制定法定标准。这样的作业标准,在实施物流活动的企业中,部分企业有自行的制定和实施行为,但全行业范围的标准计数规范还缺乏统一。

(3)有关物流环节中物流经营和监管。物流行业涉及领域和环节较多,致使物流法律规范分散于各种原生的或与物流相关的法律法规之中。而这些基于行业自身的法律法规又多体现为由不同的政府行政部门根据各自的行业特殊情况和部门利益制定和颁布的部门法规。这些立法涉及众多部门,如交通、铁道、航空、商务、工商等,不同的部门之间协调不够充分,因此在制定相关法规时基本上是各自为政,因而导致各法规缺乏统一性及协调性,严重的还会出现相互冲突的现象。现行物流法律在多个领域中接受多头管控的这种缺陷,其导致的直接后果至少有两个:一是物流经营人难以认识和掌握物流法律规范,从而使物流法律规范的指导性、规范性作用难以落到实处;二是不利于整合物流各环节和各功能之间的关系,尤其是在物流经营活动中的监管更加缺乏,更不利于形成行业优势。

2.我国物流法规存在的问题

(1)层次较低,效力不强。我国现行的物流法律法规层次较低、法律效力不强。现行很多物流法律法规多是由中央各部委、地方制定和颁布的,大多是一些条例、办法、规定和通知等,规范性不强,在具体运用中缺乏操作性,难以产生法律效力,多数只适合作为法庭审判的参照性依据,不利于调整各物流主体之间的相互关系。

(2)缺乏系统而专门的法律规定。目前,我国现有的有关物流方面的法律法规分散于海陆空运输、装卸、仓储、信息处理等方面的法律以及各部委分别制定的有关规章、管理办法以及实施细则等,是在不同时期、由不同部门针对不同问题制定的,形成多头而分散的局面,呈现出杂乱无章的状态,缺乏物流行业系统专门的法律规定,导致市场机制不健全、秩序混乱、责任不统一。以运输阶段物流服务而言,根据目前我国的现有法律来看,每种运输形式的赔偿责任不同,比如一批货物灭失了或者损失了,其在海运、内陆、内河运输的赔偿责任均不一致,就出现了同样的一批货物,发生同样的事故,在不同运输阶段责任方需要承担的法律责任不同的情形。

（3）立法滞后。我国目前大多数的物流相关法律法规是在过去计划经济体制或从计划经济向市场经济体制过渡的社会经济环境下制定并被沿用下来的。而我国现有的物流业作为一个主要的服务业在逐步开放，物流业也逐渐变得国际化，尤其是现代物流业呈现出更多有别以往传统物流的新特点，在这种情形下，原有的物流法律法规更是相形见绌。物流法律制度的这一现状已经不能再适应物流业迅速发展的新形势，甚至还阻碍了其快速发展。

3. 加快物流立法的必要性

（1）大力发展物流业的需要。物流立法不仅是促进物流业自身平稳高速发展和优化产业升级的保障，也是支撑其他产业的发展、扩大内需的必要手段，对于促进产业结构调整、转变经济发展方式和增强经济增长内生动力具有重要意义。

（2）是规范物流行为的需要。物流立法对确保物流活动作业行为的标准化开展，具有重要的约束和指导意义，对物流作业员工而言，物流行为规范的设置和执行将对物流立法的推进带来质的提升。

（3）是维护当事人合法权益的需要。作为服务类行业，物流活动的参与人涵盖了社会的各个层面，不同的当事人均在物流的供应、实施和完成过程接受不同的服务，获取相应的权益，如果权益丧失了保障，物流活动的行为将不再有法可依，物流的产业基础也将十分不牢。

4. 物流法规的完善

对于我国物流法律法规的完善，主要从以下几个途径进行：

（1）制定统一的物流产业发展规划，建立物流业统一开放的市场。市场的统一和产业的开放将是物流行业建立法律制度的外在环境。

（2）确立适应公平竞争的物流市场法律环境。

（3）建立政府对物流经营活动的有效的监管体制。政府在物流市场环境的构建中，起着重要的引导作用和裁判作用，不公平的政府监管机制将极大限制物流经营活动。

（4）清除保护性法规，建立适应市场经济体制的物流法律法规体系。

（5）完善适应物流国际化发展需要的技术标准法规体系。逐步统一物流国际化发展需要的技术标准法规体系，是我们国家的物流活动和物流设备走向国际化的基础。

> **思考**
> 1. 我国物流法规的体系有哪些方面？
> 2. 我国物流法规约束的对象是什么？

案例分析

1. 课堂任务操作

针对导入案例，进行分组讨论：

（1）分析案情；

（2）找出适用的法律法规条款；

（3）根据法律法规条款的规定分析案例。

2. 课外任务

查阅整理不同物流管理职能下的管理法规和各种相关规定或政策性文件。

思考讨论

1. 说明物流法律法规的含义及特点。
2. 有哪些法律法规与物流法律法规相关？

实训操作

2016年5月2日，刘某驾驶大货车顺着国道往东出城，车辆行驶至城乡结合部，刘某见行人车辆减少，于是就加快行驶速度。此时，突然发现前面有一行人王某横穿马路，眼看就要撞上王某，刘某慌乱之下猛打方向盘急转，失去平衡，一下子便侧翻在地，车辆、货物均有受损。刘某于是要求王某赔偿，王某不肯。在多次要求赔偿未果的情况下，刘某诉至法院请求判决王某赔偿其损失。

请查阅交通运输法律法规，思考一下，法院该如何判决？

项目二　公路管理法规

知识目标

　　1.了解公路法的基本概念和确定公路法的基本原则；

　　2.掌握公路建设、养护及路政管理的法律制度。

能力目标

　　能依据公路管理法规分析相关案例。

任务1　公路法概述

案例导入

案情：

　　2002年2月14日,Z省某市经贸公司驾驶员潘某驾驶其单位的旅行车,行至高速公路一隧道内,由于超速(隧道内限速为50公里/小时),造成车辆侧滑甩尾,碰撞隧道壁后斜停在主车道内,被后方超速驶来的由陈某驾驶的轿车碰撞,造成陈某及三名乘客受伤,其中陈某的伤残为IX级。

　　2002年6月27日,Z省公安厅高速公路交警支队做出事故认定:①因雨天隧道路面潮湿,导致隧道路面摩擦系数与隧道外路面有较大差异;②潘某驾驶的旅行车进入隧道,车辆侧滑,方向失控后碰撞隧道壁;③陈某驾驶的轿车进入隧道,在遇到情况采取制动过程中,车辆出现滑移并与旅行车发生碰撞;④潘某、陈某驾驶车辆进入隧道时,车速均超过了该隧道路段50公里/小时的限速标准,但双方当事人的这一违章行为尚不足以直接造成该起事故的发生。

　　公路经营管理者已采取的行为和措施：

　　高速公路管理者在该事故发生之前已有的措施:①隧道入口处前1km、500m等处车道右侧竖有:"前方隧道、注意减速""隧道限速50km/h""隧道尾追危险""雨天路滑、请遵章行驶"等指示、告示标志牌;②隧道入口处及隧道内均设有限速50km/h显示标志;③隧道入口处设有减速道钉。

　　案件争议焦点：

　　原告认为高速公路公司对高速公路疏于保养、维护,造成隧道内外摩擦系数差异和不足,没有履行保障公路完好、安全、畅通的义务。高速公路公司认为隧道内外由于是水泥和沥青两种路面,并且由于下雨使得隧道内干、隧道外湿,"导致隧道路面摩擦系数与隧道外路面有较大差异"是一种客观事实,并且正因为该种客观事实的存在使得隧道内限速为50km/h。对于隧道内的限速提示,高速公路公司已经较好地履行了告知义务。

　　法院的观点和判决：

—— 15 ——

一审法院认为：雨天隧道内、外路面的摩擦系数有差异是一种客观事实,故该路段限速为50km/h,道路右侧竖有限速标志牌及"前方隧道、追尾危险,雨天路滑、遵章行驶"等指示标志牌。作为高速公路公司已履行了告知义务,故对陈某、潘某违反限速为50公里/小时的情况下,又加之隧道内外的摩擦系数有别而发生的道路交通事故无相应的过错,高速公路公司不应承担赔偿责任。陈某驾驶车辆通过隧道时以80公里/小时行驶,并且前方潘某驾驶的车辆发生事故后已停靠的情况下,仍未采取任何措施,直撞已停靠的车辆,造成陈某和车上其他人员受伤及其车辆受损,陈某存在过错,应自负其责。潘某以60公里/小时驾车通过隧道,也违反了上述规定,存在过错。

一审法院判决：驳回陈某对高速公路公司、Z省某市经贸公司、潘某的诉讼请求。

陈某不服一审判决,上诉至二审法院。

二审法院认为：高速公路公司已在该高速公路隧道外道路右侧设置注意减速道钉和"限速50公里、前方隧道、尾追危险、雨天路滑、遵章行驶"等指示标志牌,尽了告知驾驶员应注意事项的义务,在主观上并无过错,依法不应承担民事赔偿责任。该起交通事故的发生是由于雨天,该高速公路隧道内外路面摩擦系数产生差异。陈某驾驶车辆行驶在该高速公路隧道前设置的注意减速道钉、50公里限速标志牌时,车速是80公里/小时,已违反了限速规定,且其在发现前方有车辆停靠的情况下,未采取有效应急措施,直接碰撞已经停靠的某市经贸公司的旅行车,陈某存在过错,其应承担相应的民事赔偿责任。

二审法院判决：驳回上诉。

思考： 试分析本案例,并说明此案对高速公路管理者的启示。

相关知识

交通运输是国民经济发展的基础,运输是国民经济的命脉,经济发展依赖大规模的生产和批量销售,高效而相对便宜的运输,使规模生产和大批量销售得以实现。优良的运输系统是农业、林业、渔牧业、工业和服务业发展的基础保障,所以运输是经济发展的基本需要和先决条件。公路是经济社会发展的重要基础设施,"要想富,先修路"成为广泛共识。公路的发展离不开公路的法制建设,公路法是公路法制的基础。

一、公路法的概念

《中华人民共和国公路法》于1997年7月3日经第八届全国人民代表大会常务委员会第二十六次会议通过;根据1999年10月31日第九届全国人民代表大会常务委员会第十二次会议《关于修改〈中华人民共和国公路法〉的决定》第一次修正;根据2004年8月28日第十届全国人民代表大会常务委员会第十一次会议《关于修改〈中华人民共和国公路法〉的决定》第二次修正;根据2009年08月27日第十一届全国人民代表大会常务委员会第十次会议《全国人民代表大会常务委员会关于修改部分法律的决定》第三次修正。

根据《中华人民共和国公路法》(以下简称《公路法》),公路包括公路桥梁、公路隧道和公路渡口。

狭义的公路法就是指国家的立法机构所制定的相对统一、完整的《公路法》,广义上讲,公路法内涵应是以《公路法》这一国家公路建设和管理的基本法为基础,以国家的相关法律为背景,辅之以配套的公路法规、规章等,是一个科学、完备、有序的公路法体系,如《公路法》、《安全保护条例》和《收费公路管理条例》等法律、行政法规及为保障高速公路的完好、保证高速公路的通畅或为加强公路的养护、提高公路的质量的《江苏省高速公路条例》《洛阳市县乡公路养护管理条例》等地方性法规。

《中华人民共和国刑法》(以下简称《刑法》)这一基本法中有关运输的规定也应属于公路体系的内容。如《刑法》规定:"破坏火车、汽车、电车、船只、航空器,足以使火车、汽车、电车、船只、航空器发生倾覆、毁坏危险,尚未造成严重后果的,处三年以上十年以下有期徒刑。"

二、公路法的作用

《公路法》所确定的一系列方针、原则和各项规定,符合我国国情和公路工作实际情况,符合公路改革与发展方向,为了加强公路保护,保障公路完好、安全和畅通,国务院于 2011 年 2 月 16 日发布了《公路安全保护条例》,自 2011 年 7 月 1 日起施行,同时原《公路管理条例》和《公路管理条例实施细则》废止。

《公路法》的颁布实施,对于进一步加强公路建设和管理,保障公路安全,促进公路事业的发展,推动国民经济持续、健康、稳定发展,满足人民生活的需要,促进社会全面进步,巩固国防,保障社会主义现代化建设的顺利进行具有十分重要的意义。《公路安全保护条例》则对公路线路、公路通行、公路养护、法律责任等方面作了具体规定。总体内容贯穿了公路安全保护这一主线,通过对公路进行静态保护和动态保护相结合,加强养护管理和提升公路应急处置能力,全面保障公路的完好、安全和畅通。

截至 2013 年年末,全国公路总里程达 435.62 万公里,比 2012 年年末增加 11.87 万公里;公路密度为 45.38 公里/百平方公里,提高 1.24 公里/百平方公里;公路养护里程 425.14 万公里,占公路总里程 97.6%,提高 0.4 个百分点(见图 2-1)。

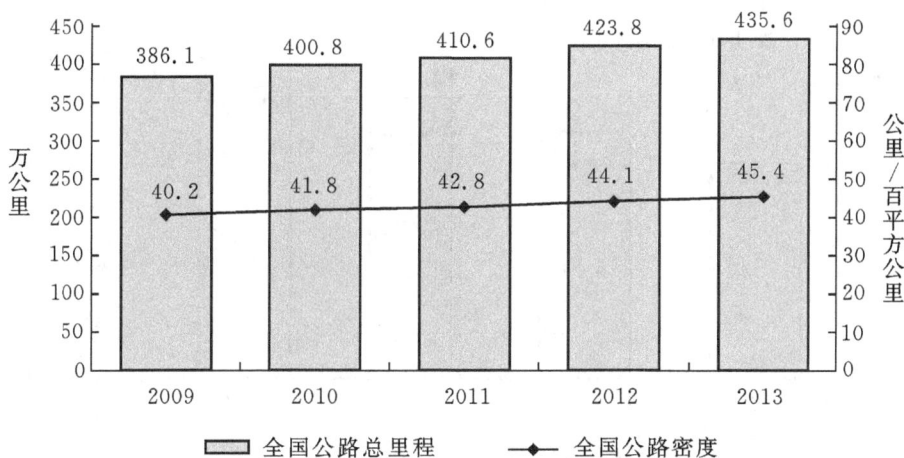

图 2-1　2009—2013 年全国公路总里程及公路密度

全国等级公路里程 375.56 万公里,比 2012 年年末增加 14.60 万公里。等级公路占公路总里程 86.2%,提高 1.0 个百分点。其中,二级及以上公路里程 52.44 万公里,增加 2.25 万公里,占公路总里程 12.0%,提高 0.2 个百分点(见图 2-2)。

各行政等级公路里程分别为:国道 17.68 万公里(其中普通国道 10.60 万公里)、省道 31.79 万公里、县道 54.68 万公里、乡道 109.05 万公里、专用公路 7.68 万公里,比 2012 年年末分别增加 0.35 万公里、0.58 万公里、0.73 万公里、1.39 万公里和 0.31 万公里。

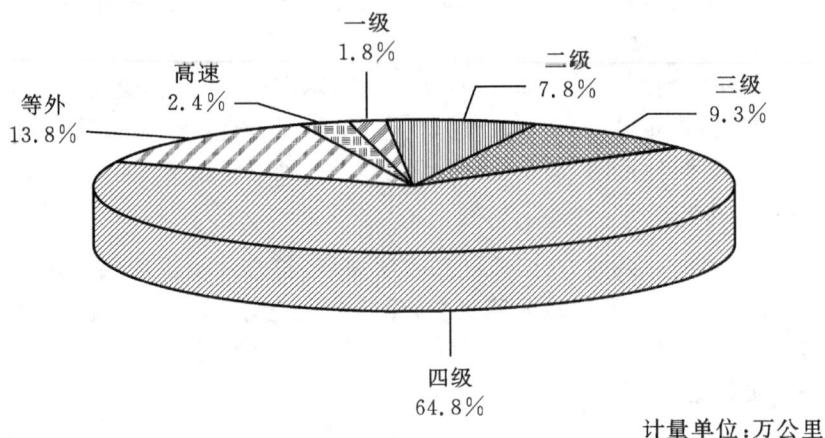

计量单位：万公里

高速	一级	二级	三级	四级	等外
10.44	7.95	34.05	40.70	282.41	60.07

图 2-2　2013 年全国技术等级公路里程构成

全国高速公路里程达 10.44 万公里,比 2012 年年末增加 0.82 万公里。其中,国家高速公路 7.08 万公里,增加 0.28 万公里。全国高速公路车道里程 46.13 万公里,增加 3.67 万公里(见图 2-3)。

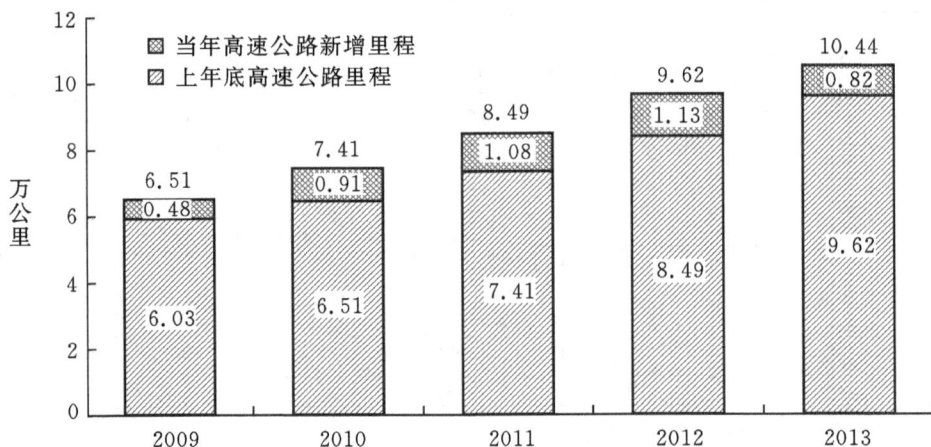

图 2-3　2009—2013 年全国高速公路里程

全国农村公路(含县道、乡道、村道)里程达 378.48 万公里,比 2012 年年末增加 10.64 万公里,其中村道 214.74 万公里,增加 8.52 万公里。全国通公路的乡(镇)占全国乡(镇)总数的 99.97%,其中通硬化路面的乡(镇)占全国乡(镇)总数的 97.81%,比 2012 年年末提高 0.38 个百分点;通公路的建制村占全国建制村总数的 99.70%,其中通硬化路面的建制村占全国建制村总数的 89.00%,提高 2.54 个百分点。

全国公路桥梁达 73.53 万座、3977.80 万米,比 2012 年年末增加 2.19 万座、315.02 万米。其中,特大桥梁 3075 座、546.14 万米,大桥 67677 座、1704.34 万米。全国公路隧道为 11359

处、960.56 万米，增加 1337 处、155.29 万米。其中，特长隧道 562 处、250.69 万米，长隧道 2303 处、393.62 万米。

三、公路法确定的基本制度

《公路法》对在中华人民共和国境内从事公路的规划、建设、养护、经营、使用和管理等方面确定了一系列重要的法律制度，如公路规划制度、公路建设制度、公路养护制度、公路路政管理制度、收费公路制度和公路监督检查制度等。

《公路安全保护条例》则从公路线路、公路通行、公路养护等方面制定了更为具体的法规，如车辆超限治理制度、行政许可制度、保障公路安全的区域范围规定、公路养护管理模式、农村公路保护制度、公路安全保护的措施和手段、公路突发事件应对制度等。

四、公路法确定的基本原则

(1)公路的发展应当遵循全面规划、合理布局、确保质量、保障畅通、保护环境、建设改造与养护并重的原则。这一原则要求公路的发展必须处理好每条公路与国家整个公路网的关系；处理好公路与其他国家基础性设施和经济、社会发展的关系，防止盲目建设和重复建设；处理好公路施工与交通畅通的关系，最大限度地保证车辆便捷通行；处理好公路建设与质量的关系，避免出现只重数量、不重质量的倾向；处理好建设和养护的关系，克服重建设轻养护或忽视环保的倾向。

(2)发挥中央和地方两方面的积极性发展公路的原则。要求在公路建设和管理中，发挥中央和地方两个积极性，使我国的公路事业从整体上有较大的发展。

(3)合法使用公路和公路受国家保护的原则。这一原则表明，公路是社会公益性基础设施，是供车辆行驶的公共道路。基于这一属性，任何单位和个人均有依法使用公路的权利，不得以任何理由非法限制和禁止他人合法使用公路，任何违法者必将依法被追究责任。

(4)公路建设应当贯彻切实保护耕地，节约用地的原则。按照保障公路安全和节约用地的原则以及公路发展的需要，明确规定公路建筑控制区的范围，在规定范围内，除公路保护需要外，不得修建建筑物和地面构筑物；明确规定公路线路附近的建筑控制区范围，在规定范围内禁止进行采矿、采石等危及公路安全的作业；明确规定公路线路附近禁止设立危险物品生产、储存、销售场所的范围等。

(5)主管部门的职责权力与责任义务相统一的原则。明确规定国务院交通运输主管部门、县级以上地方人民政府交通运输主管部门主管公路保护工作，公路管理机构具体负责公路保护的监督管理工作，规定公路管理机构、公路经营企业负有做好公路养护工作的责任，保证公路自身物理状态符合有关技术标准，经常处于良好技术状态。明确了公路管理机构、公路经营企业的养护职责，特别是针对群众反映比较强烈的有关单位不及时修复损毁的公路，出现事故后又互相推诿的问题，规定公路管理机构、公路经营企业应当对公路进行巡查，发现公路坍塌、坑槽、隆起等损毁的，应当及时设置警示标志，并采取措施修复。

五、公路法所确定的重要方针

公路法所确定的重要方针有：

(1)各级人民政府扶持、促进公路建设的方针。

(2)国家鼓励、引导和规范多渠道筹集资金建设、经营公路的方针。

(3)国家帮助和扶持少数民族地区、边远地区和贫困地区发展公路建设的方针。

(4)国家鼓励公路工作方面的科学技术研究和应用的方针。

六、公路法的立法宗旨和意义

1.《公路法》的立法宗旨

《公路法》第1条规定:"为了加强公路的建设和管理,促进公路事业的发展,适应社会主义现代化建设和人民生活的需要,制定本法。"

2.《公路法》颁布的意义

(1)有利于促进公路事业的发展,适应社会主义现代化建设和人民生活需要。

(2)有利于拓宽公路建设、养护等筹资渠道。

(3)有利于资金的筹集和投资。

(4)有利于加强公路工作科学、合理、现代管理模式。

(5)有利于治理公路"三乱"(乱设卡、乱收费、乱罚款)。

(6)有利于完善公路法制建设。

> **思考**
>
> 1.《公路法》有什么作用?
>
> 2.《公路安全保护条例》制定的目的是什么?

案例分析

1.课堂任务操作

针对导入案例,进行分组讨论:

(1)分析案情;

(2)找出适用的法律法规条款;

(3)根据法律法规条款的规定分析案例。

2.课外任务

查阅《公路法》和《公路安全保护条例》的相关规定。

思考讨论

公路养护对于保持公路完好,保障通行安全具有重要作用。查阅《公路安全保护条例》,思考该条例从哪些方面对公路养护工作作了规范?

任务2 公路规划的法律法规

教学引导

科学、合理地编制和实施公路规划,是公路事业健康发展的必要前提。《公路法》从多角度对公路规划中的公路法律关系作了原则规定,其他公路法规、规章、标准等对公路规划作了具体规定,这一切均从法律和行政法规等方面保证了我国公路规划的法制化和规范化。

相关知识

一、编制公路规划的总体要求

为了保证公路事业的发展及国民经济和社会发展相协调,保障不同运输方式之间的协调发展,《公路法》第12条规定:"公路规划应当根据国民经济和社会发展以及国防建设的需要编制,与城市建设发展规划和其他方式的交通运输发展规划相协调。"

二、我国公路规划总体要求的内容

我国公路规划总体要求,从内容上看,应在公路规划的编制上注意"三个要求""两个协调""一个符合"。

1. "三个要求"

(1)公路规划应满足和服从国民经济发展的整体需要与要求。

(2)公路发展规划应服从社会发展的总体要求。

(3)公路发展规划应服从国防建设的总体要求。

2. "两个协调"

(1)公路发展规划与城市建设发展规划相协调。

(2)公路发展规划应与其他方式的交通运输发展规划相协调。

3. "一个符合"

公路建设用地规划,应当符合土地利用总体规划,当年建设用地应当纳入年度建设用地计划。

三、我国公路交通的发展规划

1. "十二五"发展规划要点

《公路法》第3条规定,公路的发展应当遵循全面规划、合理布局、确保质量、保障畅通、保护环境、建设改造与养护并重的原则。国家高速公路网的规划目标是:连接所有目前城镇人口超过20万的城市,形成高效运输网络。连接省会城市,形成国家安全保障网络;连接各大经济区,形成省际高速公路网络;连接大中城市,形成城际高速公路网络;连接周边国家,形成国际高速公路通道;连接交通枢纽,形成高速集疏运公路网络。《交通运输"十二五"发展规划》指出:

(1)完善公路网规划。根据"统筹规划、条块结合、分级负责、联合建设"的公路建设原则,按照现行管理体制,并从事权管理的角度,全面完善公路网规划,推进国家公路网规划建设,形成层次清晰、功能完善、权责分明的干线公路网络系统,重点建设国家高速公路,实施国省道改造,继续推进农村公路建设,加快国家公路运输枢纽等专项建设。贯彻落实新一轮区域发展规划,重点扶持西部地区、"老少边穷"地区,特别是西藏、新疆等重点区域公路交通建设。

(2)加快形成高速公路网。推进国家高速公路建设,加快高速公路网剩余路段、瓶颈路段的建设。积极推进国家公路网规划中的国家高速公路新增路线建设;支持纳入国家区域发展规划,对加强省际、区域和城际联系具有重要意义的高速公路建设,提高主要通道的通行能力;继续完善疏港高速公路和大中城市绕城高速公路等建设;全国高速公路的网络化程度和可靠性显著提高,有力促进综合运输体系的协调发展。

(3)强化国省道改造。加大国省道改造力度,着力提升技术等级、服务能力和水平。重点提高国省道二级及以上公路比例,加快实施县通二级公路建设,国道二级及以上公路比例达到70%以上。按照国家公路网规划,重点推进国道网建设,增强国道对县级及以上行政节点的连接和覆盖。进一步加大危桥改造力度,按照技术规范要求严格实施安保工程。

(4)继续推进农村公路建设。农村公路建设坚持"扩大成果、完善设施、提升能力、统筹城乡"的总体思路,为广大农村地区提供更完善的公共服务。一是推进以西部建制村通沥青(水泥)路为重点的全国通达、通畅建设任务,满足农民群众的基本出行需求;二是完善农村公路基础设施,包括桥梁新改建工程、安保工程等,提高农村公路的抗灾能力和安全水平;三是改善农村公路网络状况,包括县乡道改造、连通工程等,提高农村公路的网络化水平和整体服务能力。到"十二五"末,农村公路总里程达到390万公里。

2.交通运输标准化"十三五"发展规划重点领域

交通运输部于2016年1月出台了《交通运输标准化"十三五"发展规划》,确定了综合交通运输、安全应急领域、运输服务、工程建设与养护、信息化、节能环保等六个重点领域的标准制修订。

(1)综合交通运输领域。着力推进铁路、公路、水运、民航和邮政领域,涉及两种及以上运输方式协调衔接和共同使用的标准制修订,主要包括综合客货运枢纽、旅客联程运输、货物多式联运、载运工具及换装设备、综合运输统计与评价等方面。

(2)安全应急领域。安全应急推荐性标准包括鼓励采用的安全管理、评估技术,以及推荐的工艺技术及操作规程等。着力推进交通运输设施运营安全监管、旅客运输、危险品货物运输和突发事件应急处置的标准制修订,主要包括运营安全管理、旅客运输、危险品运输、道路清障救援、海上救助打捞、溢油及化学品事故应急处置管理等方面,以及在役公路、道路危险货物运输,公路水运桥隧建设项目,港口危险货物罐区等领域的重大事故隐患评估技术标准。

(3)运输服务领域。着力推进运输服务基础条件、运输服务作业程序、运输装备技术和运输服务质量的标准制修订,主要包括客货运输服务、货物运输作业、客货运输质量、运输设施与设备、城市公共交通、汽车维修与后市场服务、从业人员培训、服务评价与投诉以及信用评级等方面。

(4)工程建设与养护领域。工程建设与养护推荐性标准是在工程质量强制性标准基础上,鼓励实施的设计规范、施工养护技术、检测评价方法和工程定额等标准。着力推进铁路、公路、水运工程建设与养护技术标准的制修订,主要包括特殊设计、精细化施工管理、运营养护、检测评估等方面,推动工程建设领域信用相关标准规范的制修订。

(5)信息化领域。着力推进综合交通运输基础信息交换共享、新一代信息技术共性应用、网络与信息安全保障等领域的标准制修订,主要包括基础数据信息、数据交换共享、基础设施设备、网络与信息安全、信用信息标准等方面。

(6)节能环保领域。节能环保推荐性标准是对行业环境保护和污染物排放控制具有一定影响,与节能环保强制性标准配套使用的管理和产品标准。着力推进交通运输环保监测与评估、环保材料应用,以及规范产品能效和排放管理的标准制修订,主要包括环境保护评价、环境保护监测、材料循环利用、耗能产品设备能效、节能减排评价、污染排放等方面。

思考

我国公路规划应遵循什么原则?

任务3 公路建设的法律法规

案例导入

由于道路拓宽、施工、事故、封道等原因,造成道路交通路况发生变化和交通拥堵等,使得公路使用者不能得到舒适、快捷的服务,要求高速公路经营管理者承担全部或部分法律和经济责任。

案情:

某高速公路双向八车道拓宽工程和路面维修罩面工程,于 2013 年 3 月 15 日至 12 月 31 日进行施工。2013 年 7 月 1 日早晨 5 时 30 分许,叶某开车从该高速公路 N 市 D 入口处领取通行卡后进入高速公路。根据叶某提供的车辆通行费发票表明:叶某总共交纳通行费 70 元,其中代收 N 市四自费用 5 元,N 市通途费用 5 元,到达时间为 2013 年 7 月 1 日 7:19。在行驶的过程中,因施工造成路面堵塞,对叶某的畅通行驶带来了不便,延长了通行时间。7 月 17日,叶某以该高速公路公司违约为由提起诉讼。

公路经营管理者已采取的行为和措施:在工程实施前,公路经营管理者已就高速公路实施拓宽、罩面施工情况,在 2013 年 3 月 15 日出版的各大报纸媒体上作了详细的报道,并提醒司机高速公路由于"边通车、边施工"将不可避免地对过往交通造成一定的影响,请司机选择路线外出。同时,两家广播电台对该高速公路的施工情况也进行了播报。此外,在该高速公路的相关收费站(包括 N 市 D 收费站)进口前对每天的施工情况进行通告。

案件争议焦点和应对措施:

该案件的争议焦点是:①高速公路应该给使用者提供"安全、舒适、快捷"的道路状况和服务,如果高速公路不能做到"高速",高速公路公司是否构成违约? ②高速公路公司收取"N 市四自"和"N 市通途"两项代收费用是否合理?

高速公路公司认为:高速公路作为一种产品,需要定期地进行维修和改造,而相关的维修和改造是为了向广大使用者提供更加"安全、舒适、快捷"的道路状况和服务;国家对高速公路道路施工并没有禁止,对施工期间的收费标准也没有降价的规定;公司对施工的时间和内容较好地履行了公告义务,并且也提醒了使用者自主选择出行道路。

法院的观点和判决:

一审法院认为:高速公路公司作为该高速公路的管理者及经营者,在叶某领取通行卡进入高速公路时起,双方即成立了服务合同关系,该合同关系依法受法律保护。叶某主张高速公路公司构成违约,是指高速公路公司所提供的路况不符合合同内容。本案双方当事人之间服务合同的内容未以书面形式表示,因此应当根据本案当事人实现服务合同的目的,从两方面判断合同的内容:其一,从高速公路要约来看,其在正常收费情况下能够提供或维持的路况是否属于正常?如属非正常,是否出于合理的缘由,其正当性是否构成合理的抗辩。其二,从使用者叶某的承诺来看,叶某在进入高速公路公司服务区域内领取通行卡之时是否明知或者应当知道高速公路公司所提供服务的路况。

相关证据证明,高速公路公司在 2013 年 3 月 15 日至 12 月 31 日对该高速公路实施拓宽工程系经国家有权部门批准,作为高速公路的管理者,对高速公路进行拓宽和维修是履行其法定的管理义务服务于社会,有利于广大通行者,应当认定该非常状况出于合理缘由,具有正当性。同时考虑到高速公路收费标准系经有关部门核准,并非高速公路公司的意志。因此,高速公路公司的要约行为具有合法性、合理性,对叶某的主张构成合理的抗辩。再者,从承诺方面看,对于高速公路拓宽、维修的实施,高速公路公司在实施之前通过报纸、电台及高速公路入口等进行了媒体宣传和通告,已尽其所能进行公告,并无隐瞒。叶某在知道或应当知道高速公路正在实施拓宽和维修的前提下,即高速公路公司已经尽到必要的谨慎义务,提醒司机可能造成堵车告知其自行选择路线行驶的情况下,仍然选择高速公路行驶,领取通行卡并与高速公路公司建立服务合同关系,应认定叶某承诺自愿接受高速公路公司在实施拓宽和维修施工情况下按惯常收取费用的服务。

因此,高速公路公司不存在违约,对叶某要求高速公路公司返还通行费、赔偿汽油费、损失费及赔礼道歉的诉讼请求不予支持。关于"N市四自"和"N市通途"的两项费用,叶某提供的车辆通行费发票上明确载明是代收,在Z省人民政府办公厅Z政办发〔1996〕282号文件和Z政办发〔1996〕283号文件也明确该两项费用是由N市人民政府收取,高速公路公司代收。叶某请求高速公路公司承担责任无依据,亦不予支持。

一审法院判决:驳回叶某的诉讼请求。

叶某不服一审判决,提起上诉。

二审法院认为:高速公路公司已举证证实其通过不同的媒体渠道就2013年3月15日至12月31日期间对高速公路实施拓宽、维修工程以及部分路段因此限速行驶的情况作了预告,并及时通告了当日的工程施工情况。高速公路公司的上述行为已尽其所能地履行了谨慎告知的义务,叶某作为接受高速公路通行服务的一方,应当知道通告内容。

二审法院判决:驳回叶某的上诉。

思考:试分析此案,并说明对公路管理者的启示。

相关知识

一、公路交通主管部门依法维护公路建设秩序

《公路法》第4条规定:"各级人民政府应当采取有力措施,扶持、促进公路建设。公路建设应当纳入国民经济和社会发展计划。"《公路法》第20条规定:"县级以上人民政府交通主管部门应当依据职责维护公路建设秩序,加强对公路建设的监督管理。"

(1)公路建设项目的规划编制、设计、施工、监理等,均应根据国家的法律和法规,依法定程序,在法律授权的交通主管部门的监督管理下进行。《公路法》第22条规定:"公路建设应当按照国家规定的基本建设程序和有关规定进行。"

(2)上述公路建设活动,必须依法履行报批手续。《公路法》第25条规定:"公路建设项目的施工,须按国务院交通主管部门的规定报请县级以上地方人民政府交通主管部门批准。"

(3)县级以上人民政府交通主管部门在法律授权范围内,依法对所建公路建设项目的全过程进行监督和管理。

(4)公路建设必须符合公路工程技术标准。根据《公路法》第26条规定,承担公路建设项目的设计单位施工单位和工程监理单位,应当按照国家有关规定建立健全质量保证体系,落实岗位责任制,并依照有关法律法规规章以及公路工程技术标准的要求和合同约定进行设计施工和监理,保证公路工程质量。

二、公路建设的基本程序

(1)根据长远规划或项目建议书,进行可行性研究。

(2)根据可行性研究,编制计划任务书。

(3)根据批准的计划任务书,进行现场勘测,编制初步设计文件和概算。

(4)根据批准的初步设计文件,编制施工图和施工图预算。

(5)列入年度基本建设计划。

(6)进行施工前的各项准备工作。

(7)编制实施性施工组织设计及开工报告,报上级主管部门核备。

(8)严格执行有关施工的规程和规定,坚持正常施工秩序,做好施工记录,建立相应的技术档案。

(9)编制竣工图表和工程决算,依竣工验收办法办理验收手续。

三、公路建设市场管理的规定

《公路建设市场管理办法》是为加强公路建设市场管理,规范公路建设市场秩序,保证公路工程质量,促进公路建设市场健康发展而制定的法规,于2004年12月21日由交通部发布,根据2015年6月26日中华人民共和国交通运输部令2015年第11号《关于修改〈公路建设市场管理办法〉的决定》第2次修正。

1.《公路建设市场管理办法》的主要内容

《公路建设市场管理办法》所指的公路建设市场主要包括公路工程建设管理和建设单位与咨询、勘察、设计、施工、监理、试验检测等单位及提供相关服务的社会中介机构以及设备和材料的供应单位之间的各种经营活动,规范的目的在于严格公路建设程序,确保工程质量和合理工期,控制工程造价,推动技术进步,提高投资效益,促进公路建设事业的健康发展。

2.公路建设市场的准入与管理

(1)公路建设市场管理实行统一管理、分级负责。根据《公路建设市场管理办法》规定,国务院交通运输主管部门主管全国公路建设市场监督管理工作,地方各级交通行政主管部门负责本行政区域内的公路建设市场监督管理工作。

①凡符合法律、法规规定的市场准入条件的从业单位和从业人员均可进入公路建设市场,任何单位和个人不得对公路建设市场实行地方保护。

②公路建设项目依法实行项目法人负责制。

③收费公路建设项目法人和项目建设管理单位进入公路建设市场实行备案制度。

④公路工程勘察、设计、施工、监理、试验检测等从业单位应当按照法律、法规的规定,取得有关管理部门颁发的相应资质后,方可进入公路建设市场。

⑤法律、法规对公路建设从业人员的执业资格作出规定的,从业人员应当依法取得相应的执业资格后,方可进入公路建设市场。

(2)依法对公路工程进行严格的开工报告制度的监督和管理。

(3)依法加强对合同文件执行情况进行监督。

(4)依法对市场主体行为进行管理。

四、公路建设项目中的法人负责制度

(1)公路建设项目的参加人必须具有法人资格。

(2)公路建设项目的参加人必须接受相应的业务资格审查。

(3)公路建设项目的参加人必须取得相应的业务资质资格。

(4)公路建设项目的参加人必须依法定程序和标准进行公路建设项目的管理。

(5)其他法定程序的监督与管理。

五、公路工程建设项目的招标投标制度

《公路法》第 23 条规定:"公路建设项目应当按照国家有关规定实行法人负责制度、招标投标制度和工程监理制度。"

1. 公路工程建设项目的招标

招标是订立合同的一个程序,是公路工程的建设单位,以标底为尺度,择优选择施工单位的一种法律行为,是一种工程发包形式。公路工程建设项目招标人是提出招标项目,进行招标的项目法人或者其他组织。按照国家有关规定需要履行项目审批、核准手续的依法必须进行招标的公路工程建设项目,招标人应当按照项目审批、核准部门确定的招标范围、招标方式、招标组织形式开展招标。

2. 公路工程建设项目的投标

投标,系投标者的一种民事法律行为,是投标者就准备承包的某项公路工程建设项目向招标人所作出的意思表示。

3. 开标、评标与定标

开标,即打开标书的行为,开标的目的在于开始评标活动。开标应当在招标文件确定的提交投标文件截止时间的同一时间公开进行;开标地点应当为招标文件预先确定的地点。

所谓评标,是指由评标委员会根据有关原则,对各投标书进行比较、评价,以确定标书中内容的有效性,并进行定标的活动。评标委员会完成评标后,应向招标人提出书面评标报告。最后由招标人发出中标通知书。

公路工程建设项目招标投标可按照《公路工程建设项目招标投标管理办法》的规定执行。

六、公路工程施工监理制度

1. 实施公路工程施工监理制度的意义

公路工程施工监理,是公路建设管理制度规范化、法制化措施,是强化质量管理、控制管理工程造价、提高投资效益及公路建设施工管理水平的有效方法。

2. 施工监理的任务

公路建设施工监理主要实施如下监控任务:

(1)质量监理。

(2)进度监理。

(3)费用监理。

(4)安全监理。

(5)环保监理。

3. 公路工程监理制度的法律依据

(1)《公路法》等公路法律、法规、规章。公路主管部门应当加强对公路建设市场管理、定额管理和工程质量监理。

(2)我国政府参加、认可、批准的国际条约、组织、国际惯例、规范或行为标准等。

4.施工监理制度的运行

我国施工监理制度的运作过程如下：

(1)对于承包商应履行的义务,建设单位委托监理工程师进行监督和管理。

(2)对于建设单位应提供的施工条件,监理工程师应及时提醒并协助建设单位予以解决。

(3)对于承包人在工程施工中应获的付款,监理工程师审批后及时发给付款证明。

(4)建设单位和承包人不发生直接联系,建设单位应通过监理工程师向承包人发布指令。

(5)合同当事人任何一方违约时,监理工程师均应依公允原则裁决,并确定其损失。

上述施工监理制度的运行,能有效地减少合同纠纷的发生。

5.施工监理制度中的组织形式

(1)主管部门。承担公路施工监理业务的单位,必须是经交通主管部门审批,取得公路工程施工的监理资格证书、具有法人资格的监理组织。

(2)现场监理人员包括:①监理总负责人(称总监)、总监代表、高级驻地监理工程师、专业监理工程师(统称监理工程师)。②测量、试验操作人员和现场旁站人员(以上统称监理员)。③必要的文书、行政人员。

七、公路建设的相关法律

《公路法》关于公路建设有如下规定:

第24条　公路建设单位应当根据公路建设工程的特点和技术要求,选择具有相应资格的勘查设计单位、施工单位和工程监理单位,并依照有关法律、法规、规章的规定和公路工程技术标准的要求,分别签订合同,明确双方的权利义务。承担公路建设项目的可行性研究单位、勘查设计单位、施工单位和工程监理单位,必须持有国家规定的资质证书。

第25条　公路建设项目的施工,须按国务院交通主管部门的规定报请县级以上地方人民政府交通主管部门批准。

第31条　因建设公路影响铁路、水利、电力、邮电设施和其他设施正常使用时,公路建设单位应当事先征得有关部门的同意;因公路建设对有关设施造成损坏的,公路建设单位应当按照不低于该设施原有的技术标准予以修复,或者给予相应的经济补偿。

第32条　改建公路时,施工单位应当在施工路段两端设置明显的施工标志,需要车辆绕行的,应当在绕行路口设置标志;不能绕行的,必须修建临时道路,保证车辆和行人通行。

第33条　公路建设项目和公路修复项目竣工后,应当按照国家有关规定进行验收;未经验收或者验收不合格的,不得交付使用。建成的公路,应当按照国务院交通主管部门的规定设置明显的标志标线。

> **思考**
>
> 公路建设项目的施工必须经什么部门批准？

案例分析

1.课堂任务操作

针对导入案例,进行分组讨论:

(1)分析案情;

（2）找出适用的法律法规条款；

（3）根据法律法规条款的规定分析案例。

2. 课外任务

查阅《公路法》和《公路安全保护条例》中关于公路建设、施工管理的相关规定。

思考讨论

公路建设市场的准入条件有哪些？

任务4　公路养护的法律法规

案例导入

未及时清障，道路管理者对事故应负赔偿责任

2012 年 12 月 16 日，胡某驾驶的轿车与同向直行的由王某驾驶的重型仓栅式货车的右前部相撞，致货车所载的乳胶桶倾倒，乳胶洒泼在公路上。胡某和王某从道路边取土覆盖乳胶沾染的路面后撤离现场。次日凌晨，张某骑电动自行车经过泼洒乳胶的地点时跌倒受伤。张某将承保交强险的保险公司和公路管理站作为被告诉至法院，要求两被告共同承担其医疗费等计 20107.41 元。法院认为公路管理站在本案中具有过错，超出交强险限额部分应由其承担相应责任，据此作出相应判决。

思考：法院判决的依据是什么？

相关知识

公路养护的法律法规及规章标准，构成了公路养护制度的法律基础。在公路建设发展的同时，要依法将"建路养路"的原则贯彻到公路建设发展的始终，就此提高公路的标准化，必须以法养路，以制度的形式规范公路的养护行为。《公路法》等法律法规中对依法养路有许多具体的规定和要求。

《公路法》第 7 条规定："公路受国家保护，任何单位和个人不得破坏、损坏或者非法占用公路、公路用地及公路附属设施。任何单位和个人都有爱护公路、公路用地及公路附属设施的义务，有权检举和控告破坏、损坏公路、公路用地、公路附属设施和影响公路安全的行为。"

一、公路养护的主体

公路管理机构和公路经营企业是公路养护主体。

《公路法》第 8 条规定："国务院交通主管部门主管全国公路工作。县级以上地方人民政府交通主管部门主管本行政区域内的公路工作；但是，县级以上地方人民政府交通主管部门对国道、省道的管理、监督职责，由省、自治区、直辖市人民政府确定。乡、民族乡、镇人民政府负责本行政区域内的乡道的建设和养护工作。县级以上地方人民政府交通主管部门可以决定由公路管理机构依照本法规定行使公路行政管理职责。"

《公路法》第 35 条规定："公路管理机构应当按照国务院交通主管部门规定的技术规范和操作规程对公路进行养护，保证公路经常处于良好的状态。"

《公路安全保护条例》第 44 条规定："公路管理机构、公路经营企业应当加强公路养护，保证公路经常处于良好技术状态。"

二、公路管理机构、公路经营企业的养护职责

《公路安全保护条例》对公路管理机构、公路经营企业对公路的巡查、检测、评定、养护、抢修、维修等作了明确规定。

《公路安全保护条例》第47条规定:"公路管理机构、公路经营企业应当按照国务院交通运输主管部门的规定对公路进行巡查,并制作巡查记录;发现公路坍塌、坑槽、隆起等损毁的,应当及时设置警示标志,并采取措施修复。"

《公路安全保护条例》第48条规定:"公路管理机构、公路经营企业应当定期对公路、公路桥梁、公路隧道进行检测和评定,保证其技术状态符合有关技术标准;对经检测发现不符合车辆通行安全要求的,应当进行维修,及时向社会公告,并通知公安机关交通管理部门。"

《公路安全保护条例》第49条规定:"公路管理机构、公路经营企业应当定期检查公路隧道的排水、通风、照明、监控、报警、消防、救助等设施,保持设施处于完好状态。"

三、公路养护的其他规定

近年来,公路养护管理工作取得了很大进展。养护工作正在从粗放型向集约化、专业化方向转变,管理工作正在从经验型向科学化、法制化方向转变,通行保障工作正在从被动应对型向主动化、人性化方向转变。《公路安全保护条例》在总结各地探索公路养护运行机制改革经验的基础上,明确了公路养护单位的资质条件,提出了公路养护的专业化、社会化发展方向,强调了公路养护的作业标准和操作规程。

《公路安全保护条例》第45条规定:"公路养护应当按照国务院交通运输主管部门规定的技术规范和操作规程实施作业。"

《公路安全保护条例》第46条规定:"从事公路养护作业的单位应当具备下列资质条件:①有一定数量的符合要求的技术人员;②有与公路养护作业相适应的技术设备;③有与公路养护作业相适应的作业经历;④国务院交通运输主管部门规定的其他条件。公路养护作业单位资质管理办法由国务院交通运输主管部门另行制定。"

> **思考**
>
> 如果你发现公路出现坑洼,妨碍交通,你应该向哪个单位举报?

案例分析

1. 课堂任务操作

针对导入案例,进行分组讨论:

(1)分析案情;

(2)找出适用的法律法规条款;

(3)根据法律法规条款的规定分析案例。

2. 课外任务

查阅《公路法》和《公路安全保护条例》中关于公路养护的相关规定。

思考讨论

《公路法》和《公路安全保护条例》在公路养护方面的规定还有哪些欠缺？

任务5 路政管理的法律法规

案例导入

2014年9月，邓某向所在村委会提出建房申请，村委会同意邓某在某省道侧建房，邓某即动工兴建。同年10月19日，路政管理人员发现房子建在公路建筑控制区范围内，属违法建筑，面积达204平方米。公路管理机构即向邓某发出《交通违法行为通知书》，责令其停止施工，拆除违法建筑，恢复原状。邓某以有其他部门批件为理由拒不执行。公路管理机构于是作出责令限期拆除违法建筑的行政处罚。该行政处罚生效后，邓某仍拒不拆除其违法建筑，公路管理机构于是进行强制拆除。

思考：公路管理机构作出行政处罚的法律依据是什么？

相关知识

路政管理是国家行政权在公路事业中的具体体现和延伸。在路政管理中，公路主管部门依照国家法律、法规和政府的有关行政规范性文件，行使着保护国家路产、维护国家路权的职权。

一、路政管理的界定

路政管理是指县级以上人民政府交通主管部门或者其设置的公路管理机构，为维护公路管理者、经营者、使用者的合法权益，根据《公路法》及其他有关法律、法规和规章的规定，实施保护公路、公路用地及公路附属设施（以下统称"路产"）的行政管理。

二、路政管理的职责

(1)宣传、贯彻执行公路管理的法律、法规和规章。

(2)保护路产。

(3)实施路政巡查。

(4)管理公路两侧建筑控制区。

(5)维持公路养护作业现场秩序。

(6)参与公路工程交工、竣工验收。

(7)依法查处各种违反路政管理法律、法规、规章的案件。

(8)法律、法规规定的其他职责。

三、路政管理的相关法规

《公路法》第43条规定："各级地方人民政府应当采取措施，加强对公路的保护。县级以上地方人民政府交通主管部门应当认真履行职责，依法做好公路保护工作，并努力采用科学的管理方法和先进的技术手段，提高公路管理水平，逐步完善公路服务设施，保障公路的完好、安全和畅通。"

《公路法》第 44 条规定："任何单位和个人不得擅自占用、挖掘公路。因修建铁路、机场、电站、通信设施、水利工程和进行其他建设工程需要占用、挖掘公路或者使公路改线的,建设单位应当事先征得有关交通主管部门的同意;影响交通安全的,还须征得有关公安机关的同意。占用、挖掘公路或者使公路改线的,建设单位应当按照不低于该段公路原有的技术标准予以修复、改建或者给予相应的经济补偿。"

《公路法》第 45 条规定："跨越、穿越公路修建桥梁、渡槽或者架设、埋设管线等设施的,以及在公路用地范围内架设、埋设管线、电缆等设施的,应当事先经有关交通主管部门同意,影响交通安全的,还须征得有关公安机关的同意;所修建、架设或者埋设的设施应当符合公路工程技术标准的要求。对公路造成损坏的,应当按照损坏程度给予补偿。"

《公路法》第 46 条规定："任何单位和个人不得在公路上及公路用地范围内摆摊设点、堆放物品、倾倒垃圾、设置障碍、挖沟引水、利用公路边沟排放污物或者进行其他损坏、污染公路和影响公路畅通的活动。"

《公路法》第 52 条规定："任何单位和个人不得损坏、擅自移动、涂改公路附属设施。前款公路附属设施,是指为保护、养护公路和保障公路安全畅通所设置的公路防护、排水、养护、管理、服务、交通安全、渡运、监控、通信、收费等设施、设备以及专用建筑物、构筑物等。"

《公路法》第 53 条规定："造成公路损坏的,责任者应当及时报告公路管理机构,并接受公路管理机构的现场调查。"

《公路法》第 54 条规定："任何单位和个人未经县级以上地方人民政府交通主管部门批准,不得在公路用地范围内设置公路标志以外的其他标志。"

《公路法》第 55 条规定："在公路上增设平面交叉道口,必须按照国家有关规定经过批准,并按照国家规定的技术标准建设。"

《公路法》第 56 条规定："除公路防护、养护需要的以外,禁止在公路两侧的建筑控制区内修建建筑物和地面构筑物;需要在建筑控制区内埋设管线、电缆等设施的,应当事先经县级以上地方人民政府交通主管部门批准。"

四、违法责任相关规定

《公路法》第 76 条规定："有下列违法行为之一的,由交通主管部门责令停止违法行为,可以处三万元以下的罚款:①违反本法第 44 条第一款规定,擅自占用、挖掘公路的;②违反本法第 45 条规定,未经同意或者未按照公路工程技术标准的要求修建桥梁、渡槽或者架设、埋设管线、电缆等设施的;③违反本法第 47 条规定,从事危及公路安全的作业的;④违反本法第 48 条规定,铁轮车、履带车和其他可能损害路面的机具擅自在公路上行驶的;⑤违反本法第 50 条规定,车辆超限使用汽车渡船或者在公路上擅自超限行驶的;⑥违反本法第 52 条、第 56 条规定,损坏、移动、涂改公路附属设施或者损坏、挪动建筑控制区的标桩、界桩,可能危及公路安全的。"

《公路法》第 77 条规定："违反本法第 46 条的规定,造成公路路面损坏、污染或者影响公路畅通的,或者违反本法第 51 条规定,将公路作为试车场地的,由交通主管部门责令停止违法行为,可以处五千元以下的罚款。"

《公路法》第 78 条规定："违反本法第 53 条规定,造成公路损坏,未报告的,由交通主管部门处一千元以下的罚款。"

《公路法》第 79 条规定："违反本法第 54 条规定,在公路用地范围内设置公路标志以外的其他标志的,由交通主管部门责令限期拆除,可以处二万元以下的罚款;逾期不拆除的,由交通主管部门拆除,有关费用由设置者负担。"

《公路法》第81条规定:"违反本法第56条规定,在公路建筑控制区内修建建筑物、地面构筑物或者擅自埋设管线、电缆等设施的,由交通主管部门责令限期拆除,并可以处五万元以下的罚款、逾期不拆除的,由交通主管部门拆除,有关费用由建筑者、构筑者承担。"

《中华人民共和国道路交通安全法实施条例》第88条规定:"机动车发生交通事故,造成道路、供电、通讯等设施损毁的,驾驶人应当报警等候处理,不得驶离。机动车可以移动的,应当将机动车移至不妨碍交通的地点。公安机关交通管理部门应当将事故有关情况通知有关部门。"

《中华人民共和国道路交通安全法》第105条规定:"道路施工作业或者道路出现损毁,未及时设置警示标志、未采取防护措施,或者应当设置交通信号灯、交通标志、交通标线而没有设置或者应当及时变更交通信号灯、交通标志、交通标线而没有及时变更,致使通行的人员、车辆及其他财产遭受损失的,负有相关职责的单位应当依法承担赔偿责任。"

《最高人民法院关于审理道路交通事故损害赔偿案件适用法律若干问题的解释》第10条规定:"因在道路上堆放、倾倒、遗撒物品等妨碍通行的行为,导致交通事故造成损害,当事人请求行为人承担赔偿责任的,人民法院应予支持。道路管理者不能证明已按照法律、法规、规章、国家标准、行业标准或者地方标准尽到清理、防护、警示等义务的,应当承担相应的赔偿责任。"

《公路安全保护条例》第56条规定:"违反本条例的规定,有下列情形之一的,由公路管理机构责令限期拆除,可以处5万元以下的罚款。逾期不拆除的,由公路管理机构拆除,有关费用由违法行为人承担:①在公路建筑控制区内修建、扩建建筑物、地面构筑物或者未经许可埋设管道、电缆等设施的;②在公路建筑控制区外修建的建筑物、地面构筑物以及其他设施遮挡公路标志或者妨碍安全视距的。"

> **思考**
> 如果您发现公路建筑控制区内有违法建筑,您觉得应该由哪个单位负责处理?

知识拓展

《公路法》相关规定

第59条 符合国务院交通主管部门规定的技术等级和规模的下列公路,可以依法收取车辆通行费:①由县级以上地方人民政府交通主管部门利用贷款或者向企业、个人集资建成的公路;②由国内外经济组织依法受让前项收费公路收费权的公路;③由国内外经济组织依法投资建成的公路。

第60条 县级以上地方人民政府交通主管部门利用贷款或者集资建成的收费公路的收费期限,按照收费偿还贷款、集资款的原则,由省、自治区、直辖市人民政府依照国务院交通主管部门的规定确定。

第61条 本法第59条第一款第一项规定的公路中的国道收费权的转让,必须经国务院交通主管部门批准;国道以外的其他公路收费权的转让,必须经省、自治区、直辖市人民政府批准,并报国务院交通主管部门备案。

前款规定的公路收费权出让的最低成交价,以国有资产评估机构评估的价值为依据确定。

第 62 条　受让公路收费权和投资建设公路的国内外经济组织应当依法成立开发、经营公路的企业(以下简称公路经营企业)。

第 63 条　收费公路车辆通行费的收费标准,由公路收费单位提出方案,报省、自治区、直辖市人民政府交通主管部门会同同级物价行政主管部门审查批准。

第 64 条　收费公路设置车辆通行费的收费站,应当报经省、自治区、直辖市人民政府审查批准。跨省、自治区、直辖市的收费公路设置车辆通行费的收费站,由有关省、自治区、直辖市人民政府协商确定;协商不成的,由国务院交通主管部门决定。同一收费公路由不同的交通主管部门组织建设或者由不同的公路经营企业经营的,应当按照"统一收费、按比例分成"的原则,统筹规划,合理设置收费站。两个收费站之间的距离,不得小于国务院交通主管部门规定的标准。

第 66 条　依照本法第 59 条规定受让收费权或者由国内外经济组织投资建成经营的公路的养护工作,由各该公路经营企业负责。各该公路经营企业在经营期间应当按照国务院交通主管部门规定的技术规范和操作规程做好对公路的养护工作。在受让收费权的期限届满,或者经营期限届满时,公路应当处于良好的技术状态。

前款规定的公路的绿化和公路用地范围内的水土保持工作,由各该公路经营企业负责。

第一款规定的公路的路政管理的职责由县级以上地方人民政府交通主管部门或者公路管理机构的派出机构、人员行使。

《公路安全保护条例》相关规定

第 51 条　公路养护作业需要封闭公路的,或者占用半幅公路进行作业,作业路段长度在 2 公里以上,并且作业期限超过 30 日的,除紧急情况外,公路养护作业单位应当在作业开始之日前 5 日向社会公告,明确绕行路线,并在绕行处设置标志;不能绕行的,应当修建临时道路。

第 52 条　公路养护作业人员作业时,应当穿着统一的安全标志服。公路养护车辆、机械设备作业时,应当设置明显的作业标志,开启危险报警闪光灯。

第 53 条　发生公路突发事件影响通行的,公路管理机构、公路经营企业应当及时修复公路、恢复通行。设区的市级以上人民政府交通运输主管部门应当根据修复公路、恢复通行的需要,及时调集抢修力量,统筹安排有关作业计划,下达路网调度指令,配合有关部门组织绕行、分流。

案例分析

1. 课堂任务操作

针对导入案例,进行分组讨论:

(1)分析案情;

(2)找出适用的法律法规条款;

(3)根据法律法规条款的规定分析案例。

2. 课外任务

查阅《公路法》和《公路安全保护条例》有关路政管理的相关规定。

思考讨论

1.《公路法》制定了哪几个方面的法律制度?

2.公路路政管理有哪些内容？

3.公路养护管理有哪些规定？

4.《公路法》尚有哪些不完善的地方？

实训操作

2013 年 9 月的一天，小娟和母亲打算从外婆家回家，她借了哥哥的摩托车载着母亲骑回家。由于之前小娟经常骑着摩托车出去玩，所以家人很放心。但摩托车行至同丙公路与林瑶路交叉路口时，由于道路坑坑洼洼，高低起伏很大，从没遇到过这种情况的小娟心里有点慌，一不小心，摩托车往右边倾斜，车上的母亲摔了下来。路人看到这种情况，赶紧向 120 报警，但不幸的是，次日母亲因抢救无效去世。当年小娟还不满 16 岁。家人认为这都是坑坑洼洼的路惹的祸，于是将道路的几家建设和施工单位一起告上了法庭，索赔 47 万多元。

虽然一家人都知道小娟无证驾驶不对，但是他们认为道路坎坷是导致事故发生的主要原因。"如果不是路那么难走的话，也不会出事。"家人将几家道路的建设和施工单位告上了法庭。

道路建设单位称，他们已经将工程交给施工单位，并且有工程监理公司对工程的安全生产等方面作出监督，其已依法尽到管理义务，所以不负责任。道路的施工单位则辩称：在林瑶路上他们设置有路障及警示标志，不存在维护及管理瑕疵，也不应承担赔偿责任。

法院审理查明，发生事故的道路存在路面上下落差较大即路面坑洼，系由施工单位在施工过程中留下的，现该工程尚未竣工，也未通过有关部门的验收，同时几名路人证明施工单位并未在路段设置警示标志。

法院认为，小娟明知自己未满 18 周岁，没有驾驶摩托车的资格，还一意孤行，并且在驾驶的过程中也没有使用安全帽，所以其在这场事故当中应负主要责任。而母亲放任女儿无证驾驶也是造成本起交通事故的另一个主要原因。同时法院认为，道路的建设单位虽然有提供施工监理合同作为证据，但合同时间与施工时间矛盾，且该证据不能证明他们已尽到管理责任。而施工单位虽然声称其有在路面上设置标志，但是证人的证言却推翻了他们的说法。所以在这起交通事故中，分别应由小娟承担 60％、建设单位承担 5％、施工单位承担 25％、死者本人承担 10％的民事责任。最后法院一审判决，道路的建设单位赔偿给死者家属经济损失共21943.31 元，道路的施工方赔偿 109716.53 元。

思考:你觉得法院判案是否正确？判案的依据是什么？

项目三　公路运输管理法规

知识目标

1. 了解《道路运输条例》的立法目的和宗旨、基本内涵和原则；

2. 掌握道路运输经营规定、法律责任、货运经营管理和客运经营管理。

能力目标

能依据道路运输法规分析相关案例。

任务1　道路运输条例

案例导入

2015年6月20日，A市汽车运输公司所属的大客车被该市运输管理处的执法人员依法查处。经询问驾驶员曾某、乘客谭某制作笔录后，暂扣了申请人的车辆营运证及客运线路标志牌，并开具了《交通执法行政强制措施凭证》《交通违法违章行为处罚告知通知书》《听证告知书》。该大客车按照道路运输管理机构核定的客运班线应该是途经阳江、江门、中山、虎门，但该车严重超出核定客运班线的范围，改走广州、新塘、东莞万江汽车总站、厚街、虎门一线，在沿途路段有上下乘客的行为。该行为属明显违反道路运输管理法规的违法行为，事实清楚。

6月29日，A市运输管理处作出交通行政处罚决定书，依照《中华人民共和国道路运输条例》第63条的规定，决定给予申请人罚款3万元的行政处罚。汽车运输公司不服处罚决定，向市交通局申请行政复议。

思考：复议机关应如何裁决？您认为该案件应该如何处罚？依据是什么？

相关知识

一、《道路运输条例》的颁布与实施

《中华人民共和国道路运输条例》（以下简称《道路运输条例》）是我国第一部规范道路运输经营和管理行为的行政法规。《道路运输条例》于2004年4月30日以中华人民共和国国务院令第406号公布，并根据2012年11月9日《国务院关于修改和废止部分行政法规的决定》进行第一次修订，根据2016年2月6日国务院令第666号《国务院关于修改部分行政法规的决定》进行第二次修订。

二、《道路运输条例》的立法目的和宗旨

《道路运输条例》的颁布与实施为建立统一开放、竞争有序的道路运输市场，推进道路运输管理实现现代化，推进依法行政提供了有利的法律武器。《道路运输条例》确定的立法目的和

宗旨主要体现在四个方面：一是维护道路运输市场秩序；二是保障道路运输安全；三是保护道路运输有关各方当事人的合法权益；四是促进道路运输业的健康发展。《道路运输条例》第1条规定："为了维护道路运输市场秩序，保障道路运输安全，保护道路运输有关各方当事人的合法权益，促进道路运输业的健康发展，制定本条例。"

1. 维护道路运输市场秩序

建设全国统一市场，维护和健全市场秩序，加强市场监管，维护公平竞争，打击扰乱市场秩序和经营欺诈等违法行为，是行政机关的重要职责。对道路运输活动和运输市场秩序的维护与人民群众的利益密切相关。为了维护道路运输市场秩序，《道路运输条例》对进入道路运输市场实行准入管理，设定了进入道路运输市场的行政许可制度，依据行政许可法的原则和精神，明确了从事道路运输经营、道路运输相关业务、国际道路运输的许可条件。《道路运输条例》规定，申请从事客运、货运经营的，应当具备以下三个条件：一是有与其经营业务相适应并经检测合格的车辆；二是有符合规定条件的驾驶人员；三是有健全的安全生产管理制度。对于申请从事班线客运经营的，还要求有明确的线路和站点方案。为了保证危险货物运输经营的安全，《道路运输条例》对于危险货物运输经营规定了更严格的准入条件，要求有5辆以上经检测合格的危险货物运输专用车辆、设备，有取得上岗资格证的驾驶人员、装卸管理人员、押运人员，危险货物运输专用车辆有必要的通信工具，有健全的安全生产管理制度。申请从事道路运输站（场）经营、机动车维修经营、机动车驾驶员培训等道路运输相关业务的，应当具备相应的场地、设施设备、专业人员、技术人员、教学人员、管理人员以及相应的管理制度等条件。此外，由于国际道路运输的特殊性，《道路运输条例》对申请从事国际道路旅客、货物运输经营的，增加规定了两个条件：一是申请主体应当是依照条例第10条、第25条规定取得道路运输经营许可证的企业法人；二是在国内从事道路运输经营满3年，且未发生重大以上道路交通责任事故。除严格经营主体的"市场准入关"外，对进入道路运输市场的经营者经营行为也要进行必要的规范。为此，《道路运输条例》规定从事道路运输经营以及道路运输相关业务，应当依法经营，诚实信用，公平竞争；任何单位和个人不得封锁或者垄断道路运输市场；不得强迫旅客乘车，不得甩客、敲诈旅客，不得擅自更换运输车辆；不得使用假冒伪劣配件维修机动车；等等。

2. 保证道路运输安全

道路运输安全直接关系人民群众的人身安全和财产安全，也是《道路运输条例》要着力解决的问题。为此，其针对道路运输经营中存在的安全问题，从以下八个方面作了规定：一是在道路运输经营的准入条件中规定从事道路运输的车辆应当检测合格，驾驶人员应当符合相关条件，从源头控制不合格的车辆和驾驶人员从事道路运输经营。二是客运经营者、货运经营者应当加强对从业人员的安全教育、职业道德教育，确保道路运输安全。道路运输从业人员应当遵守道路运输操作规程，不得违章作业，驾驶人员连续驾驶时间不得超过4个小时。三是客运经营者、货运经营者应当加强对车辆的维护和检测，确保车辆符合国家规定的技术状况，不得使用报废的、擅自改装的和其他不符合国家规定的车辆从事道路运输经营。四是道路运输车辆不得超载运输旅客和货物，道路运输站（场）经营者应当采取措施防止超过载运限额和未经安全检查的车辆出站，按照车辆核定载客限额售票，防止携带危险品的人员进站乘车。对于超载行为的处理，规定由公安机关交通管理部门依据《道路交通安全法》给予处罚，道路运输管理机构要采取措施安排旅客改乘或者强制卸货。五是货运经营者应当采取必要措施，防止货物脱落、扬撒等。六是危险货物运输必须配备必要的押运人员和悬挂危险货物运输标志，托运危险货物的应当向货运经营者说明货物的有关情况。七是机动车维修经营者不得使用假冒伪劣配件维修机动车,不得承修已报废的机动车,不得擅自改装机动车。八是机动车驾驶员培训机构应当按照国务院交通主管部门规定的教学大纲进行培训,确保培训质量。

3.保护道路运输有关各方当事人的合法权益

保护公民、法人和其他组织的合法权益,是公共行政或者行政权力的一项重要使命,是依法行政所追求的最终目标。维护道路运输市场秩序,保障道路运输安全,最终的目的是为了保护道路运输有关各方当事人的合法权益,同时只有切实维护道路运输市场秩序,保障道路运输安全,才能真正并且从根本上保护公民、法人和其他组织的合法权益。两者是相辅相成的。因此,《道路运输条例》在规定维护道路运输市场秩序,保障道路运输安全的具体制度的同时,为了防止道路运输经营中发生甩客、甩货等侵害旅客、货主合法权益的行为以及防止道路运输站(场)经营、机动车维修经营和机动车驾驶员培训中损害运输经营者、车主、培训人员利益的行为,从以下七个方面对客运经营者、货运经营者、相关业务经营者的行为作了规范:一是客运经营者应当为旅客提供良好的乘车环境,保持车辆清洁、卫生,并采取必要的措施防止运输过程中发生侵害旅客人身、财产安全的违法行为;二是从事包车客运的,应当按照约定的起始地、目的地和线路运输;三是客运经营者不得强迫旅客乘车,不得甩客、敲诈旅客,不得擅自更换运输车辆;四是客运经营者、危险货物运输经营者应当分别为旅客或者危险货物投保承运人责任险;五是道路运输站(场)经营者应当合理安排客运班次,为旅客和货主提供安全、便捷、优质的服务;六是机动车维修经营者应当公布机动车维修工时定额和收费标准,合理收取费用并实行质量保证期制度;七是驾驶员培训机构应当确保培训质量。另外,为了保护广大经营者的利益,《道路运输条例》在规定道路运输管理机构实施道路运输管理时,除应当遵循公平、公正、公开和便民的原则外,还规定加强对道路运输管理机构及其工作人员的监督管理,提高执法人员的素质,保证公正、高效地执法。《道路运输条例》从以下几个方面对道路运输管理机构及其工作人员规定了严格的监督制度和规范执法行为的要求:一是交通主管部门要加强对道路运输管理机构实施道路运输管理工作的指导监督;二是道路运输管理机构要加强对执法队伍的建设,提高其工作人员的法制、业务素质,道路运输管理机构的工作人员未经培训、考核合格的,不得上岗执法;三是道路运输管理机构要建立健全内部监督制度和违法行为举报;四是道路运输管理机构及其工作人员要自觉接受社会和公民的监督;五是道路运输管理机构的工作人员在监督检查时不得乱检查、乱收费、乱罚款、乱设卡,不得随意拦车、不得使用暂扣车辆。

4.促进道路运输业的健康发展

促进道路运输业的健康发展,与维护道路运输市场秩序、保障道路运输安全、保护道路运输有关各方当事人的合法权益,是相辅相成的。如果能做到维护道路运输市场秩序、保障道路运输安全、保护道路运输有关各方当事人的合法权益,必将促进道路运输业的健康发展。道路运输事业的发展反过来又能更好地满足人民日益增长的物质文化需要。促进道路运输事业的发展既是实现上述三个目的的结果,也是《道路运输条例》所要达到的目的。

三、《道路运输条例》的基本内涵和原则

《道路运输条例》根据《中华人民共和国行政许可法》的立法精神,体现了有权必有责、用权受监督、侵权须赔偿的权利运作规律,在设立行政许可方面采取了非常谨慎的态度。一方面,把关系人民群众生命财产安全的事项,如旅客运输和危险品运输,作为审批的重点,设定严格的市场准入条件;另一方面,对普通货物运输、运输站场经营、机动车维修和驾驶员培训等事

项,放宽了市场准入条件,尽可能体现公平、公正、公开和便民、高效、降低管理成本的要求。

1.《道路运输条例》的基本内涵

《道路运输条例》分为总则、道路运输经营、道路运输相关业务、国际道路运输、执法监督、法律责任、附则7章,共82条。

(1)经营性道路运输和非经营性道路运输。

所谓道路运输,是指在道路上通过交通运载工具运送旅客或者货物的活动。

道路运输活动根据是否以营利为目的可以区分为经营性道路运输和非经营性道路运输。经营性道路运输,也就是道路运输经营,主要指为社会提供服务、发生费用结算或者获取报酬的道路运输。经营性道路运输过程中发生各种方式结算,除运费单独结算这种方式外,还包括运费、装卸费与货价并计,运费、装卸费与工程造价并计,运费与劳务费、承包费并计等结算方式。非经营性道路运输,是指为本人生产、生活服务,不发生费用结算或者不收取报酬的道路运输。

(2)道路旅客运输和道路货物运输。

根据运送对象的不同,道路运输可以分为道路旅客运输和道路货物运输。所谓道路旅客运输,是指以旅客为运送对象的道路运输。道路客运,通常可以分为道路班车客运、旅游客运、包车客运和出租汽车客运四种类型。所谓道路货物运输,是指以货物为运送对象的道路运输。道路货运的经营业务通常可以分为普通货物运输、零担货物运输、大件货物运输、集装箱运输、冷藏货物运输、危险货物运输和搬家运输七种类型。

2.道路运输管理遵循的原则

《道路运输条例》第4条规定:"道路运输管理,应当公平、公正、公开和便民。"本条是关于道路运输管理中应当遵循的原则的规定,包括有以下三层含义:

(1)道路运输管理应当公平、公正。

公平、公正的本意是公平正直、没有偏私。行政法律制度上的公平、公正原则要求行政机关在履行职责、行使权力时,不仅在实体和程序上都要合法,而且还要合乎常理。实施行政许可,进行监督检查、行政处罚遵循公平、公正原则,要求平等地对待所有个人和组织,禁止搞身份上的不平等。在设定行政许可时,不能对个人和组织因为地位(规模)、经济条件、来自地区不同而规定不同的条件;在实施行政许可时,不能对符合法定条件或者标准的个人和组织实行歧视待遇,尤其是根据招标投标、拍卖或者统一教育决定行政许可,更是如此。比如,道路运输管理机构在实施行政许可时对申请从事道路客运经营、货运经营以及道路运输站(场)经营、机动车维修经营、机动车驾驶员培训等道路运输相关业务的,只要符合《道路运输条例》第8条、第21条、第23条、第36条、第37条、第38条分别规定的条件,就应当给予经营许可。在实施监督检查时,道路运输管理机构的工作人员应当严格按照职责权限和程序进行监督检查,不得乱设卡、乱收费、乱罚款。在实施处罚时,要严格按照法定的程序,根据当事人违法行为的性质、情节和造成的后果,给予适当的处罚,不得滥用职权或者徇私舞弊。当然,在实施行政许可时,不能狭隘地理解公平、公正的原则。公平、公正主要是强调同等条件下的公平。对于一些资源有限或者有数量控制的许可,比如客运班线的经营许可,应当是"优中选优",并不是所有符合基本条件的申请人,都能得到经营许可。道路运输管理机构在实施许可时可以采取招投标的方式,选择最符合条件的经营者。实践中,有人认为,公正标准很难把握,因此,他们认为,公平、公正是没有标准的。但是,大多数人认为,公平、公正是有标准的,只是对标准的性质有不同认识。我们主张坚持公平、公正原则,从主观上看,实施道路运输管理应当符合管理的目的,排除不相关的考虑。如果实施道路运输管理,一味追求本部门乃至个人利益,把许可权作为"寻租"、创收的手段,就背离了管理的目的,就是不公平、不公正的。从客观上看,主要看实施行政许可是否合乎常理,能否得到大家的认同。如果条件相同而给予不同的行政许可决定,条件不同又给予相同的行政许可决定,类似这种情况,公众都会有判断,这就是不公平、不公正的。为了使道路运输管理的公平、公正标准具有客观性、可操作性、可监督性,应当尽可能把行政许可的条件、应受处罚的行为、种类和幅度具体化。

(2)道路运输管理应当公开。

公开的本意是不加隐蔽。行政法律制度上的公开通常是指国家行政机关某种活动或者行为过程和结果的公开,其本质是对公众知情权、参与权和监督权的保护。在道路运输管理过程中,凡是有关道路运输许可的规定都必须公布,未经公布的,不得作为实施行政许可的依据。实施道路运输行政许可和对道路运输违法活动实施处罚时,遵循公开原则的基本要求:一是实施的主体要公开,谁有权实施哪些行政许可和行政处罚,应当让公众周知;二是实施的条件应该是规范的、明确的、公开的,不允许在行政许可和行政处罚的实施条件上搞"模糊战术";三是行政许可实施的程序,包括申请、受理、审查、听证、决定、检查等程序都应当是具体、明确和公开的;四是行政许可的实施期限是公开的;五是行政许可决定和行政处罚的结果,应当予以公开,公众有权查阅(涉及国家秘密、商业秘密和个人隐私的情况除外)。

《道路运输条例》针对道路运输行政许可中存在的市场准入条件不一致、审批主体不明确、程序不清楚、手续繁琐的问题,依据行政许可法的原则和精神,明确了从事道路运输经营、道路运输相关业务、国际道路运输的许可条件、主体和程序。

(3)道路运输管理应当便民。

所谓便民,就是在道路运输管理过程中管理机构应当采取措施为公民、法人和其他组织提供能够廉价、便捷、迅速地了解道路运输管理中的有关情况,为当事人申请并获得道路运输经营许可或者开展道路运输活动提供必要的方便条件。为了体现便民的原则,《道路运输条例》在规定道路运输经营申请时尽可能地做到让当事人能够就地申请。为了方便申请人,《道路运输条例》第10条改变了过去将经营资格审批和班线审批分开的做法,规定申请客运经营资格时,可以同时申请班线审批,简化了审批程序;对予以许可的,向申请人颁发道路运输经营许可证的同时,要向申请人投入运输的车辆配发车辆营运证,不得搞两次审批。对从事跨省、自治区、直辖市行政区域客运经营的申请,还进一步规定,有关省、自治区、直辖市道路运输管理机构在颁发道路运输经营许可证前,应当与运输线路目的地的省、自治区、直辖市道路运输管理机构协商;协商不成的,应当报国务院交通主管部门决定。将沟通协商的责任规定由政府部门承担,避免当事人来回奔波。另外,为了便于申请人能够及时全面地了解班线运输供求的情况,合理地安排投资和经营方向,《道路运输条例》第13条规定,县级以上道路运输管理机构应当定期公布客运市场供求状况;第47条规定,国务院交通主管部门应当及时向社会公布中国政府与有关国家政府签署的双边或多边道路运输协定确定的国际道路运输线路。这些规定都是便民原则的具体体现。

此外,道路运输管理机构在行使监督检查权、行政处罚权的过程中也应当遵守公开、公正、公平的原则。

四、道路运输经营规定

(一)客运

"客运"是指以旅客为运输对象,以汽车、火车、飞机为主要运输工具实施的有目的的旅客空间位移的运输活动。

1.公路客运方式

公路客运包括班车客运、包车客运、旅游客运、出租汽车客运四种类型。

(1)班车客运。班车客运是指城市之间、城镇之间、乡镇之间定期开行的客运方式。其具有固定线路、固定班次(时间)、固定客运站点和停靠站点的特点。道路班车客运按运行区域可以分为五类:

①县内班车客运,指运行区域在县级行政区域内的班车客运;

②县际班车客运,指运行区域在设区的市辖县与县之间的班车客运;

③市际班车客运,指运行区域在本省行政区域内设区的市之间的班车客运;

④省际班车客运,指运行区域在我国省与省之间的班车客运;

⑤出入境班车客运,指国与国之间的班车客运。

(2)包车客运。包车客运是指按行驶里程或包车时间计费的一种运输方式。包车客运与其他客运方式相比具有以下特点:一是由于包车客运的需求不确定,业务发生的随机性强;二是与班车客运相比,在接洽方式、开行线路、开车停车地点、开车停车时间、乘车对象、运费结算方式等方面不同,包车客运不定时间、不定线路;三是与出租汽车客运相比,在使用车型、要车方式、使用时间、行驶距离等方面不同。

(3)旅游客运。旅游客运是指以运送旅游者游览观光为目的的旅客运输方式。道路旅游客运和班车客运、包车客运相比具有以下特点:一是运送的旅客是旅游者;二是开行线路的起讫地一方必须是旅游区;三是以观光为主,中途停靠点和时间服从旅游计划的安排;四是大多数情况是往返包车;五是车辆舒适性能较高,适宜旅游休闲。

(4)出租汽车客运。出租汽车客运是指以小型客车为主要运输工具,按乘客意愿呼叫、停歇、上下、等待,按里程或时间计费的一种区域性旅客运输,是包车客运的一种特殊形式。其特点为:一是不受定线、定班、定时的限制,经营上机动灵活;二是营运时间长,同时又方便旅客要车,方便旅客的出行需要;三是载客人数较少;四是营运成本高,因此运输价格也比较高。

2.道路旅客运输经营的条件

根据《道路运输条例》第8条规定:"申请从事客运经营的,应当具备下列条件:①有与其经营业务相适应并经检测合格的车辆;有符合本条例第9条规定条件的驾驶人员;有健全的安全生产管理制度。申请从事班线客运经营的,还应当有明确的线路和站点方案。"

(二)货运

1.道路货物运输分类

(1)普通货物运输。普通货物运输是指对运输、装卸、保管无特殊要求的货物运输。

(2)零担货物运输。零担货物运输(less-than-carload freight transportation)是指当一批货物的重量或容积不够装一车的货物(不够整车运输条件)时,与其他几批甚至上百批货物共享一辆货车的运输方式。

(3)大型物件货物运输。道路大型物件货物运输是指因货物的体积、重量的要求,需要大型或专用汽车的货物运输。

(4)集装箱运输。集装箱运输(container freight transport),是指以集装箱这种大型容器为载体,将货物集合组装成集装单元,以便在现代流通领域内运用大型装卸机械和大型载运车辆进行装卸、搬运作业和完成运输任务,从而更好地实现货物"门到门"运输的一种新型、高效率和高效益的运输方式。

(5)冷藏保温运输。冷藏保温运输是指使用冷藏、保温专用车辆运送,货厢内温度在运输途中保持全程均衡制冷的货物运输。

(6)危险货物运输。道路危险货物运输是指承运《危险货物品名表》列名的易燃、易爆、有毒、有腐蚀性、有放射性等危险货物和虽未列入《危险货物品名表》但具有危险货物性质的新产品的货物运输。

(7)搬家运输。搬家运输是指为个人或单位搬迁提供运输和搬运装卸服务,并按规定收取费用,将办公用品或者家庭物品等货物搬运到指定地点的运输。

2. 道路货物运输经营的条件

《道路运输条例》第 22 条规定:"申请从事货运经营的,应当具备下列条件:①有与其经营业务相适应并经检测合格的车辆;②有符合本条例第 23 条规定条件的驾驶人员;③有健全的安全生产管理制度。"

(三)客运和货运的共同规定

1. 对从业人员的教育管理

(1)客运经营者、货运经营者应当加强对从业人员的安全教育、职业道德教育,确保道路运输安全。(《道路运输条例》第 28 条)

(2)道路运输从业人员应当遵守道路运输操作规程,不得违章作业。驾驶人员连续驾驶时间不得超过 4 个小时。

2. 对营运的车辆及载客人数和载重量规定

(1)生产(改装)客运车辆、货运车辆的企业应当按照国家规定标定车辆的核定人数或者载重量,严禁多标或者少标车辆的核定人数或者载重量。客运经营者、货运经营者应当使用符合国家规定标准的车辆从事道路运输经营。(《道路运输条例》第 29 条)

(2)客运经营者、货运经营者应当加强对车辆的维护和检测,确保车辆符合国家规定的技术标准;不得使用报废的、擅自改装的和其他不符合国家规定的车辆从事道路运输经营。(《道路运输条例》第 30 条)

3. 对应急预案的规定

(1)客运经营者、货运经营者应当制定有关交通事故、自然灾害以及其他突发事件的道路运输应急预案。应急预案应当包括报告程序、应急指挥、应急车辆和设备的储备以及处置措施等内容。(《道路运输条例》第 31 条)

(2)发生交通事故、自然灾害以及其他突发事件,客运经营者和货运经营者应当服从县级以上人民政府或者有关部门的统一调度、指挥。(《道路运输条例》第 32 条)

4. 携带车辆营运证规定

道路运输车辆应当随车携带车辆营运证,不得转让、出租。

5. 对投保承运人责任险的规定

客运经营者、危险货物运输经营者应当分别为旅客或者危险货物投保承运人责任险。

五、道路运输相关业务

所谓"道路运输相关业务",是指与道路运输密切联系的有关业务,也就是通常所说的道路运输辅助性服务,以及机动车维修、机动车综合性能检测、机动车驾驶员培训等业务。其中,道路运输辅助性服务又包括道路运输站(场)经营、货物仓储、货物装卸、客货运代理、运输车辆租赁等。根据《道路运输条例》第2条的规定,该条例所称"道路运输相关业务",包括站(场)经营、机动车维修经营、机动车驾驶员培训。

(一)道路运输相关业务分类

1.站(场)经营

"站(场)经营",是指为社会提供有偿的站(场)服务的活动。道路运输站(场),是指为车辆进出、停靠,旅客上下,货物装卸、储存、保管等提供服务的设施和场所。道路运输站(场)包括汽车客运站、汽车零担货运站、集装箱公路中转站。

2.机动车维修经营

"机动车维修经营",是指经营以维护和恢复机动车技术状况和正常功能,延长机动车使用寿命为作业任务所进行的维护和修理。所谓机动车,与《中华人民共和国道路交通安全法》同一用语含义相同,是指以动力装置驱动或者牵引,上道路行驶的供人员乘用或者用于运送物品以及进行工程专项作业的轮式车辆(参见《中华人民共和国道路交通安全法》第119条第(三)项的规定)。机动车维修分为机动车维护、机动车修理。机动车修理又分为机动车总成修理、机动车整体修理、机动车零部件修理。

3.机动车驾驶员培训

"机动车驾驶员培训",是指为使机动车驾驶人员熟练掌握驾驶机动车所需要的有关知识和技能,按照国家有关规定进行的专门培训。机动车驾驶培训包括汽车、拖拉机以及其他机动车的驾驶培训。根据《中华人民共和国道路交通安全法》第20条的规定:"专门的拖拉机驾驶培训学校、驾驶培训班由农业(农业机械)主管部门实行资格管理",《道路运输条例》中所规定的机动车驾驶培训不包括专门的拖拉机驾驶培训。

道路运输相关业务除了站(场)经营、机动车维修经营、机动车驾驶员培训外,还包括其他业务,比如,货物仓储、货物装卸、客货运代理、运输车辆租赁等。考虑到站(场)经营、机动车维修经营、机动车驾驶员培训等对保障道路运输安全至关重要,因此《道路运输条例》专门对站(场)经营、机动车维修经营、机动车驾驶员培训等经营活动作了规定。

(二)从事道路运输相关业务的条件

《道路运输条例》第36条规定:"申请从事道路运输站(场)经营的,应当具备下列条件:①有经验收合格的运输站(场);②有相应的专业人员和管理人员;③有相应的设备、设施;④有健全的业务操作规程和安全管理制度。"

《道路运输条例》第37条规定:"申请从事机动车维修经营的,应当具备下列条件:①有相应的机动车维修场地;②有必要的设备、设施和技术人员;③有健全的机动车维修管理制度;④有必要的环境保护措施。"

《道路运输条例》第38条规定:"申请从事机动车驾驶员培训的,应当具备下列条件:①取得企业法人资格;②有健全的培训机构和管理制度;③有与培训业务相适应的教学人员、管理人员;④有必要的教学车辆和其他教学设施、设备、场地。"

(三)道路运输车辆安全管理

道路运输站(场)经营者应当对出站的车辆进行安全检查,禁止无证经营的车辆进站从事经营活动,防止超载车辆或者未经安全检查的车辆出站。道路运输站(场)经营者应当公平对待使用站(场)的客运经营者和货运经营者,无正当理由不得拒绝道路运输车辆进站从事经营活动。

货运站应该有健全的业务操作规程和安全管理制度。严格车辆进出站检查,严禁超员、超载车辆出站。消除站内安全隐患,确保站(场)安全设备完备,加强站(场)内秩序管理,防止危险品进站上车。

货运经营者不得运输法律、行政法规禁止运输的货物。国家鼓励货运经营者实行封闭式运输,保证环境卫生和货物运输安全。货运经营者应当采取必要措施,防止货物脱落、扬撒等。运输危险货物应当采取必要措施,防止危险货物燃烧、爆炸、辐射、泄漏等。

(四)道路旅客运输组织

道路旅客运输站(场)经营者应当为客运经营者合理安排班次,公布其运输线路、起止经停站点、运输班次、始发时间、票价,调度车辆进站、发车,疏导旅客,维持上下车秩序。

道路旅客运输站(场)经营者应当设置旅客购票、候车、行李寄存和托运等服务设施,按照车辆核定载客限额售票,并采取措施防止携带危险品的人员进站乘车。

(五)道路货运站装卸服务管理

道路货物运输站(场)经营者应当按照国务院交通主管部门规定的业务操作规程装卸、储存、保管货物。

(六)机动车维修与管理

机动车维修经营者应当按照国家有关技术规范对机动车进行维修,保证维修质量,不得使用假冒伪劣配件维修机动车。机动车维修经营者应当公布机动车维修工时定额和收费标准,合理收取费用。

机动车维修经营者对机动车进行二级维护、总成修理或者整车修理的,应当进行维修质量检验。检验合格的,维修质量检验人员应当签发机动车维修合格证。

机动车维修实行质量保证期制度。质量保证期内因维修质量原因造成机动车无法正常使用的,机动车维修经营者应当无偿返修。机动车维修质量保证期制度的具体办法,由国务院交通主管部门制定。

机动车维修经营者不得承修已报废的机动车,不得擅自改装机动车。

(七)机动车驾驶员培训管理

机动车驾驶员培训机构应当按照国务院交通主管部门规定的教学大纲进行培训,确保培训质量。培训结业的,应当向参加培训的人员颁发培训结业证书。

六、国际道路运输

(一)国际道路运输线路

联合国亚洲及太平洋经济和社会委员会(简称"亚太经社会")从 1959 年开始规划连接亚洲地区各国的"亚洲公路网",其宗旨是协调并推动亚洲地区国际公路运输的发展,促进亚洲各国贸易往来,繁荣旅游业,从而刺激亚洲地区的经济发展,便利区域经济贸易和文化交流。

2003 年 11 月 18 日,联合国亚太经社会在泰国曼谷正式通过了《亚洲公路网政府间协定》,32 个成员方同意加入亚洲公路网。我国在 2004 年 4 月签署了《亚洲公路网政府间协定》,加入到这个绵延 14 万公里、横跨 32 个国家、覆盖除西亚以外的几乎整个亚洲地区的庞大高速公路网的建设计划当中。

国务院交通主管部门应当及时向社会公布中国政府与有关国家政府签署的双边或者多边道路运输协定确定的国际道路运输线路。

(二)从事国际道路运输经营应具备的条件

根据《道路运输条例》第 48 条规定,申请从事国际道路运输经营的,应当具备下列条件:

(1)依照《道路运输条例》第 10 条、第 25 条规定取得道路运输经营许可证的企业法人;

(2)在国内从事道路运输经营满 3 年,且未发生重大以上道路交通责任事故。

申请从事国际道路运输的,应当向省、自治区、直辖市道路运输管理机构提出申请并提交符合《道路运输条例》第 48 条规定条件的相关材料。省、自治区、直辖市道路运输管理机构应当自受理申请之日起 20 日内审查完毕,作出批准或者不予批准的决定。予以批准的,应当向国务院交通主管部门备案;不予批准的,应当向当事人说明理由。

(三)其他规定

国际道路运输经营者应当持批准文件依法向有关部门办理相关手续。

中国国际道路运输经营者应当在其投入运输车辆的显著位置,标明中国国籍识别标志。

外国国际道路运输经营者的车辆在中国境内运输,应当标明本国国籍识别标志,并按照规定的运输线路行驶;不得擅自改变运输线路,不得从事起止地都在中国境内的道路运输经营。

在口岸设立的国际道路运输管理机构应当加强对出入口岸的国际道路运输的监督管理。

外国国际道路运输经营者依法在中国境内设立的常驻代表机构不得从事经营活动。

七、执法监督

1. 监督主管部门

县级以上人民政府交通主管部门应当加强对道路运输管理机构实施道路运输管理工作的指导监督。

2. 执法管理

道路运输管理机构应当加强执法队伍建设,提高其工作人员的法制、业务素质。道路运输管理机构的工作人员应当接受法制和道路运输管理业务培训、考核,考核不合格的,不得上岗执行职务。

3. 监督形式

(1)上级监督。上级道路运输管理机构应当对下级道路运输管理机构的执法活动进行监督。

(2)内部监督。道路运输管理机构应当建立健全内部监督制度,对其工作人员执法情况进行监督检查。

(3)社会和公民监督。道路运输管理机构及其工作人员执行职务时,应当自觉接受社会和公民的监督。

道路运输管理机构应当建立道路运输举报制度,公开举报电话号码、通信地址或者电子邮件信箱。

任何单位和个人都有权对道路运输管理机构的工作人员滥用职权、徇私舞弊的行为进行举报。交通主管部门、道路运输管理机构及其他有关部门收到举报后,应当依法及时查处。

4. 执法监督要求

(1)道路运输管理机构的工作人员应当严格按照职责权限和程序进行监督检查,不得乱设卡、乱收费、乱罚款。

(2)道路运输管理机构的工作人员应当重点在道路运输及相关业务经营场所、客货集散地进行监督检查。

(3)道路运输管理机构的工作人员在公路路口进行监督检查时,不得随意拦截正常行驶的道路运输车辆。

(4)道路运输管理机构的工作人员实施监督检查时,应当有2名以上人员参加,并向当事人出示执法证件。

(5)道路运输管理机构的工作人员实施监督检查时,可以向有关单位和个人了解情况,查阅、复制有关资料。但是,应当保守被调查单位和个人的商业秘密。

(6)被监督检查的单位和个人应当接受依法实施的监督检查,如实提供有关资料或者情况。

(7)道路运输管理机构的工作人员在实施道路运输监督检查过程中,发现车辆超载行为的,应当立即予以制止,并采取相应措施安排旅客改乘或者强制卸货。

(8)道路运输管理机构的工作人员在实施道路运输监督检查过程中,对没有车辆营运证又无法当场提供其他有效证明的车辆予以暂扣的,应当妥善保管,不得使用,不得收取或者变相收取保管费用。

八、法律责任

(一)经营违法责任

1. 违反经营许可的责任

违反《道路运输条例》的规定,未取得道路运输经营许可,擅自从事道路运输经营的,由县级以上道路运输管理机构责令停止经营;有违法所得的,没收违法所得,处违法所得2倍以上10倍以下的罚款;没有违法所得或者违法所得不足2万元的,处3万元以上10万元以下的罚款;构成犯罪的,依法追究刑事责任。

不符合《道路运输条例》第9条、第22条规定条件的人员驾驶道路运输经营车辆的,由县级以上道路运输管理机构责令改正,处200元以上2000元以下的罚款;构成犯罪的,依法追究刑事责任。

2. 违反规定进行驾驶培训的责任

违反《道路运输条例》的规定,未经许可擅自从事道路运输站(场)经营、机动车维修经营、机动车驾驶员培训的,由县级以上道路运输管理机构责令停止经营;有违法所得的,没收违法所得,处违法所得2倍以上10倍以下的罚款;没有违法所得或者违法所得不足1万元的,处2万元以上5万元以下的罚款;构成犯罪的,依法追究刑事责任。

3. 非法转让、出租道路运输许可证的违法责任

违反《道路运输条例》的规定,客运经营者、货运经营者、道路运输相关业务经营者非法转让、出租道路运输许可证件的,由县级以上道路运输管理机构责令停止违法行为,收缴有关证件,处2000元以上1万元以下的罚款;有违法所得的,没收违法所得。

4. 未按规定投保承运人责任险的违法责任

违反《道路运输条例》的规定,客运经营者、危险货物运输经营者未按规定投保承运人责任险的,由县级以上道路运输管理机构责令限期投保;拒不投保的,由原许可机关吊销道路运输经营许可证。

5.不携带车辆营运证的违法责任

违反《道路运输条例》的规定,客运经营者、货运经营者不按照规定携带车辆营运证的,由县级以上道路运输管理机构责令改正,处警告或者20元以上200元以下的罚款。

违反《道路运输条例》的规定,客运经营者、货运经营者有下列情形之一的,由县级以上道路运输管理机构责令改正,处1000元以上3000元以下的罚款;情节严重的,由原许可机关吊销道路运输经营许可证:①不按批准的客运站点停靠或者不按规定的线路、公布的班次行驶的;②强行招揽旅客、货物的;③在旅客运输途中擅自变更运输车辆或者将旅客移交他人运输的;④未报告原许可机关,擅自终止客运经营的;⑤没有采取必要措施防止货物脱落、扬撒等的。

6.不按规定维护和检测运输车辆的违法责任

《道路运输条例》第70条规定:"违反本条例的规定,客运经营者、货运经营者不按规定维护和检测运输车辆的,由县级以上道路运输管理机构责令改正,处1000元以上5000元以下的罚款。"

7.擅自改装营运证车辆的责任

违反《道路运输条例》的规定,客运经营者、货运经营者擅自改装已取得车辆营运证的车辆的,由县级以上道路运输管理机构责令改正,处5000元以上2万元以下的罚款。

8.道路运输站(场)经营违法责任

《道路运输条例》第71条规定:"违反本条例的规定,道路运输站(场)经营者允许无证经营的车辆进站从事经营活动以及超载车辆、未经安全检查的车辆出站或者无正当理由拒绝道路运输车辆进站从事经营活动的,由县级以上道路运输管理机构责令改正,处1万元以上3万元以下的罚款。违反本条例的规定,道路运输站(场)经营者擅自改变道路运输站(场)的用途和服务功能,或者不公布运输线路、起止经停站点、运输班次、始发时间、票价的,由县级以上道路运输管理机构责令改正;拒不改正的,处3000元的罚款;有违法所得的,没收违法所得。"

9.机动车维修经营违法责任

(1)违反《道路运输条例》的规定,机动车维修经营者使用假冒伪劣配件维修机动车,承修已报废的机动车或者擅自改装机动车的,由县级以上道路运输管理机构责令改正;有违法所得的,没收违法所得,处违法所得2倍以上10倍以下的罚款;没有违法所得或者违法所得不足1万元的,处2万元以上5万元以下的罚款,没收假冒伪劣配件及报废车辆;情节严重的,由原许可机关吊销其经营许可;构成犯罪的,依法追究刑事责任。

(2)违反《道路运输条例》的规定,机动车维修经营者签发虚假的机动车维修合格证,由县级以上道路运输管理机构责令改正;有违法所得的,没收违法所得,处违法所得2倍以上10倍以下的罚款;没有违法所得或者违法所得不足3000元的,处5000元以上2万元以下的罚款;情节严重的,由原许可机关吊销其经营许可;构成犯罪的,依法追究刑事责任。

10.机动车驾驶员培训机构违法责任

违反《道路运输条例》的规定,机动车驾驶员培训机构不严格按照规定进行培训或者在培训结业证书发放时弄虚作假的,由县级以上道路运输管理机构责令改正;拒不改正的,由原许可机关吊销其经营许可。

11. 外国国际道路运输经营者违法责任

违反《道路运输条例》的规定,外国国际道路运输经营者未按照规定的线路运输,擅自从事中国境内道路运输或者未标明国籍识别标志的,由省、自治区、直辖市道路运输管理机构责令停止运输;有违法所得的,没收违法所得,处违法所得2倍以上10倍以下的罚款;没有违法所得或者违法所得不足1万元的,处3万元以上6万元以下的罚款。

(二)运输管理工作人员违法责任

《道路运输条例》第76条规定:"违反本条例的规定,道路运输管理机构的工作人员有下列情形之一的,依法给予行政处分;构成犯罪的,依法追究刑事责任:①不依照本条例规定的条件、程序和期限实施行政许可的;②参与或者变相参与道路运输经营以及道路运输相关业务的;③发现违法行为不及时查处的;④违反规定拦截、检查正常行驶的道路运输车辆的;⑤违法扣留运输车辆、车辆营运证的;⑥索取、收受他人财物,或者谋取其他利益的;⑦其他违法行为。"

> **思考**
> 《道路运输条例》在哪些方面规定了法律责任?

案例分析

1. 课堂任务操作

针对导入案例,进行分组讨论:

(1)分析案情;

(2)找出适用的法律法规条款;

(3)根据法律法规条款的规定分析案例。

2. 课外任务

查阅《道路运输条例》相关规定。

思考讨论

《道路交通运输条例》主要包括哪几个方面的重要内容?

任务2　道路货物运输及站场管理规定

案例导入

某油田下属的液化气公司,为了其内部周转配送,于2015年8月26日购买了5辆专用罐车,用于对各液化气站之间周转配送液化气,该单位未取得道路危险货物运输许可证,其5辆危险品运输车辆均未取得道路运输证。A市运输管理处经过调查,于2015年9月21日对该液化气公司下达了《交通违法行为通知书》,告知了该单位所属的5辆危险品运输车辆,未取得道路运输证所违反的法律条款和拟给予的行政处罚及当事人陈述、申辩的权利。

液化气公司管理人员称,其车辆是专为本站配送液化气,属非经营性,为内部自产货物周转,并且每辆车都做了相应的防护设施,不应办理道路运输证,并据此拒不办理道路运输证。

A市运输管理处依据《道路危险货物运输管理规定》第57条第（一）款之规定，于9月28日对液化气公司作出了《交通行政处罚决定书》，责令停止运输，罚款20000元。

思考：运输管理处作出的行政处罚是否合理？

相关知识

《道路货物运输及站场管理规定》（以下简称《货规》）由交通部于2005年6月16日发布，根据2008年7月23日交通运输部《关于修改〈道路货物运输及站场管理规定〉的决定》第一次修正，根据2009年4月20日交通运输部《关于修改〈道路货物运输及站场管理规定〉的决定》第二次修正，根据2012年3月14日交通运输部《关于修改〈道路货物运输及站场管理规定〉的决定》第三次修正，根据2016年4月11日交通运输部《关于修改〈道路货物运输及站场管理规定〉的决定》第四次修正。《货规》分总则、经营许可、货运经营管理、货运站经营管理、监督检查、法律责任、附则7章69条。

一、《货规》的宗旨

《货规》第1条规定："为规范道路货物运输和道路货物运输站（场）经营活动，维护道路货物运输市场秩序，保障道路货物运输安全，保护道路货物运输和道路货物运输站（场）有关各方当事人的合法权益，根据《中华人民共和国道路运输条例》及有关法律、行政法规的规定，制定本规定。"

二、道路货物运输及站场管理的原则

（1）"公平、公正、公开、便民"原则。

（2）"依法经营，诚实信用，公平竞争，优质服务"原则。《货规》第3条规定，道路货物运输和货运站经营者应当依法经营，诚实信用，公平竞争。道路货物运输管理应当公平、公正、公开和便民。

（3）鼓励道路货物运输实行集约化、网络化经营。

（4）鼓励采用集装箱、封闭厢式车和多轴重型车运输。《货规》第4条规定，鼓励道路货物运输实行集约化、网络化经营。鼓励采用集装箱、封闭厢式车和多轴重型车运输。

（5）实行分级管理。《货规》第5条规定，交通运输部主管全国道路货物运输和货运站管理工作。县级以上地方人民政府交通运输主管部门负责组织领导本行政区域的道路货物运输和货运站管理工作。县级以上道路运输管理机构具体实施本行政区域的道路货物运输和货运站管理工作。

三、道路货物运输经营及道路货物运输站（场）管理的概念

（一）道路货物运输经营

道路货物运输经营是指为社会提供公共服务、具有商业性质的道路货物运输活动。道路货物运输包括道路普通货运、道路货物专用运输、道路大型物件运输和道路危险货物运输。

1.道路普通货物运输

道路普通货物运输，简称道路普通货运，是指对运输和装卸没有特殊要求的货物的运输。常见的普通货物及运输要求如下：

（1）粮食。粮食包括稻谷、麦、各种杂粮等，其货运的特点是货流的数量大，具有季节性、单向性和时效性，运输的重点在于防潮、防污染。粮食运输常用袋装装运，装运时应注意：

①避免受潮。无论运距长短,天气好坏,都应随车备带油布等防雨工具。

②袋装粮食在装车时应严格检查缝口是否严密,包装是否完好。

③装运粮食的车厢应无裂缝,袋口应朝里或朝上,以防袋口松散漏失。

④禁止用装过化学危险品的车辆运送粮食。

(2)煤炭。煤炭的品种多、货流大,运输中不同品种不应混装,防止漏失。通常采用散装的运输方法。装运时应注意:

①运送煤炭的车辆应具有完整的、足够高的栏板,以保证装载品质和防止漏失。

②分清煤种,做到不混装、不混卸、不混堆。

③装运煤炭的车辆运输其他货物时,应清扫干净。

(3)钢铁。钢铁类货物包括生铁、钢锭、各类钢材等。运输中装载要均匀平衡,防潮防湿,防止锈蚀。

①钢铁本身沉重,装运时车辆应备有垫木,注意装运安全。

②不同品种的钢铁不要混装。

③应备装油布等防潮、防湿工具。

④装载时应避免钢片超出车外,货物分布要均衡。

⑤刚出炉的钢渣遇水会发生爆炸,应避免雨天运送。

(4)矿物和建筑材料。矿物建筑材料有砖、瓦、砂、石子、水泥及各种矿石等。其特点是价值很低、用量大,运输中的要求不高,但砖、瓦要防碎,水泥要防潮。这类货物常采用散装运输,其目的地一般为建筑工地。

①运送矿建材料至建筑工地时,应做到迅速及时,并按指定地点堆垛整齐。

②不用有裂缝或栏板不全的车辆载运,防止散装货物漏失。

③运送砖瓦等建筑材料时应注意防碎。

④运送袋装水泥时应避免破损,要做好防潮工作。

(5)日用工业品。日用工业品包括纺织工业品、食品、日用百货、金属轻工业品和其他轻工业产品、手工业产品。因货种、货名繁多,常称之为杂货。运输中重点要做好防潮,减少混合污染以及货损、货差,少数物品还具有易燃性。

日用工业品多数货物怕潮、怕湿(烟、糖、纱布、纸张、小五金等)、容易污染和破损(纺织品、针织品、食品、玻璃及陶瓷制品等),少数货物还具有危险性(乒乓球、火柴等)。由于货种多、特性不一,生产单位多,在混装中特别要注意避免出现污染和货差、货损。同时不论天气如何,装运日用工业品时,都应随车带雨布和绳索,以防潮湿。

在运输日用工业品时,拼装货物是常用的方法,应注意如下事项:

①液体(瓶装居多)与固体货物不宜拼装,以防包装破损或液体渗出而污染其他货物;

②拼装货物应下重上轻,耐压的在下;

③禁止将食品与污染、毒害物品等货物拼装。

2.道路货物专用运输

道路货物专用运输是指使用集装箱、冷藏保鲜设备、罐式容器等专用车辆进行的货物运输。货物专用运输包括危险品、易燃易爆品、特种品(如钞票、古董),也包括普通货物的专项运输,如汽车、粮食、煤炭等大宗或专用物资。对于普通货物,凡是装入集装箱的,也归为此类。

3. 大型物件运输

大型物件运输是指从事符合下列条件之一货物的运输服务工作:货物外形尺寸:长度在14米以上或宽度在3.5米以上或高度在3米以上的货物;重量在20吨以上的单体货物或不可解体的成组(捆)货物。

4. 道路危险货物运输

道路危险货物运输,是指使用载货汽车通过道路运输危险货物的作业全过程。危险货物,是指具有爆炸、易燃、毒害、感染、腐蚀等危险特性,在生产、经营、运输、储存、使用和处置中,容易造成人身伤亡、财产损毁或者环境污染而需要特别防护的物质和物品。

(二)道路货物运输站(场)

道路货物运输站(场)(以下简称"货运站"),是指以场地设施为依托,为社会提供有偿服务的具有仓储、保管、配载、信息服务、装卸、理货等功能的综合货运站(场)、零担货运站、集装箱中转站、物流中心等经营场所。

四、道路货运及货运站经营许可

(一)道路货运经营

1. 申请从事道路货物运输经营应具备的条件

申请从事道路货物运输经营的,应当具备下列条件:

(1)有与其经营业务相适应并经检测合格的运输车辆。

①车辆技术要求应当符合《道路运输车辆技术管理规定》有关规定。

根据《道路运输车辆技术管理规定》(中华人民共和国交通运输部令2016年第1号)第7条规定,从事道路运输经营的车辆应当符合下列技术要求:

a. 车辆的外廓尺寸、轴荷和最大允许总质量应当符合《道路车辆外廓尺寸、轴荷及质量限值》(GB 1589)的要求。

b. 车辆的技术性能应当符合《道路运输车辆综合性能要求和检验方法》(GB 18565)的要求。

c. 车型的燃料消耗量限值应当符合《营运客车燃料消耗量限值及测量方法》(JT 711)、《营运货车燃料消耗量限值及测量方法》(JT 719)的要求。

d. 车辆技术等级应当达到二级以上。危货运输车、国际道路运输车辆、从事高速公路客运以及营运线路长度在800公里以上的客车,技术等级应当达到一级。技术等级评定方法应当符合国家有关道路运输车辆技术等级划分和评定的要求。

e. 从事高速公路客运、包车客运、国际道路旅客运输,以及营运线路长度在800公里以上客车的类型等级应当达到中级以上。其类型划分和等级评定应当符合国家有关营运客车类型划分及等级评定的要求。

f. 危货运输车应当符合《汽车运输危险货物规则》(JT 617)的要求。

②车辆的其他要求:从事大型物件运输经营的,应当具有与所运输大型物件相适应的超重型车组;从事冷藏保鲜、罐式容器等专用运输的,应当具有与运输货物相适应的专用容器、设备、设施,并固定在专用车辆上;从事集装箱运输的,车辆还应当有固定集装箱的转锁装置。

(2)有符合规定条件的驾驶人员:第一,取得与驾驶车辆相应的机动车驾驶证;第二,年龄不超过60周岁;第三,经设区的市级道路运输管理机构对有关道路货物运输法规、机动车维修和货物及装载保管基本知识考试合格,并取得从业资格证。

(3)有健全的安全生产管理制度,包括安全生产责任制度、安全生产业务操作规程、安全生产监督检查制度、驾驶员和车辆安全生产管理制度等。

安全管理主要是控制风险,安全管理制度也可以依据风险制定。一个企业的安全管理制度,可以依据以下步骤制定:

①考虑存在什么风险,需要从哪些方面控制风险;

②考虑各个环节之间的关系,也就是流程;

③考虑每个环节实现的具体要求,也就是5W1H的应用;

④考虑法律法规的要求,将法律法规的条款转化为制度的内容;

⑤考虑制度中需要被追溯的内容,设置记录。

安全生产管理制度是保证运输企业运输生产安全而制定的一系列管理制度和行为规范的总称。其内容包括本单位的安全生产责任制,本单位的安全生产和操作规程,本单位安全生产投入有效实施制度,本单位安全生产的监督检查制度,本单位消除生产安全事故隐患的制度等内容。涉及道路运输的安全生产管理制度主要指道路运输企业的安全生产制度,包括安全生产涉及的部门及各部门的责任:客运、货运、站场、机动车维修等道路运输安全生产操作规程;道路运输安全生产检查制度,包括日检、月检和进站、出站、出厂时的检查;消除道路运输安全隐患的措施等。

2. 申请从事道路货物运输经营须提交的材料

申请从事道路货物运输经营的,应当依法向工商行政管理机关办理有关登记手续后,向县级道路运输管理机构提出申请,并提供以下材料:

(1)道路货物运输经营申请表。

(2)负责人身份证明,经办人的身份证明和委托书。

(3)机动车辆行驶证、车辆技术等级评定结论复印件;拟投入运输车辆的承诺书,承诺书应当包括车辆数量、类型、技术性能、投入时间等内容。

(4)聘用或者拟聘用驾驶员的机动车驾驶证、从业资格证及其复印件。

(5)安全生产管理制度文本。

(6)法律、法规规定的其他材料。

(二)道路货运站(场)经营

1. 申请从事货运站经营应当具备的条件

申请从事货运站经营的,应当具备下列条件:

(1)有与其经营规模相适应的货运站房、生产调度办公室、信息管理中心、仓库、仓储库棚、场地和道路等设施,并经有关部门组织的工程竣工验收合格;

(2)有与其经营规模相适应的安全、消防、装卸、通讯、计量等设备;

(3)有与其经营规模、经营类别相适应的管理人员和专业技术人员;

(4)有健全的业务操作规程和安全生产管理制度。

2. 申请从事货运站经营须提交的材料

申请从事货运站经营的,应当依法向工商行政管理机关办理有关登记手续后,向县级道路运输管理机构提出申请,并提供以下材料:

(1)道路货物运输站(场)经营申请表;

(2)负责人身份证明,经办人的身份证明和委托书;

(3)经营道路货运站的土地、房屋的合法证明;

(4)货运站竣工验收证明;

(5)与业务相适应的专业人员和管理人员的身份证明、专业证书;

(6)业务操作规程和安全生产管理制度文本。

(三)行政许可

1.对经营申请的答复

(1)道路运输管理机构对道路货运经营申请予以受理的,应当自受理之日起 20 日内作出许可或者不予许可的决定;道路运输管理机构对货运站经营申请予以受理的,应当自受理之日起 15 日内作出许可或者不予许可的决定。

(2)道路运输管理机构对符合法定条件的道路货物运输经营申请作出准予行政许可决定的,应当出具《道路货物运输经营行政许可决定书》,明确许可事项。在 10 日内向被许可人颁发道路运输经营许可证,在道路运输经营许可证上注明经营范围。

(3)道路运输管理机构对符合法定条件的货运站经营申请作出准予行政许可决定的,应当出具《道路货物运输站(场)经营行政许可决定书》,明确许可事项。在 10 日内向被许可人颁发道路运输经营许可证,在道路运输经营许可证上注明经营范围。

(4)对道路货物运输和货运站经营不予许可的,应当向申请人出具《不予交通行政许可决定书》。

2.被许可人履行承诺

(1)被许可人应当按照承诺书的要求投入运输车辆。购置车辆或者已有车辆经道路运输管理机构核实并符合条件的,道路运输管理机构向投入运输的车辆配发道路运输证。

(2)道路货物运输经营者设立子公司的,应当向设立地的道路运输管理机构申请经营许可;设立分公司的,应当向设立地的道路运输管理机构报备。

(3)从事货运代理(代办)等货运相关服务的经营者,应当依法到工商行政管理机关办理有关登记手续,并持有关登记证件到设立地的道路运输管理机构备案。

3.经营期限内变更、终止

(1)道路货物运输经营者变更许可事项、扩大经营范围的,按《货规》有关许可规定办理。

(2)道路货物运输和货运站经营者变更名称、地址等,应当向作出原许可决定的道路运输管理机构备案。

(3)道路货物运输和货运站经营者需要终止经营的,应当在终止经营之日 30 日前告知原许可的道路运输管理机构,并办理有关注销手续。

五、货运经营管理

(一)经营权规定

道路货物运输经营者应当按照道路运输经营许可证核定的经营范围从事货物运输经营,不得转让、出租道路运输经营许可证件。

(二)从业人员的教育管理

(1)道路货物运输经营者应当对从业人员进行经常性的安全、职业道德教育和业务知识、操作规程培训。(《货规》第 19 条)

(2)道路货物运输经营者应当按照国家有关规定在其重型货运车辆、牵引车上安装、使用行驶记录仪,并采取有效措施,防止驾驶人员连续驾驶时间超过 4 个小时。(《货规》第 20 条)

(3)道路货物运输经营者应当要求其聘用的车辆驾驶员随车携带道路运输证。道路运输证不得转让、出租、涂改、伪造。(《货规》第 21 条)

(4)道路货物运输经营者应当聘用持有从业资格证的驾驶人员。营运驾驶员应当驾驶与其从业资格类别相符的车辆。驾驶营运车辆时,应当随身携带从业资格证。

(三)经营服务质量保障

(1)运输的货物应当符合货运车辆核定的载质量,载物的长、宽、高不得违反装载要求。禁止货运车辆违反国家有关规定超限、超载运输。禁止使用货运车辆运输旅客。

(2)道路货物运输经营者运输大型物件,应当制订道路运输组织方案。涉及超限运输的应当按照交通部颁布的《超限运输车辆行驶公路管理规定》办理相应的审批手续。

(3)从事大型物件运输的车辆,应当按照规定装置统一的标志和悬挂标志旗;夜间行驶和停车休息时应当设置标志灯。

(4)道路货物运输经营者不得运输法律、行政法规禁止运输的货物。《道路运输条例》第 25 条规定:"货运经营者不得运输法律、行政法规禁止运输的货物。法律、行政法规规定必须办理有关手续后方可运输的货物,货运经营者应当查验有关手续。"根据现行法律、法规的规定,禁止运输的货物一般指非法生产的违禁物品,如毒品,假冒伪劣药品,变造、非法印刷的人民币。禁止运输的货物从法律性质上讲是禁止流通的违禁物品,货运经营者不得承运。

道路货物运输经营者在受理法律、行政法规规定限运、凭证运输的货物时,应当查验并确认有关手续齐全有效后方可运输。货物托运人应当按照有关法律、行政法规的规定办理限运、凭证运输手续。限制运输的货物一般指具有高度危险属性的物品或者具有专营要求的物品,如:枪支、烟草、麻醉药品、剧毒化学品、木材、野生动植物、致病微生物、血液制品、核材料和食盐等。限制运输的货物在运输时必须向管理机关办理准运手续。

(5)道路货物运输经营者不得采取不正当手段招揽货物、垄断货源。不得阻碍其他货运经营者开展正常的运输经营活动。道路货物运输经营者应当采取有效措施,防止货物变质、腐烂、短少或者损失。

(6)道路货物运输经营者和货物托运人应当按照《中华人民共和国合同法》的要求,订立道路货物运输合同。

(7)国家鼓励实行封闭式运输。道路货物运输经营者应当采取有效的措施,防止货物脱落、扬撒等情况发生。

(8)道路货物运输经营者应当严格遵守国家有关价格法律、法规和规章的规定,不得恶意压价竞争。

六、货运站经营管理

1. 货运站经营者的权利与义务

(1)货运站经营者应当按照经营许可证核定的许可事项经营,不得随意改变货运站用途和服务功能。

(2)货运站经营者应当依法加强安全管理,完善安全生产条件,健全和落实安全生产责任制。货运站经营者应当对出站车辆进行安全检查,防止超载车辆或者未经安全检查的车辆出站,保证安全生产。

(3)货运站经营者应当按照货物的性质、保管要求进行分类存放,危险货物应当单独存放,保证货物完好无损。

(4)货物运输包装应当按照国家规定的货物运输包装标准作业,包装物和包装技术、质量要符合运输要求。

(5)货运站经营者应当按照规定的业务操作规程进行货物的搬运装卸。搬运装卸作业应当轻装、轻卸,堆放整齐,防止混杂、撒漏、破损,严禁有毒、易污染物品与食品混装。

(6)进入货运站经营的经营业户及车辆,经营手续必须齐全。货运站经营者应当公平对待使用货运站的道路货物运输经营者,禁止无证经营的车辆进站从事经营活动,无正当理由不得拒绝道路货物运输经营者进站从事经营活动。

2. 经营服务质量

(1)货运站经营者不得垄断货源、抢装货物、扣押货物。

(2)货运站要保持清洁卫生,各项服务标志醒目。

(3)货运站经营者经营配载服务应当坚持自愿原则,提供的货源信息和运力信息应当真实、准确。

(4)货运站经营者不得超限、超载配货,不得为无道路运输经营许可证或证照不全者提供服务;不得违反国家有关规定,为运输车辆装卸国家禁运、限运的物品。

(5)货运站经营者应当严格执行价格规定,在经营场所公布收费项目和收费标准。严禁乱收费。

(6)货运站经营者应当建立和完善各类台账和档案,并按要求报送有关信息。

3. 应急处置预案

(1)道路货物运输经营者应当制定有关交通事故、自然灾害、公共卫生以及其他突发公共事件的道路运输应急预案。应急预案应当包括报告程序、应急指挥、应急车辆和设备的储备以及处置措施等内容。

发生交通事故、自然灾害、公共卫生以及其他突发公共事件,道路货物运输经营者应当服从县级以上人民政府或者有关部门的统一调度、指挥。

(2)货运站经营者应当制定有关突发公共事件的应急预案。应急预案应当包括报告程序、应急指挥、应急车辆和设备的储备以及处置措施等内容。

七、监督检查

(1)道路运输管理机构应当加强对道路货物运输经营和货运站经营活动的监督检查。道路运输管理机构工作人员应当严格按照职责权限和法定程序进行监督检查。

(2)县级以上道路运输管理机构应当定期对货运车辆进行审验,每年审验一次。审验内容包括车辆技术等级评定情况、车辆结构及尺寸变动情况和违章记录等。审验符合要求的,道路运输管理机构在道路运输证审验记录中或者 IC 卡注明;不符合要求的,应当责令限期改正或者办理变更手续。

(3)道路运输管理机构及其工作人员应当重点在货运站、货物集散地对道路货物运输、货运站经营活动实施监督检查。此外,根据管理需要,可以在公路路口实施监督检查,但不得随意拦截正常行驶的道路运输车辆,不得双向拦截车辆进行检查。

(4)道路运输管理机构的工作人员实施监督检查时,应当有 2 名以上人员参加,并向当事人出示交通运输部统一制式的交通行政执法证件。

(5)道路运输管理人员在货运站、货物集散地实施监督检查过程中,发现货运车辆有超载行为的,应当立即予以制止,装载符合标准后方可放行。

(6)道路货物运输经营者在许可的道路运输管理机构管辖区域外违法从事经营活动的，违法行为发生地的道路运输管理机构应当依法将当事人的违法事实、处罚结果记录到道路运输证上，并抄告作出道路运输经营许可的道路运输管理机构。

八、法律责任

《货规》第56条规定，违反本规定："有下列行为之一的，由县级以上道路运输管理机构责令停止经营；有违法所得的，没收违法所得，处违法所得2倍以上10倍以下的罚款；没有违法所得或者违法所得不足2万元的，处3万元以上10万元以下的罚款；构成犯罪的，依法追究刑事责任：①未取得道路货物运输经营许可，擅自从事道路货物运输经营的；②使用失效、伪造、变造、被注销等无效的道路运输经营许可证件从事道路货物运输经营的；③超越许可的事项，从事道路货物运输经营的。"

《货规》第58条规定："违反本规定，取得道路货物运输经营许可的道路货物运输经营者使用无道路运输证的车辆参加货物运输的，由县级以上道路运输管理机构责令改正，处3000元以上1万元以下的罚款。违反本规定，道路货物运输经营者不按照规定携带道路运输证的，由县级以上道路运输管理机构责令改正，处警告或者20元以上200元以下的罚款。"

《货规》第60条规定："违反本规定，道路货物运输经营者有下列情形之一的，由县级以上道路运输管理机构责令改正，处1000元以上3000元以下的罚款；情节严重的，由原许可机关吊销道路运输经营许可证或者吊销其相应的经营范围：①强行招揽货物的；②没有采取必要措施防止货物脱落、扬撒的。"

《货规》第61条："违反本规定，有下列行为之一的，由县级以上道路运输管理机构责令停止经营；有违法所得的，没收违法所得，处违法所得2倍以上10倍以下的罚款；没有违法所得或者违法所得不足1万元的，处2万元以上5万元以下的罚款；构成犯罪的，依法追究刑事责任：①未取得货运站经营许可，擅自从事货运站经营的；②使用失效、伪造、变造、被注销等无效的道路运输经营许可证件从事货运站经营的；③超越许可的事项，从事货运站经营的。"

《货规》第62条规定："违反本规定，货运站经营者对超限、超载车辆配载，放行出站的，由县级以上道路运输管理机构责令改正，处1万元以上3万元以下的罚款。"

《货规》第63条规定："违反本规定，货运站经营者擅自改变道路运输站（场）的用途和服务功能，由县级以上道路运输管理机构责令改正；拒不改正的，处3000元的罚款；有违法所得的，没收违法所得。"

知识拓展

《道路货物运输及站场管理规定》相关条款

第54条 道路货物运输经营者违反本规定的，县级以上道路运输管理机构在作出行政处罚决定的过程中，可以按照行政处罚法的规定将其违法证据先行登记保存。作出行政处罚决定后，道路货物运输经营者拒不履行的，作出行政处罚决定的道路运输管理机构可以将其拒不履行行政处罚决定的事实通知违法车辆车籍所在地道路运输管理机构，作为能否通过车辆年度审验和决定质量信誉考核结果的重要依据。

第55条 道路运输管理机构的工作人员在实施道路运输监督检查过程中，对没有道路运输证又无法当场提供其他有效证明的货运车辆可以予以暂扣，并出具《道路运输车辆暂扣凭证》。对暂扣车辆应当妥善保管，不得使用，不得收取或者变相收取保管费用。

违法当事人应当在暂扣凭证规定时间内到指定地点接受处理。逾期不接受处理的,道路运输管理机构可依法作出处罚决定,并将处罚决定书送达当事人。当事人无正当理由逾期不履行处罚决定的,道路运输管理机构可申请人民法院强制执行。

第57条 违反本规定,道路货物运输和货运站经营者非法转让、出租道路运输经营许可证件的,由县级以上道路运输管理机构责令停止违法行为,收缴有关证件,处2000元以上1万元以下的罚款;有违法所得的,没收违法所得。

第59条 违反本规定,道路货物运输经营者、货运站经营者已不具备开业要求的有关安全条件、存在重大运输安全隐患的,由县级以上道路运输管理机构限期责令改正;在规定时间内不能按要求改正且情节严重的,由原许可机关吊销道路运输经营许可证或者吊销其相应的经营范围。

第64条 违反本规定,有下列行为之一的,由县级以上道路运输管理机构责令限期整改,整改不合格的,予以通报:

(1)没有按照国家有关规定在货运车辆上安装符合标准的具有行驶记录功能的卫星定位装置的;

(2)大型物件运输车辆不按规定悬挂、标明运输标志的;

(3)发生公共突发性事件,不接受当地政府统一调度安排的;

(4)因配载造成超限、超载的;

(5)运输没有限运证明物资的;

(6)未查验禁运、限运物资证明,配载禁运、限运物资的。

第65条 道路运输管理机构的工作人员违反本规定,有下列情形之一的,依法给予相应的行政处分;构成犯罪的,依法追究刑事责任:

(1)不依照本规定规定的条件、程序和期限实施行政许可的;

(2)参与或者变相参与道路货物运输和货运站经营的;

(3)发现违法行为不及时查处的;

(4)违反规定拦截、检查正常行驶的道路运输车辆的;

(5)违法扣留运输车辆、道路运输证的;

(6)索取、收受他人财物,或者谋取其他利益的;

(7)其他违法行为。

案例分析

1. 课堂任务操作

针对导入案例,进行分组讨论:

(1)分析案情;

(2)找出适用的法律法规条款;

(3)根据法律法规条款的规定分析案例。

2. 课外任务

查阅《货规》《道路运输车辆技术管理规定》《中华人民共和国合同法》相关规定。

思考讨论

1. 道路货物运输经营许可有哪些具体内容?
2. 违反货物运输经营许可将承担的法律责任有哪些?

任务3　道路旅客运输及站场管理规定

案例导入

2011年7月4日一辆从广州开往湖北天门的湖北籍大型旅游客车,搭载52名乘客,经过两天长途跋涉,行经随岳高速公路岳随向229公里附近,车上一位女乘客要求下车,乘客下车后,客车刚刚起步,另一位乘客又要求下车,大客车驾驶员不耐烦地将车停在了随岳高速公路随州方向229公里+400米路段,骑轧在行车道和应急车道分道线上,车头斜向前方,前面是两根直径30厘米粗的金属立柱架起的指路标志。瞬间,一辆同向行驶载满冬瓜的湖北籍重型半挂车在丝毫未采取制动措施的情况下,以81公里/小时的速度撞向大客车尾部,并与大客车前方的两根高速公路指路标志立柱形成夹击。撞击产生的巨大能量导致两车撞断护栏,先后冲下4米高的边沟,相继起火,乘客瞬时陷入火海。猛烈的撞击和熊熊大火致使大客车内24人当场死亡,29人受伤。

思考: 大客车司机违反了哪些法律法规?

相关知识

《道路旅客运输及客运站管理规定》(以下简称《客规》)于2005年7月12日由交通部发布,根据2008年7月23日交通运输部《关于修改〈道路旅客运输及客运站管理规定〉的决定》第一次修正,根据2009年4月20日交通运输部《关于修改〈道路旅客运输及客运站管理规定〉的决定》第二次修正,根据2012年3月14日交通运输部《关于修改〈道路旅客运输及客运站管理规定〉的决定》第三次修正,根据2012年12月11日交通运输部《关于修改〈道路旅客运输及客运站管理规定〉的决定》第四次修正,根据2016年4月11日交通运输部《关于修改〈道路旅客运输及客运站管理规定〉的决定》第五次修正。《客规》分总则、经营许可、客运经营管理、客运站经营、监督检查、法律责任、附则7章88条。

一、《客规》的宗旨

为规范道路旅客运输及道路旅客运输站经营活动,维护道路旅客运输市场秩序,保障道路旅客运输安全,保护旅客和经营者的合法权益,依据《道路运输条例》及有关法律、行政法规的规定,制定《客规》。从事道路旅客运输(以下简称道路客运)经营以及道路旅客运输站(以下简称客运站)经营的,应当遵守《客规》。

二、道路客运经营及客运站经营的基本概念

1. 道路旅客运输

道路旅客运输,是指为社会提供公共服务、具有商业性质的道路旅客运输活动。

2. 道路客运经营

道路客运经营,是指用客车运送旅客、为社会公众提供服务、具有商业性质的道路客运活动,包括班车(加班车)客运、包车客运、旅游客运。

(1)班车客运是指营运客车在城乡道路上按照固定的线路、时间、站点、班次运行的一种客运方式,包括直达班车客运和普通班车客运。加班车客运是班车客运的一种补充形式,是在客运班车不能满足需要或者无法正常运营时,临时增加或者调配客车按客运班车的线路、站点运行的方式。

(2)包车客运是指以运送团体旅客为目的,将客车包租给用户安排使用,提供驾驶劳务,按照约定的起始地、目的地和路线行驶,按行驶里程或者包用时间计费并统一支付费用的一种客运方式。

包车客运按照其经营区域分为省际包车客运和省内包车客运,省内包车客运分为市际包车客运、县际包车客运和县内包车客运。

(3)旅游客运是指以运送旅游观光的旅客为目的,在旅游景区内运营或者其线路至少有一端在旅游景区(点)的一种客运方式。

旅游客运按照营运方式分为定线旅游客运和非定线旅游客运。定线旅游客运按照班车客运管理,非定线旅游客运按照包车客运管理。

3. 客运站经营

客运站经营,是指以站场设施为依托,为道路客运经营者和旅客提供有关运输服务的经营活动。

4. 班车客运线路的类型

班车客运的线路根据经营区域和营运线路长度分为以下四种类型:

(1)一类客运班线:地区所在地与地区所在地之间的客运班线或者营运线路长度在800公里以上的客运班线。

(2)二类客运班线:地区所在地与县之间的客运班线。

(3)三类客运班线:非毗邻县之间的客运班线。

(4)四类客运班线:毗邻县之间的客运班线或者县境内的客运班线。

《客规》所称地区所在地,是指设区的市、州、盟人民政府所在城市市区;所称县,包括县、旗、县级市和设区的市、州、盟下辖乡镇的区。

县城城区与地区所在地城市市区相连或者重叠的,按起讫客运站所在地确定班线起讫点所属的行政区域。

三、道路客运和客运站管理的原则

(1)道路客运和客运站管理应当坚持以人为本、安全第一的宗旨,遵循公平、公正、公开、便民的原则,打破地区封锁和垄断,促进道路运输市场的统一、开放、竞争、有序,满足广大人民群众的出行需求。道路客运及客运站经营者应当依法经营,诚实信用,公平竞争,优质服务。

(2)国家实行道路客运企业等级评定制度和质量信誉考核制度,鼓励道路客运经营者实行规模化、集约化、公司化经营,禁止挂靠经营。

四、管理模式

国家对道路客运及客运站管理采用分级管理的方式。

交通运输部主管全国道路客运及客运站管理工作。县级以上地方人民政府交通运输主管部门负责组织领导本行政区域的道路客运及客运站管理工作。县级以上道路运输管理机构负责具体实施道路客运及客运站管理工作。

五、经营许可条件

1.申请从事道路客运经营应当具备的条件

申请从事道路客运经营的,应当具备下列条件:

(1)有与其经营业务相适应并经检测合格的客车。

①客车技术要求应当符合《道路运输车辆技术管理规定》有关规定。

②客车类型等级要求:从事高速公路客运、旅游客运和营运线路长度在800公里以上的客运车辆,其车辆类型等级应当达到行业标准《营运客车类型划分及等级评定》(JT/T 325)规定的中级以上。

③客车数量要求:

a.经营一类客运班线的班车客运经营者应当自有营运客车100辆以上、客位3000个以上,其中高级客车在30辆以上、客位900个以上;或者自有高级营运客车40辆以上、客位1200个以上。

b.经营二类客运班线的班车客运经营者应当自有营运客车50辆以上、客位1500个以上,其中中高级客车在15辆以上、客位450个以上;或者自有高级营运客车20辆以上、客位600个以上。

c.经营三类客运班线的班车客运经营者应当自有营运客车10辆以上、客位200个以上。

d.经营四类客运班线的班车客运经营者应当自有营运客车1辆以上。

e.经营省际包车客运的经营者,应当自有中高级营运客车20辆以上、客位600个以上。

f.经营省内包车客运的经营者,应当自有营运客车5辆以上、客位100个以上。

(2)有符合条件的驾驶人员。从事客运经营的驾驶人员,应当符合下列条件:①取得相应的机动车驾驶证;②年龄不超过60周岁;③3年内无重大以上交通责任事故记录;④经设区的市级道路运输管理机构对有关客运法规、机动车维修和旅客急救基本知识考试合格而取得相应从业资格证。

《客规》所称交通责任事故,是指驾驶人员负同等或者以上责任的交通事故。

(3)有健全的安全生产管理制度。安全生产管理制度包括安全生产操作规程、安全生产责任制、安全生产监督检查、驾驶人员和车辆安全生产管理的制度。

(4)申请从事道路客运班线经营,还应当有明确的线路和站点方案。

2.申请从事客运站经营应当具备的条件

申请从事客运站经营的,应当具备下列条件:

(1)客运站经有关部门组织的工程竣工验收合格,并且经道路运输管理机构组织的站级验收合格;

(2)有与业务量相适应的专业人员和管理人员;

(3)有相应的设备、设施,具体要求按照行业标准《汽车客运站级别划分及建设要求》(JT/T 200)的规定执行;

(4)有健全的业务操作规程和安全管理制度,包括服务规范、安全生产操作规程、车辆发车前例检、安全生产责任制、危险品查堵、安全生产监督检查的制度。

3.申请客运经营应提交的材料

申请从事道路客运经营的,应当依法向工商行政管理机关办理有关登记手续后,按照下列规定提出申请:从事县级行政区域内客运经营的,向县级道路运输管理机构提出申请;从事省、自治区、直辖市行政区域内跨2个县级以上行政区域客运经营的,向其共同的上一级道路运输管理机构提出申请;从事跨省、自治区、直辖市行政区域客运经营的,向所在地的省、自治区、直辖市道路运输管理机构提出申请。

申请从事道路客运经营的,应当提供下列材料:

(1)申请开业的相关材料:

①道路旅客运输经营申请表。

②企业章程文本。

③投资人、负责人身份证明及其复印件,经办人的身份证明及其复印件和委托书。

④安全生产管理制度文本。

⑤拟投入车辆承诺书,包括客车数量、类型及等级、技术等级、座位数以及客车外廓长、宽、高等。如果拟投入客车属于已购置或者现有的,应当提供行驶证、车辆技术等级评定结论、客车类型等级评定证明及其复印件。

⑥已聘用或者拟聘用驾驶人员的驾驶证和从业资格证及其复印件,公安部门出具的3年内无重大以上交通责任事故的证明。

(2)同时申请道路客运班线经营的,还应当提供下列材料:

①道路旅客运输班线经营申请表。

②可行性报告,包括申请客运班线客流状况调查、运营方案、效益分析以及可能对其他相关经营者产生的影响等。

③进站方案。已与起讫点客运站和停靠站签订进站意向书的,应当提供进站意向书。

④运输服务质量承诺书。

(3)已获得相应道路班车客运经营许可的经营者,申请新增客运班线时,除提供上述材料外,还应当提供下列材料:

①道路运输经营许可证复印件。

②与所申请客运班线类型相适应的企业自有营运客车的行驶证、道路运输证复印件。

③拟投入车辆承诺书,包括客车数量、类型及等级、技术等级、座位数以及客车外廓长、宽、高等。如果拟投入客车属于已购置或者现有的,应当提供行驶证、车辆技术等级评定结论、客车类型等级评定证明及其复印件。

④拟聘用驾驶人员的驾驶证和从业资格证及其复印件,公安部门出具的3年内无重大以上交通责任事故的证明。

⑤经办人的身份证明及其复印件,所在单位的工作证明或者委托书。

4. 申请从事客运站经营应提供的材料

申请从事客运站经营的,应当依法向工商行政管理机关办理有关登记手续后,向所在地县级道路运输管理机构提出申请。申请从事客运站经营的,应当提供下列材料:

(1)道路旅客运输站经营申请表;

(2)客运站竣工验收证明和站级验收证明;

(3)拟招聘的专业人员、管理人员的身份证明和专业证书及其复印件;

(4)负责人身份证明及其复印件,经办人的身份证明及其复印件和委托书;

(5)业务操作规程和安全管理制度文本。

六、行政许可

《客规》第 17 条规定,县级以上道路运输管理机构应当定期向社会公布本行政区域内的客运运力投放、客运线路布局、主要客流流向和流量等情况。

道路运输管理机构在审查客运申请时,应当考虑客运市场的供求状况、普遍服务和方便群众等因素。

道路运输管理机构应当按照《道路运输条例》和《交通行政许可实施程序规定》以及《客规》规定的规范程序实施道路客运经营、道路客运班线经营和客运站经营的行政许可。

1. 对客运经营、道路客运班线经营许可

(1)道路运输管理机构对道路客运经营申请、道路客运班线经营申请予以受理的,应当自受理之日起 20 日内作出许可或者不予许可的决定;道路运输管理机构对客运站经营申请予以受理的,应当自受理之日起 15 日内作出许可或者不予许可的决定。

(2)道路运输管理机构对符合法定条件的道路客运经营申请作出准予行政许可决定的,应当出具《道路客运经营行政许可决定书》,明确许可事项,许可事项为经营范围、车辆数量及要求、客运班线类型;并在 10 日内向被许可人发放道路运输经营许可证,并告知被许可人所在地道路运输管理机构。

(3)道路运输管理机构对符合法定条件的道路客运班线经营申请作出准予行政许可决定的,应当出具《道路客运班线经营行政许可决定书》,明确许可事项,许可事项为经营主体、班车类别、起讫地及起讫站点、途经路线及停靠站点、日发班次、车辆数量及要求、经营期限;并在 10 日内向被许可人发放道路客运班线经营许可证明,告知班线起讫地道路运输管理机构;属于跨省客运班线的,应当将《道路客运班线经营行政许可决定书》抄告途经上下旅客的和终到的省级道路运输管理机构。

(4)对同一客运班线有 3 个以上申请人的,或者根据实际情况需要,道路运输管理机构可采取服务质量招投标的方式实施道路客运班线经营许可。

相关省级道路运输管理机构协商确定通过服务质量招投标方式,实施跨省客运班线经营许可的,可采取联合招标、各自分别招标等方式进行。一省不实行招投标的,不影响另外一省进行招投标。

道路旅客运输班线经营权服务质量招投标管理办法另行制定。

2. 对客运站经营许可

道路运输管理机构对符合法定条件的客运站经营申请作出准予行政许可决定的,应当出具《道路旅客运输站经营行政许可决定书》,并明确许可事项,许可事项为经营者名称、站场地址、站场级别和经营范围;并在 10 日内向被许可人发放道路运输经营许可证。

道路运输管理机构对不符合法定条件的申请作出不予行政许可决定的,应当向申请人出具《不予交通行政许可决定书》。

3. 对跨省经营许可

(1)受理跨省客运班线经营申请的省级道路运输管理机构,应当在受理申请后 7 日内发征求意见函并附"道路旅客运输班线经营申请表"传真给途经上下旅客的和目的地省级道路运输管理机构征求意见;相关省级道路运输管理机构应当在 10 日内将意见传真给受理申请的省级道路运输管理机构,不予同意的,应当依法注明理由,逾期不予答复的,视为同意。

(2)相关省级道路运输管理机构对跨省客运班线经营申请持不同意见且协商不成的,由受

理申请的省级道路运输管理机构通过其隶属的省级交通运输主管部门将各方书面意见和相关材料报交通运输部决定,并书面通知申请人。交通运输部应当自受理之日起 20 日内作出决定,并书面通知相关省级交通运输主管部门,由受理申请的省级道路运输管理机构按《客规》第 19 条、第 22 条的规定为申请人办理有关手续。

在道路客运班线经营许可过程中,任何单位和个人不得以对等投放运力等不正当理由拒绝、阻挠实施客运班线经营许可。

4. 被许可人履行承诺

(1)被许可人应持道路运输经营许可证依法向工商行政管理机关申请办理登记手续。

(2)被许可人应当按确定的时间落实拟投入车辆承诺书。道路运输管理机构已核实被许可人落实了拟投入车辆承诺书且车辆符合许可要求后,应当为投入运输的客车配发道路运输证;属于客运班车的,应当同时配发班车客运标志牌。正式班车客运标志牌尚未制作完毕的,应当先配发临时客运标志牌。

(3)已取得相应道路班车客运经营许可的经营者需要增加客运班线的,应当按《客规》第 12 条的规定进行申请。

(4)向不同级别的道路运输管理机构申请道路运输经营的,应当由最高一级道路运输管理机构核发道路运输经营许可证,并注明各级道路运输管理机构许可的经营范围,下级道路运输管理机构不再核发道路运输经营许可证。下级道路运输管理机构已向被许可人发放道路运输经营许可证的,上级道路运输管理机构应当按上述要求予以换发。

(5)中外合资、中外合作、外商独资形式投资道路客运和客运站经营的,应当同时遵守《外商投资道路运输业管理规定》。

(6)道路客运经营者设立子公司的,应当按规定向设立地道路运输管理机构申请经营许可;设立分公司的,应当向设立地道路运输管理机构报备。

5. 经营期限内终止、变更、暂停

(1)客运经营者、客运站经营者需要变更许可事项或者终止经营的,应当向原许可机关提出申请,按《客规》有关规定办理。

(2)客运班线的经营主体、起讫地和日发班次变更和客运站经营主体、站址变更按照重新许可办理。

(3)客运经营者和客运站经营者在取得全部经营许可证件后无正当理由超过 180 天不投入运营或者运营后连续 180 天以上停运的,视为自动终止经营。

(4)客运班线经营者在经营期限内暂停、终止班线经营,应当提前 30 日向原许可机关申请。经营期限届满,需要延续客运班线经营的,应当在届满前 60 日提出申请。原许可机关应当依据《客规》有关规定作出许可或者不予许可的决定。予以许可的,重新办理有关手续。

客运班线的经营期限由省级道路运输管理机构按《道路运输条例》的有关规定确定。

(5)客运经营者终止经营,应当在终止经营后 10 日内,将相关的道路运输经营许可证和道路运输证、客运标志牌交回原发放机关。

(6)客运站经营者终止经营的,应当提前 30 日告知原许可机关和进站经营者。原许可机关发现关闭客运站可能对社会公众利益造成重大影响的,应当采取措施对进站车辆进行分流,并向社会公告。客运站经营者应当在终止经营后 10 日内将道路运输经营许可证交回原发放机关。

6.延续经营优先许可的条件

客运经营者在客运班线经营期限届满后申请延续经营,符合下列条件的,应当予以优先许可:

(1)经营者符合《客规》第10条规定,即符合申请从事道路客运经营应当具备的条件;

(2)经营者在经营该客运班线过程中,无特大运输安全责任事故;

(3)经营者在经营该客运班线过程中,无情节恶劣的服务质量事件;

(4)经营者在经营该客运班线过程中,无严重违法经营行为;

(5)按规定履行了普遍服务的义务。

七、客运经营管理

1.客运经营者的权利与义务

(1)客运经营者应当按照道路运输管理机构决定的许可事项从事客运经营活动,不得转让、出租道路运输经营许可证件。

(2)道路客运企业的全资或者绝对控股的经营道路客运的子公司,其自有营运客车在10辆以上或者自有中高级营运客车5辆以上时,可按照其母公司取得的经营许可从事客运经营活动。

此处绝对控股是指母公司控制子公司实际资产51%以上。

子公司是指一定比例(一般50%)以上的股份被另一公司持有或通过协议方式受到另一公司实际控制的公司。虽然子公司受母公司的控制,但在法律上,子公司仍是具有法人地位的独立企业。它有自己的名称和章程,并以自己的名义进行业务活动,其财产与母公司的财产彼此独立,对各自的债务各自负责,互不连带。

子公司依法独立承担民事责任。子公司在经济上受母公司的支配与控制,但在法律上,子公司是独立的法人。子公司的独立性主要表现在:拥有独立的名称和公司章程;具有独立的组织机构;拥有独立的财产,能够自负盈亏,独立核算;以自己的名义进行各类民事经济活动;独立承担公司行为所带来的一切后果与责任。

(3)道路客运班线属于国家所有的公共资源。班线客运经营者取得经营许可后,应当向公众提供连续运输服务,不得擅自暂停、终止或者转让班线运输。

2.经营服务质量

(1)客运班车应当按照许可的线路、班次、站点运行,在规定的途经站点进站上下旅客,无正当理由不得改变行驶线路,不得站外上客或者沿途揽客。

经许可机关同意,在农村客运班线上运营的班车可采取区域经营、循环运行、设置临时发车点等灵活的方式运营。《客规》所称农村客运班线,是指县内或者毗邻县间至少有一端在乡村的客运班线。

(2)客运经营者不得强迫旅客乘车,不得中途将旅客交给他人运输或者甩客,不得敲诈旅客,不得擅自更换客运车辆,不得阻碍其他经营者的正常经营活动。

(3)严禁客运车辆超载运行,在载客人数已满的情况下,允许再搭乘不超过核定载客人数10%的免票儿童。客运车辆不得违反规定载货。

(4)客运经营者应当遵守有关运价规定,使用规定的票证,不得乱涨价、恶意压价、乱收费。

(5)客运经营者应当在客运车辆外部的适当位置喷印企业名称或者标识,在车厢内显著位置公示道路运输管理机构监督电话、票价和里程表。

(6)客运经营者应当为旅客提供良好的乘车环境,确保车辆设备、设施齐全有效,保持车辆清洁、卫生,并采取必要的措施防止在运输过程中发生侵害旅客人身、财产安全的违法行为。

当运输过程中发生侵害旅客人身、财产安全的治安违法行为时,客运经营者在自身能力许可的情况下,应当及时向公安机关报告并配合公安机关及时终止治安违法行为。

客运经营者不得在客运车辆上从事播放淫秽录像等不健康的活动。

(7)鼓励客运经营者使用配置下置行李舱的客车从事道路客运。没有下置行李舱或者行李舱容积不能满足需要的客车车辆,可在客车车厢内设立专门的行李堆放区,但行李堆放区和乘客区必须隔离,并采取相应的安全措施。严禁行李堆放区载客。

(8)客运经营者应当为旅客投保承运人责任险。

所谓"承运人责任保险",是指以承运人依据运输合同对承运对象可能出现的损害所负的赔偿责任为标的的保险,保险人对承运人在运输过程中因为疏忽或过失而应承担的经济损害赔偿责任和相关法律费用承担赔偿责任。

承运人责任险是客运经营者、危险货物运输经营者根据有关法律、行政法规和规章的规定,保险人对承运人在运输过程中发生交通事故或者其他事故,致使旅客遭受人身伤亡和直接财产损失或者危险货物遭受损失,依法应当由被保险人对旅客或者危险货物货主承担的赔偿责任,由保险公司在保险责任限额内给予赔偿的法律制度。这是国家为了保护道路运输受害人能够得到及时救助或赔偿而采取的一项强制保险制度。

以往绝大多数的地方政府将第三者责任险列为强制保险险种,不买这个保险,机动车便上不了牌也不能年检。在《机动车交通事故责任强制保险条例》(简称《交强险条例》)出台后,交强险代替了第三者责任强制保险,第三者责任险已成为非强制性的保险。

因为交强险在对第三者的财产损失和医疗费用部分赔偿较低,可考虑购买第三者责任险作为交强险的补充。

第三者责任保险是指被保险人或其允许的驾驶人员在使用保险车辆过程中发生意外事故,致使第三者遭受人身伤亡或财产直接损毁,依法应当由被保险人承担的经济责任,保险公司负责赔偿。同时,若经保险公司书面同意,被保险人因此发生仲裁或诉讼费用的,保险公司在责任限额以外赔偿,但最高不超过责任限额的30%。

(9)客运经营者应当建立和完善各类台账和档案,并按要求及时报送有关资料和信息。

3.从业人员的教育管理

(1)客运经营者应当加强对从业人员的安全、职业道德教育和业务知识、操作规程培训。并采取有效措施,防止驾驶人员连续驾驶时间超过4个小时。

①客运经营者应当加强对从业人员的安全教育、职业道德教育,确保道路运输安全。从业人员是指从事道路运输经营业务的人员,包括技术人员和管理人员,主要是驾驶人员、站务人员、装卸人员、押运人员、车辆调度人员、车辆检修人员和经营管理人员等。

②安全教育是指道路运输安全教育,包括道路交通安全教育。安全教育的主要内容包括以下几个方面:有关安全生产和道路运输安全的法律、法规和规章;道路运输安全的基础知识;道路运输安全操作规程;道路运输事故的应急处理知识和方法等。安全教育的基本要求是:通过安全教育,保证从业人员具备必要的安全知识,熟悉有关安全规章制度和安全操作规程,掌握基本岗位的安全操作技能。

③职业道德是指道路运输从业人员在道路运输职业中应遵循的道德规范。它是为适应道

路运输职业要求而产生的,包括职业观念、职业情感、职业理想、职业态度、职业技能、职业良心和职业作风等多方面的内容。道路运输从业人员的职业道德规范为:安全畅通、尊客爱货、敬业奉献、优质诚信、文明守法。

④驾驶人员连续驾驶时间不得超过 4 个小时。驾驶人员是指从事道路运输经营活动的营运车辆的驾驶人员,不包括其他非职业驾驶人员。连续驾驶时间是指驾驶人员驾驶运输车辆的连续时间。超过 4 个小时,包括 4 个小时和 4 个小时以上。

(2)客运车辆驾驶人员应当遵守道路运输法规和道路运输驾驶员操作规程,安全驾驶,文明服务。

道路运输操作规程是指国务院标准化行政主管部门、交通主管部门以及其他有关部门依照《中华人民共和国标准化法》制定的道路运输操作的具体技术要求和实施程序的技术规范,包括规定道路运输车辆驾驶、维护、检修、上下旅客、装卸货物、配载货物、看管货物等具体技术要求和实施程序的技术规范。

(3)客运车辆驾驶人员应当随车携带道路运输证、从业资格证等有关证件,在规定位置放置客运标志牌。客运班车驾驶人员还应当随车携带"道路客运班线经营许可证明"。

依据《中华人民共和国道路交通安全法》《中华人民共和国道路交通安全法实施条例》《道路运输条例》《危险化学品安全管理条例》等规定,营运驾驶员和道路运输车辆应当携带"中华人民共和国机动车驾驶证"、"中华人民共和国机动车行驶证"、"中华人民共和国道路运输证"、"机动车保险证"及相关从业资格证书。

4.旅客管理

(1)旅客应当持有效客票乘车,遵守乘车秩序,文明礼貌,携带免票儿童的乘客应当在购票时声明。客票是乘客据以乘坐火车、飞机、船只等的票据。客票,是指旅客要求道路客运经营者将旅客从起运地运输到约定地点,并支付运输费用的凭证,也是道路客运经营者将旅客从起运地运输到约定地点,向旅客收取运输费用的凭证。从法律上看,"客票"就是合同,是旅客与道路客运经营者订立的客运合同。有效客票,是指票价相符,车票的起讫地点与所乘的客车运行的线路、班次相同,在有效期间内,有防伪标志的防伪标志清晰,另外还能防止伪造的客票。因此,规定旅客乘车必须持有有效车票。

(2)不得携带国家规定的危险物品及其他禁止携带的物品乘车。

危险物品,即由于其化学、物理或者毒性特性使其在生产、储存、装卸、运输过程中,容易导致火灾、爆炸或者中毒危险,可能引起人身伤亡、财产损害的物品。显然,这是从物品的性质上所作的界定。通常讲,危险物品主要包括危险化学品、放射性物品。

《中华人民共和国安全生产法》第 113 条规定,危险物品,是指易燃易爆物品、危险化学品、放射性物品等能够危及人身安全和财产安全的物品。

涉及危险品生产、经营、运输、储藏、使用的企业,要认真做好防护工作,确保国家财产和人身安全。如发生事故立即采取有效措施进行处理,并报相关部门。对违反规定造成直接经济损失或重大事故的责任人进行经济处罚,已经违法的移送司法机关追究责任。

依据《铁路安全管理条例》的规定,列入《禁止携带物品目录》的,主要包括枪支、子弹类(含主要零部件)、爆炸物品类、管制器具、易燃易爆物品、毒害品、腐蚀性物品、放射性物品、传染病病原体等八类,以及其他危害列车运行安全的、法律法规规章禁止携带的危险物品。

5.应急处置预案

(1)客运经营者应当制定突发公共事件的道路运输应急预案。道路运输应急预案是指客运经营者制定的在发生交通事故、自然灾害及其他突发事件时,完成紧急运输任务的对策和计划。突发事件一旦发生,道路运输预案就是完成紧急运输任务的行动指南。

(2)应急预案应当包括报告程序、应急指挥、应急车辆和设备的储备以及处置措施等内容。道路突发事件发生后应采取的处置措施,包括危险区的隔离、检测、抢险、救援及控制措施,人员紧急疏散、撤离,伤病人员的救护、救治,以及应急救援保障等。

除了报告程序、应急指挥、应急车辆和设备的储备以及处置措施外,道路运输经营者如果是企业,其道路运输预案还应当包括以下主要内容:

①基本情况,主要包括企业的地址、从业人数、主管部门、主要经营业务等。

②突发事件的类型。

③应急救援的组织机构、人员和职责。

④报告程序,包括报告时间和报告通信联络方式。

⑤应急预案启动程序。

⑥预案分级响应条件。

⑦应急关闭程序。

⑧应急人员培训计划。

⑨应急演练计划。

⑩附件,包括组织机构名单、主要联系电话、保障制度等。

(3)发生突发公共事件时,客运经营者应当服从县级及以上人民政府或者有关部门的统一调度、指挥。

6.非正班车的管理

(1)省内临时客运标志牌。

《客规》第49条规定,遇有下列情况之一,客运车辆可凭临时客运标志牌运行:①原有正班车已经满载,需要开行加班车的;②因车辆抛锚、维护等原因,需要接驳或者顶班的;③正式班车客运标志牌正在制作或者不慎灭失,等待领取的。

《客规》第50条规定,凭临时客运标志牌运营的客车应当按正班车的线路和站点运行。属于加班或者顶班的,还应当持有始发站签章并注明事由的当班行车路单;班车客运标志牌正在制作或者灭失的,还应当持有该条班线的《道路客运班线经营许可证明》或者《道路客运班线经营行政许可决定书》的复印件。

(2)省内客运包车标志牌。

①客运包车应当凭车籍所在地道路运输管理机构核发的包车客运标志牌,按照约定的时间、起始地、目的地和线路运行,并持有包车票或者包车合同,不得按班车模式定点定线运营,不得招揽包车合同外的旅客乘车。

②客运包车除执行道路运输管理机构下达的紧急包车任务外,其线路一端应当在车籍所在地。省际、市际客运包车的车籍所在地为车籍所在的地区,县际客运包车的车籍所在地为车籍所在的县。

③非定线旅游客车可持注明客运事项的旅游客票或者旅游合同取代包车票或者包车合同。

④省内临时客运标志牌、省内包车客运标志牌样式及管理要求由各省级交通运输主管部门自行规定。

(3)省际标志牌。

①省际临时客运标志牌、省际包车客运标志牌由省级道路运输管理机构按照交通运输部的统一式样印制,交由当地县以上道路运输管理机构向客运经营者核发。省际包车客运标志牌和加班车、顶班车、接驳车使用的省际临时客运标志牌在一个运次所需的时间内有效,因班车客运标志牌正在制作或者灭失而使用的省际临时客运标志牌有效期不得超过30天。

②从事省际包车客运的企业应按照交通运输部的统一要求,通过运政管理信息系统向车籍地道路运输管理机构备案后方可使用包车标志牌。

(4)加班车。

在春运、旅游"黄金周"或者发生突发事件等客流高峰期运力不足时,道路运输管理机构可临时调用车辆技术等级不低于三级的营运客车和社会非营运客车开行包车或者加班车。非营运客车凭县级以上道路运输管理机构开具的证明运行。

八、客运站经营管理

1.客运站经营者的权利与义务

(1)客运站经营者应当按照道路运输管理机构决定的许可事项从事客运站经营活动,不得转让、出租客运站经营许可证件,不得改变客运站用途和服务功能。客运站经营者应当维护好各种设施、设备,保持其正常使用。

转让是指将客运站经营许可证转给其他人使用的行为。转让分为有偿转让和无偿转让。有偿转让,是指以营利为目的,将道路运输许可证转给其他人使用,有偿转让包括以资买卖、倒卖等,实践中,这种转让较多。而无偿转让,则是指将客运站经营许可证转给他人使用,不收取任何费用的行为,主要是继承,或者亲戚朋友之间赠予。

出租是指客运站经营许可证的使用权换取他人租金的行为。

(2)客运站经营者和进站发车的客运经营者应当依法自愿签订服务合同,双方按合同的规定履行各自的权利和义务。

客运站经营者应当按月和客运经营者结算运费。

(3)客运站经营者应当禁止无证经营的车辆进站从事经营活动,无正当理由不得拒绝合法客运车辆进站经营。

2.客运站的安全生产与管理

(1)客运站经营者应当依法加强安全管理,完善安全生产条件,健全和落实安全生产责任制。

①客运站必须认真履行安全生产与管理职责,建立健全安全生产与管理机构,配备安全管理人员,制定并落实各项安全生产与管理制度。

②客运站应与进站经营的道路运输企业或经营业户签订安全责任书,明确双方的安全责任。凡进站经营的道路运输企业或经营业户必须按规定做好劳动客车的维护工作,确保车辆技术性能良好,安全设施齐全有效,并保证驾驶员和乘务员符合要求。

(2)客运站经营者应当对出站客车进行安全检查,采取措施防止危险品进站上车,按照车辆核定载客限额售票,严禁超载车辆或者未经安全检查的车辆出站,保证安全生产。

①客运站必须按规定做好进站营运客车和旅客行包的安全例行检查工作,确保出站车辆

技术状况良好和旅客行包中无危险物品。

②客运站应制定应急预案,按规定设置消防设施和消防器材,并对站内及劳动客车消防器材和消防设施进行定期检查,确保齐全有效。

③客运站应采取有效措施,严禁旅客携带易燃、易爆和其他危险物品进站、上车。一级汽车客运站和部分旅客流量较大的二级汽车客运站应配置 X 光行包检查设备。三级以上客运站必须设立"三品"检查点,指定专人负责检查。

④客运站应严格按照营运客车的载客定额发售车票和检票,严禁超载车辆出站。

⑤客运站从事营运客运客车例行检查的人员应具有汽车维修质量检验员资格,三级以上汽车客运站必须设置车辆检查地沟(台)。

⑥客运站应加强对营运客车进出站的管理,有下列情形之一的不得出站:

a. 驾驶证、从业资格证、行驶证、道路运输证、客运线路标志牌不全或不符合规定。

b. 车辆的制动、转向、灯光、刮水器、传动系统、轮胎气压和磨损程度安全例行检查不合格。

c. 驾驶员饮酒、身体不适或超长线路班车(日行程超过 400 公里)、夜班车驾驶员数量不足(有途中换班制度的除外)。

d. 车辆超载、超限。

e. 气候恶劣不宜行车。

⑦客运站应按照以下工作程序进行营运客车安全例行检查。

a. 汽车客运站必须在营运车报班前按"汽车客运站营运客车安全例行检查项目"的要求进行安全例行检查。车站安检人员应对车辆的制动、转向、灯光、传动系统、轮胎气压和磨损程度及消防设施等逐一进行检查,不得漏检(因车辆结构原因需拆卸检查的除外),在确定车辆技术状况良好、驾驶员身体健康且未饮酒的情况下填写安检表,安检人员与驾驶员分别签字后出具"安检合格通知单",通知单上应填写车辆的牌照号、驾驶员的签名和检查时间。

b. 车站调度部门在收到"安检合格通知单"后应对驾驶证、从业资格证、行驶证、道路运输证、客运线路标志牌进行检查登记,合格后准予报班。

c. 客运站应对进站旅客的行包进行安全例行检查,严禁旅客拾危险物品进站、上车,对检获的危险物品要进行登记并妥善保管或按规定处理。

d. 客运站在检票和办理行包托运时,要严格按照车辆的载客和行包装卸定额上客和装载行包,并如实签发路单和行包票据。

e. 客运站应把好营运客车的出站关,要对每辆出站的营运客车认真进行检查,再次清点旅客人数,核对营运驾驶员的从业资格证,并让受检客车驾驶员在"出站登记表"上签字,确认无误后放行。

f. 因气候恶劣(暴风、暴雨、浓雾、大雪)能见度低于 30 米,以及塌方、路阻等原因不宜行车时,值班站长应暂停发班,并及时通知营运客车驾驶员和旅客。

3. 经营服务质量

(1)客运站经营者应当坚持公平、公正原则,合理安排发车时间,公平售票。

(2)客运经营者在发车时间安排上发生纠纷,客运站经营者协调无效时,由当地县级以上道路运输管理机构裁定。

(3)客运站经营者应当公布进站客车的班车类别、客车类型等级、运输线路、起讫停靠站点、班次、发车时间、票价等信息,调度车辆进站发车,疏导旅客,维持秩序。

(4)客运站经营者应当设置旅客购票、候车、乘车指示、行李寄存和托运、公共卫生等服务设施,向旅客提供安全、便捷、优质的服务,加强宣传,保持站场卫生、清洁。

(5)在客运站从事客运站经营以外的其他经营活动时,应当遵守相应的法律、行政法规的规定。

(6)客运站经营者应当严格执行价格管理规定,在经营场所公示收费项目和标准,严禁乱收费。

(7)客运站经营者应当按规定的业务操作规程装卸、储存、保管行包。

(8)客运站经营者应当建立和完善各类台账和档案,并按要求报送有关信息。

4.进站客运经营者管理

(1)进站客运经营者应当在发车30分钟前备齐相关证件进站等待发车,不得误班、脱班、停班。进站客运经营者不按时派车辆应班,1小时以内视为误班,1小时以上视为脱班。但因车辆维修、肇事、丢失或者交通堵塞等特殊原因不能按时应班并且已提前告知客运站经营者的除外。

(2)进站客运经营者因故不能发班的,应当提前1日告知客运站经营者,双方要协商调度车辆顶班。

(3)对无故停班达3日以上的进站班车,客运站经营者应当报告当地道路运输管理机构。

5.应急处置预案

客运站经营者应当制定公共突发事件应急预案。应急预案应当包括报告程序、应急指挥、应急设备的储备以及处置措施等内容。

九、法律责任

1.违反客运经营许可的规定

《客规》第74条规定:"违反本规定,有下列行为之一的,由县级以上道路运输管理机构责令停止经营;有违法所得的,没收违法所得,处违法所得2倍以上10倍以下的罚款;没有违法所得或者违法所得不足2万元的,处3万元以上10万元以下的罚款;构成犯罪的,依法追究刑事责任:①未取得道路客运经营许可,擅自从事道路客运经营的;②未取得道路客运班线经营许可,擅自从事班车客运经营的;③使用失效、伪造、变造、被注销等无效的道路客运许可证件从事道路客运经营的;④超越许可事项,从事道路客运经营的。"

2.违反客运站经营许可的规定

《客规》第75条规定:"违反本规定,有下列行为之一的,由县级以上道路运输管理机构责令停止经营;有违法所得的,没收违法所得,处违法所得2倍以上10倍以下的罚款;没有违法所得或者违法所得不足1万元的,处2万元以上5万元以下的罚款;构成犯罪的,依法追究刑事责任:①未取得客运站经营许可,擅自从事客运站经营的;②使用失效、伪造、变造、被注销等无效的客运站许可证件从事客运站经营的;③超越许可事项,从事客运站经营的。"

3.对非法转让、出租经营许可证的规定

《客规》第76条规定:"违反本规定,客运经营者、客运站经营者非法转让、出租道路运输经营许可证件的,由县级以上道路运输管理机构责令停止违法行为,收缴有关证件,处2000元以上1万元以下的罚款;有违法所得的,没收违法所得。"

4. 对违反投保承运人责任险的规定

《客规》第77条规定:"违反本规定,客运经营者有下列行为之一,由县级以上道路运输管理机构责令限期投保;拒不投保的,由原许可机关吊销道路运输经营许可证或者吊销相应的经营范围:①未为旅客投保承运人责任险的;②未按最低投保限额投保的;③投保的承运人责任险已过期,未继续投保的。"

5. 对违反道路运输证使用的规定

《客规》第78条规定:"违反本规定,取得客运经营许可的客运经营者使用无道路运输证的车辆参加客运经营的,由县级以上道路运输管理机构责令改正,处3000元以上1万元以下的罚款。违反本规定,客运经营者不按照规定携带道路运输证的,由县级以上道路运输管理机构责令改正,处警告或者20元以上200元以下的罚款。"

6. 对违反客运车辆运行的规定

《客规》第80条规定:"违反本规定,客运经营者有下列情形之一的,由县级以上道路运输管理机构责令改正,处1000元以上3000元以下的罚款;情节严重的,由原许可机关吊销道路运输经营许可证或者吊销相应的经营范围:①客运班车不按批准的客运站点停靠或者不按规定的线路、班次行驶的;②加班车、顶班车、接驳车无正当理由不按原正班车的线路、站点、班次行驶的;③客运包车未持有效的包车客运标志牌进行经营的,不按照包车客运标志牌载明的事项运行的,线路两端均不在车籍所在地的,按班车模式定点定线运营的,招揽包车合同以外的旅客乘车的;④以欺骗、暴力等手段招揽旅客的;⑤在旅客运输途中擅自变更运输车辆或者将旅客移交他人运输的;⑥未报告原许可机关,擅自终止道路客运经营的。

思考

《客规》关于客运经营服务质量有哪些方面的规定?

知识拓展

《道路旅客运输及客运站管理规定》中的执法条款

第65条　道路运输管理机构应当加强对道路客运和客运站经营活动的监督检查。道路运输管理机构工作人员应当严格按照法定职责权限和程序进行监督检查。

第66条　县级以上道路运输管理机构应当定期对客运车辆进行审验,每年审验一次。审验内容包括:

(1)车辆违章记录;

(2)车辆技术等级评定情况;

(3)客车类型等级评定情况;

(4)按规定安装、使用符合标准的具有行驶记录功能的卫星定位装置情况;

(5)客运经营者为客运车辆投保承运人责任险情况。

审验符合要求的,道路运输管理机构在道路运输证审验记录栏中或者IC卡注明;不符合要求的,应当责令限期改正或者办理变更手续。

第67条　道路运输管理机构及其工作人员应当重点在客运站、旅客集散地对道路客运、客运站经营活动实施监督检查。此外,根据管理需要,可以在公路路口实施监督检查,但不得随意拦截正常行驶的道路运输车辆,不得双向拦截车辆进行检查。

第68条　道路运输管理机构的工作人员实施监督检查时,应当有2名以上人员参加,并向当事人出示交通运输部统一制式的交通行政执法证件。

第69条　道路运输管理机构的工作人员可以向被检查单位和个人了解情况,查阅和复制有关材料。但应当保守被调查单位和个人的商业秘密。

被监督检查的单位和个人应当接受道路运输管理机构及其工作人员依法实施的监督检查,如实提供有关资料或者说明情况。

第70条　道路运输管理机构的工作人员在实施道路运输监督检查过程中,发现客运车辆有超载行为的,应当立即予以制止,并采取相应措施安排旅客改乘。

第71条　客运经营者在许可的道路运输管理机构管辖区域外违法从事经营活动的,违法行为发生地的道路运输管理机构应当依法将当事人的违法事实、处罚结果记录到道路运输证上,并抄告作出道路客运经营许可的道路运输管理机构。

第72条　客运经营者违反本规定的,县级以上道路运输管理机构在作出行政处罚决定的过程中,可以按照行政处罚法的规定将其违法证据先行登记保存。作出行政处罚决定后,客运经营者拒不履行的,作出行政处罚决定的道路运输管理机构可以将其拒不履行行政处罚决定的事实通知违法车辆车籍所在地道路运输管理机构,作为能否通过车辆年度审验和决定质量信誉考核结果的重要依据。

第73条　道路运输管理机构的工作人员在实施道路运输监督检查过程中,对没有道路运输证又无法当场提供其他有效证明的客运车辆可以予以暂扣,并出具"道路运输车辆暂扣凭证"。对暂扣车辆应当妥善保管,不得使用,不得收取或者变相收取保管费用。

违法当事人应当在暂扣凭证规定的时间内到指定地点接受处理。逾期不接受处理的,道路运输管理机构可依法作出处罚决定,并将处罚决定书送达当事人。当事人无正当理由逾期不履行处罚决定的,道路运输管理机构可申请人民法院强制执行。

关于法律责任的其他条款

第79条　违反本规定,客运经营者(含国际道路客运经营者)、客运站经营者及客运相关服务经营者不按规定使用道路运输业专用票证或者转让、倒卖、伪造道路运输业专用票证的,由县级以上道路运输管理机构责令改正,处1000元以上3000元以下的罚款。

第81条　违反本规定,客运经营者、客运站经营者已不具备开业要求的有关安全条件、存在重大运输安全隐患的,由县级以上道路运输管理机构责令限期改正;在规定时间内不能按要求改正且情节严重的,由原许可机关吊销道路运输经营许可证或者吊销相应的经营范围。

第82条　违反本规定,客运站经营者有下列情形之一的,由县级以上道路运输管理机构责令改正,处1万元以上3万元以下的罚款:

(1)允许无经营许可证件的车辆进站从事经营活动的;

(2)允许超载车辆出站的;

(3)允许未经安全检查或者安全检查不合格的车辆发车的;

(4)无正当理由拒绝客运车辆进站从事经营活动的。

第83条　违反本规定,客运站经营者有下列情形之一的,由县级以上道路运输管理机构责令改正;拒不改正的,处3000元的罚款;有违法所得的,没收违法所得:

(1)擅自改变客运站的用途和服务功能的;

(2)不公布运输线路、起讫停靠站点、班次、发车时间、票价的。

第84条 道路运输管理机构工作人员违反本规定,有下列情形之一的,依法给予行政处分;构成犯罪的,依法追究刑事责任:

(1)不依照规定的条件、程序和期限实施行政许可的;

(2)参与或者变相参与道路客运经营以及客运站经营的;

(3)发现违法行为不及时查处的;

(4)违反规定拦截、检查正常行驶的运输车辆的;

(5)违法扣留运输车辆、道路运输证的;

(6)索取、收受他人财物,或者谋取其他利益的;

(7)其他违法行为。

另外,我国《中华人民共和国道路交通安全法实施条例》第62条规定,机动车驾驶员不得有下列行为:"……连续驾驶机动车超过4小时未停车休息或休息时间少于20分钟……"第78条第2款规定:"在高速公路上行驶的小型载客汽车最高车速不得超过每小时120公里,其他机动车不得超过每小时120公里,摩托车不得超过每小时80公里。"

《中华人民共和国道路交通安全法》第49条规定:"机动车载人不得超过核定的人数";第22条第2款规定:"饮酒、服用国家管制的精神药品或者麻醉药品,或者患有妨碍安全驾驶机动车的疾病,或者过度疲劳影响安全驾驶的,不得驾驶机动车。"

《道路运输条例》第17条规定,"旅客应当持有效客票乘车,遵守乘车秩序,讲究文明卫生,不得携带国家规定的危险物品及其他禁止携带的物品乘车";第19条规定,"从事包车客运的,应当按照约定的起始地、目的地和线路运输。从事旅游客运的,应当在旅游区域按照旅游线路运输";第35条规定,"客运经营者、危险货物运输经营者应当分别为旅客或者危险货物投保承运人责任险"。

案例分析

1. 课堂任务操作

针对导入案例,进行分组讨论:

(1)分析案情;

(2)找出适用的法律法规条款;

(3)根据法律法规条款的规定分析案例。

2. 课外任务

查阅《交通事故案件要览》和《中华人民共和国道路交通法典》等书籍以及《客规》和《中华人民共和国道路交通安全法实施条例》等相关规定。

思考讨论

1.《客规》制定了哪几个方面的法律制度?

2.对违反经营许可的责任有哪些规定?

3.申请旅客经营的条件有哪些?

任务4　公路运输合同

案例导入

甲公司与乙运输公司签订一份运输协议,约定将价值20万的货物从A市运送到B县丙公司,期限为5天。乙公司运输货物的第4天,遇到大雾天气,高速路被封。货车司机张某为按时将货物送达,在未请示乙公司的情况下,私自决定走小路赶往B县。在途中,因道路不平而导致翻车,货物散落,被过往行人哄抢一空。张某也在阻拦中受伤。

思考:

1.货物的损失由谁赔偿?

2.张某的医药费由谁负责?

3.甲公司是否可以主张违约金?最高限额为多少?

相关知识

合同是当事人或当事双方之间设立、变更、终止民事关系的协议。依法成立的合同,受法律保护。《中华人民共和国民法通则》(以下简称《民法通则》)第85条规定:"合同是当事人之间设立、变更、终止民事关系的协议。依法成立的合同,受法律保护。"《中华人民共和国合同法》(以下简称《合同法》)第2条规定:合同是平等主体的自然人、法人、其他组织之间设立、变更、终止民事权利义务关系的协议。婚姻、收养、监护等有关身份关系的协议,适用其他法律的规定。

合同有广义、狭义和最狭义之分。广义合同指所有法律部门中确定权利、义务关系的协议。狭义合同指一切民事合同。还有最狭义合同仅指民事合同中的债权合同。《合同法》分则所规定的15种有名合同全部是债权合同。这15种有名合同分别是:①买卖合同;②供用电、水、气、热力合同;③赠与合同;④借款合同;⑤租赁合同;⑥融资租赁合同;⑦承揽合同;⑧建设工程合同;⑨运输合同;⑩技术合同;⑪保管合同;⑫仓储合同;⑬委托合同;⑭行纪合同;⑮居间合同。

一、运输合同的概念

《合同法》第288条规定,运输合同是指"承运人将旅客或货物从起运地点运输到约定地点,旅客、托运人或收货人支付票款或运输费用的合同"。

二、运输合同的特征

(1)运输合同属于提供劳务的合同,合同标的为运输劳务。运输合同的核心内容是承运人为旅客或者托运人提供的运输劳务。运输劳务本身虽然不会产生具体、有形的"劳动成果",但却可以使旅客和托运人获得服务并从中受益。

(2)运输合同是双务、有偿合同。在运输合同中,承运人运输旅客或者货物,旅客、托运人或者收货人支付票款或者运费,当事人双方的权利义务具有对等给付关系。

(3)运输合同一般为诺成性合同。客运合同是诺成性合同,该合同自承运人向旅客交付客票时成立。货运合同一般为诺成性合同,但也有一些是实践性合同。

诺成性合同与实践性合同相对应,又称为不要物合同,指双方当事人意思表示一致即可成立的合同。大多数合同如买卖合同、租赁合同、保证合同等为诺成性合同。实践性合同如动产质押合同、订金合同等,又被称为要物合同,指不仅需要当事人意思表示一致,尚需交付标的物,方能成立的合同。区别诺成性与实践性合同的意义在于确定合同成立的时间,进而确定当事人是否应承担违约责任。

(4)运输合同多为格式合同。一般地,运输合同的条件是由承运人预先明确的,作为运输合同具体表现形式的客票、货运单或者提单也都是统一印制的,符合格式合同的特点。

三、运输合同的种类

根据不同的标准,运输合同可以划分为不同的种类。

1. 按运输方式分类

根据运输方式的不同,运输合同可以分为铁路运输合同、公路运输合同、水路运输合同、航空运输合同和多式联运合同五大类。这五类运输合同主体的承运人是不同的运输企业,而托运人和旅客可以是企事业单位,也可以是公民个人。

2. 按照运送对象分类

根据运送对象,运输合同可以分为旅客运输合同和货物运输合同两类。

旅客运输合同是指把旅客作为运送对象的合同。根据运输方式的不同,旅客运输合同又分为铁路旅客运输合同、公路旅客运输合同、水路旅客运输合同以及航空旅客运输合同。与旅客运输相关的行李包裹运输,可以看作是一个独立的运输合同关系,也可以作为旅客运输合同的一个组成形式。

货物运输合同是指以货物作为运送对象的合同。根据运送方式不同,可以分为铁路、公路、水路、航空、管道、多式联运等货物运输合同。

四、运输合同的构成

1. 运输合同的主体

运输合同的主体,是指以自己的名义参与运输合同关系,并且享受权利、承担义务的人。这里讲的人,既包括自然人,也包括法人和其他组织。运输合同主体有权利主体与义务主体之别。权利主体指在运输合同关系中享受权利的主体,又称之为债权人。义务主体指在运输合同中负有义务的主体,又称为债务人。由于运输合同原则上为双务合同,所以,运输合同的主体既是权利主体,又是义务主体。运输合同有客运合同与货运合同之别。客运合同的主体包括托运人和承运人,收货人不是货运合同的主体。

(1)运输合同的当事人。运输合同的当事人是指以自己的名义订立运输合同,并且依照合同享受权利、承担义务的自然人、法人或其他组织。客运合同的当事人为旅客和承运人,而货运合同的当事人为托运人和承运人。所以,运输合同的当事人一方为承运人,另一方为托运人或旅客。

①承运人。承运人有缔约承运人与实际承运人。缔约承运人(contracting carrier)指与托运人或旅客订立运输合同的承运人。而实际承运人(actual carrier)则是指负责实际履行运送义务的承运人,一般如运输公司、船公司、航空公司等。所谓运送是指将物品或者旅客从一场所移至另一场所的行为。运输的目的在于实现物或者人在空间上的位移。

承运人是收受运费的人。运输合同大多为有偿合同,但一些公益性的运输合同,则可能为无偿性合同,如果合同中未予明确说明,一般认为是有偿合同。

②托运人(shipper)、旅客及收货人(receiver)、货物运输代办人(cargo transportation agent)。托运人是以自己的名义与承运人订立运输合同的当事人,亦可能为第三人。如无行为能力人购票或招手拦乘出租车时,无行为能力人为乘客,订合同的人(购票人、拦出租车的人)为代理人。

(2)收货人。收货人,是指货物运输合同中托运人指定提取货物的单位和个人。收货人与托运人可为同一人或非同一人。

通常,收货人与托运人为非同一人时,收货人就不是合同当事人。因为根据《合同法》,合同是当事人双方意思一致的表示。当然这并不排斥收货人在运输纠纷解决过程中依法保护自己的合法权益。

货物运输代办人(简称货运代办人),是指以自己的名义承揽货物并分别与托运人、承运人订立货物运输合同的经营者。

2.运输合同的客体或标的

运输合同的客体或标的是指运输合同当事人权利和义务共同指向的对象,即指运送行为和运送劳务,而非运送的物品或旅客。

3.运输合同的内容

(1)主要内容。作为法律关系三要素之一的内容,指合同当事人依据合同约定所享有的权利和承担的义务,因此,运输合同的内容也就可以被描述为运输合同的当事人依据运输合同的约定所享有的权利和承担的义务。作为合同当事人的权利是一种债权,债权被称为请求权、相对权。请求权是合同当事人权利的性质,如旅客、托运人可要求承运人提供运输劳务,要求承运人于目的地交付行李、货物等,它意味着享有权利的人可以要求合同的义务人为一定行为或不为一定行为。相对权与绝对权相对应,是从义务人是否特定以及权利的实现是否需要义务人的协助出发,而对权利所作的分类。作为相对权,债权人只能要求特定的债务人履行义务,债务人原则上也仅对债权人履行义务。对相对权的侵害,当事人应承担违约责任。

运输合同是双务合同,因此,一方的权利就是另一方的义务,反之亦然。

(2)运输合同的基本条款。《合同法》第12条规定,合同的内容由当事人约定,一般包括以下条款:①当事人的名称或者姓名和住所;②标的;③数量;④质量;⑤价款或者报酬;⑥履行期限、地点和方式;⑦违约责任;⑧解决争议的方法。

五、运输契约自由与契约自由的限制

1.契约自由

契约自由原则又称合同自由原则,指合同当事人在是否订立合同、与谁订立合同、订立何种内容的合同等方面享有的自主决定权。契约自由作为私法自治的核心内容,包括缔约自由、选择契约相对人自由、确定契约内容自由和缔约方式自由四个方面的内容,各国以不同的方式,不同程度地在法律中确立了契约自由原则。

运输合同作为合同的一种,当事人在缔结合同的过程中,也应遵循契约自由的原则。《合同法》第3条规定:"合同当事人的法律地位平等,一方不得将自己的意志强加给另一方。"第4条规定:"当事人依法享有自愿订立合同的权利,任何单位和个人不得非法干预。"这一规定可以被看作我国合同法关于契约自由原则的规定。

运输契约自由原则主要包括以下内容:

(1)缔结运输合同及选择缔约伙伴的自由,即运输合同的当事人有权决定是否与他人订立

运输合同、与谁订立运输合同。当然,在选择缔约伙伴的自由方面,运输合同当事人双方的自由程度可能不尽一致,尤其是在公共运输的情况下。一般来说,托运人、旅客享有较为充分的选择缔约伙伴(即承运人)的自由,他们享有选择承运人的较大余地。如旅客、托运人既可选择公路运输方式,也可选择铁路、航空等运输方式。在同一运输方式下,由于公路、水路运输的承运人之间已形成较为激烈的竞争,旅客、托运人契约自由实现的空间也就较大。而在铁路运输方式下,国家垄断、经营的局面仍未打破,旅客和托运人实际上只享有是否订立运输合同的自由,而无权或没有可能选择承运人。与旅客、托运人享有较为充分的订约自由相比较,承运人,尤其是从事公共运输的承运人是否订立运输合同、与谁订立运输合同的自由度较小,这主要是由于公共运输对公共利益的影响较大,国家往往实行运送强制的原因。当然,在非公共运输的领域,如个体货运车主与托运人订立的一次性货运合同,承运人则享有与托运人同样的契约自由。

(2)订立何种内容的运输合同的自由,即运输合同当事人有权依照自己的意志决定合同的内容。在法律规定的范围内,当事人可以自由地决定运输货物的数量、包装、交接手续、运输的起止日期等合同的内容。

(3)变更和解除运输合同的自由,即运输合同的当事人有权通过协商一致变更、解除运输合同,或单方有权变更、解除合同。当事人变更和解除合同的自由是契约自由原则的延伸。根据《合同法》,旅客享有充分的变更、解除运输合同的权利,这种权利既包括协商变更、解除权,也包括单方变更、解除权。而在货运合同下,托运人享有中止运输、返还运送物等变更合同的权利。

为保障运输合同当事人契约自由权利的实现,有关运输的法律、法规往往规定,如果承运人违反行政法律、法规,侵犯了旅客、托运人的契约自由权,承运人应当承担相应的行政法律责任。如在出租车运输的情况下,各地的出租车运输地方法规往往规定,如果出租车经营者违法拒载,管理部门将给予相应的行政处罚。在《道路运输管理条例》中,有关规定屡见不鲜,如该条例第 69 条规定,强行招揽旅客、货物的,罚 1000 元至 3000 元;情节严重的,吊销道路运输经营许可证等。

2.契约自由的限制

坚持运输契约自由原则的同时,应结合运输合同的特点,对运输合同自由加以必要的、合理的限制,以充分发挥契约自由应有的积极作用。

(1)格式合同的限制。

①格式合同的概念。格式合同也称为标准合同、制式合同、定式合同,法国人称之为附从合同,指"合同条款由当事人一方预先拟定,对方只能表示全部同意或者不同意合同,亦即一方当事人要么从整体上接受合同条件,要么不订立合同"。

在一般的概念中,格式合同指全部由格式条款组成的合同,只有部分是以格式条款的形式反映出来的,则称之为普通合同中的格式条款。《合同法》第 39 条第 2 款规定,"格式条款是当事人为重复使用而预先拟定,并在订立合同时未与对方协商的条款",也有学者定义为"一方当事人或者政府部门、社会团体预先拟订或印制成固定格式以供使用的条款"。

②格式合同的产生及优点。格式合同产生及其普遍运用是基于一定的社会经济基础的。一般而言,某一行业垄断的存在、交易内容的重复性、交易双方所要求的简便和省时,导致了格式合同的存在并大量运用于商事生活领域。运输合同广泛采用格式合同,主要是由于运输营

业的频繁重复进行的特点。运输经营者利用格式合同可以简化交易程序,节省时间,降低运送成本,还可以避免讨价还价,减少缔约的麻烦。

③格式合同的弊端。格式合同虽然具有节约交易的时间、事先分配风险、降低经营成本等优点,但由于格式合同限制了合同自由原则,格式合同的拟定方可以利用其优越的经济地位,制定有利于自己而不利于消费者的合同条款。例如,拟定方为自己规定免责条款或者限制责任的条款等。

格式合同限制了旅客及托运人的契约自由。与购销、租赁等合同当事人的订约自由相比较,运输合同当事人决定合同内容的自由受到更多限制,如在托运人、旅客方面,由于运输合同多为格式合同,托运人、旅客往往不能就包括运价在内的合同条款进行讨价还价,而只能被动地接受或拒绝。当然,为保护托运人和旅客的利益,法律也不会允许承运人随意定价、涨价。格式合同对承运人而言是自由的,而对于托运人或旅客而言则不是完全自由的,在许多情况下,相对人并不知道格式合同的基本内容,或对此未加注意,或者仅注意到某些条款而没有注意到其他条款。这样,格式合同制定一方可能利用其经济优势形成诸多不公正的条款,从而损害消费者和顾客的利益。由于格式合同可能对托运人和旅客不公正,必须对其规范,以维护托运人和旅客的合法权益。

针对格式合同的弊端,我国的相关立法对之作了一定的规制。《合同法》第 39、40、41 条对格式合同作了具体规定:一是规定了格式合同提供方的义务。即:对于提供方在提供合同时,要求格式条款的内容应遵循公平原则;格式条款的提供方,有提醒对方注意的义务;应对方要求对格式条款予以说明的义务。二是规定了格式条款无效的情形。对于违反《合同法》第 52、53 条规定或提供格式条款一方免除其责任、加重对方责任、排除对方主要权利的,该条款无效。三是规定格式条款争议的解释规则。当格式条款的解释出现争议时,应当采取三项特殊的解释原则:应当按照通常理解予以解释;对条款提供者作不利的解释;格式条款和非格式条款不一致的,应当采用非格式条款。《中华人民共和国消费者权益保护法》第 26 条规定:"经营者不得以格式合同、通知、声明、店堂告示等方式,作出排除或者限制消费者权利、减轻或者免除经营者责任、加重消费者责任等对消费者不公平、不合理的规定,不得利用格式条款并借助技术手段强制交易。格式条款、通知、声明、店堂告示等含有前款所列内容的,其内容无效。"《中华人民共和国海商法》第 44 条规定了海上货物运输合同和作为合同凭证的提单或者其他运输单证的条款,违反《中华人民共和国海商法》第四章规定的无效。《中华人民共和国海商法》第 126 条第 1 款规定,海上旅客运输合同中含有免除承运人对旅客应当承担的法定责任的条款无效。《中华人民共和国保险法》第 30 条规定:"采用保险人提供的格式条款订立的保险合同,保险人与投保人、被保险人或者受益人对合同条款有争议的,应当按照通常理解予以解释。对合同条款有两种以上解释的,人民法院或者仲裁机关应当作有利于被保险人和受益人的解释。"

(2)运送强制的限制。运送强制,是指承运人对于具有法定要件的要约,原则上不得拒绝,且负有将运费及其他运送条件公之于众的义务。《合同法》第 289 条规定:"从事公共运输的承运人不得拒绝旅客、托运人通常、合理的运输要求。"运送强制主要用于航空运输、铁路运输及在一定线路上定期运送的汽车运输(如班车运输、零担运输)等。运送强制限制了承运人缔结合同的自由,但平衡了承、托双方的利益,使承运人不至于滥用契约自由,把"契约自由限制在一个安全的范围内"。

(3)其他限制。我国的法律法规对运输契约自由除了以上限制外,还有以下限制性规定:①违反法律法规的运输合同、违反国家利益和社会公共利益的运输合同为无效合同。②对禁运货物的规定。比如《道路运输条例》第25条规定:"货运经营者不得运输法律、行政法规禁止运输的货物。法律、行政法规规定必须办理有关手续后方可运输的货物,货运经营者应当查验有关手续。"③《中华人民共和国反不正当竞争法》关于限制垄断行为、不正当竞争行为的规定。④有关运价方面的规定。⑤有关主管机关对运输合同的监督、检查的规定等。这些规定对当事人契约自由的真正实现,对保护运输营业者、托运人及旅客的利益,起到了积极作用。

运输契约自由及其限制是一个问题的两个方面,对运输契约自由的限制并不是为了否定运输契约自由,而是为了真正实现运输契约自由。我国有关法律、法规既应确认运输契约自由的原则,以发挥运输市场主体的创造性,活跃运输经济,又要对运输契约自由进行必要的、合理的限制,以使运输契约自由能够在一个安全的范围内发挥其应有的作用。运输契约自由及其限制相辅相成,紧密联系,不可偏废。

六、订立运输合同的程序

要约与承诺是订立合同必经的两个步骤。运输合同作为合同的一种,其订立合同也要经历这两个阶段。《合同法》第13条规定:"当事人订立合同,采取要约、承诺的方式。"

1.要约

要约,是当事人一方向对方发出的希望与对方订立合同的意思表示。发出要约的一方称为要约人,接受要约的一方称为受要约人。《合同法》第14条规定,要约是希望和他人订立合同的意思表示,该意思表示应当符合下列规定:①内容具体确定;②表明经受要约人承诺,要约人即受该意思表示约束。

货运合同中,货物运输合同一般由托运人提出运输货物的要约;客运合同中,旅客购买车票的行为即为要约。

2.承诺

承诺是指受要约人同意要约的意思表示,即指受要约人同意接受要约的条件从而订立合同的意思表示。承诺应当以通知的方式作出,但根据交易习惯或者要约表明可以通过行为作出承诺的除外。

在货运运输中,货运合同自承运人同意运输的承诺而成立。客运中,客运方把车票交付给旅客的行为即为承诺。《合同法》第293条规定:"客运合同自承运人向旅客交付客票时成立,但当事人另有约定或者另有交易习惯的除外。"

七、旅客运输合同

1.旅客运输合同的含义

旅客运输合同简称客运合同,是指旅客与承运人订立的由承运人将旅客及其行李运达目的地,由旅客支付运费的合同。

2.旅客运输合同的特征

①旅客既是合同一方当事人,又是运输对象。

②客运合同通常采用票证形式。

③客运合同包括对旅客行李的运送。

3.旅客运输合同注意事项

旅客运输,属于公共运输,承运人通过公布价目表向社会公众发出要约邀请。购票人支付票价的行为为要约,承运人发给客票的行为为承诺。因此,自购票人取得客票时起,双方意思表示一致,客运合同成立。关于客运合同的订立和履行,应当注意以下事项:

(1)审查承运人主体的运输资格和履行合同的能力,包括运输资质、运输工具的安全性、紧急突发处理方案等。了解这些有利于实现运输目的,同时保障旅客的人身、财产安全。

(2)注意合同生效时间及转让。

①车票、船票等既是客运合同的表现形式,同时又是有价证券。客运合同虽然自旅客购得客票时成立,但合同并未同时生效,而是自检票时起生效。

②作为有价证券,除记名的客票外,其他不记名的客票在检票之前可以转让。

(3)双方无正当理由都不得影响延误合同履行。客运合同是诺成性合同,双方经过要约、承诺,形成意思表示一致,合同即告成立。合同订立生效后,承运人不得在无正当理由下任意解除、延误或拒绝履行合同,旅客无正当理由的不得延误合同履行。

(4)承运人不得拒绝及拒载的责任。

①旅客运输属于公共运输,承运人不得拒绝旅客通常的运输要求。在客运合同的订立中,尽管在一般情况下,旅客一方提出乘坐相应的交通工具要求的意思表示为要约,承运人同意承运为承诺,但对于旅客的要约,承运人承担着强制承诺的法律义务,除正当理由之外,不得拒绝。在班车客运、旅游客运的情况下,旅客购买车票的意思表示即为要约,承运人(车站)发售车票的意思表示即为承诺,当旅客提出购买车票的意思表示时,除非法律法规规定,承运人一般不得拒绝。

②如果承运人拒载,旅客可以向交通运输主管部门投诉,主管部门有权对拒载承运人给予处罚。

(5)旅客不当乘运时承运人的权利。

①旅客不当乘运时,应当按照规定向承运人补交票款的全部或者不足部分。否则,承运人可以旅客未履行基本的合同义务而终止合同的履行,并有权在适当的地点要求旅客离开运载工具或返回适当等级乘坐。

②对于无票乘运或者持失效客票乘运的,在始发站发现的,承运人可以拒绝其乘运;在到达站发现的,承运人可以按照规定要求其补交票款和加收票款。

(6)客运合同的特殊情形。旅客运输合同自旅客购得客票时成立只是通例,法律允许当事人另行约定。此外,按照交易习惯另行确定合同成立时间的除外。

出现旅客先乘坐后补票的常见情形时,旅客运输合同自旅客登上交通工具时成立,其后旅客补票的行为则是旅客向承运人履行支付票款的合同义务。因为此时双方的行为表明双方已就运输合同达成协议,只是双方的合同为非书面形式。

4.旅客的义务

旅客的主要义务包括:持票乘运的义务;按时乘运的义务;限量携带行李的义务;遵守安全规则的义务等。

(1)旅客有持有效客票乘运的义务。客票为表示承运人有运送其持有人义务的书面凭证,是收到旅客承运费用的收据。客票并非旅客运输合同的书面形式,但它却是证明旅客运输合同的唯一凭证,也是旅客乘运的唯一凭证。因此,无论采用哪一种运输方式,旅客均须凭有效客票才能承运,除特别情形外,不能无票承运。《合同法》第294条规定:"旅客应当持有效客票乘运。旅客无票乘运、超程乘运、越级乘运或者持失效客票乘运的,应当补交票款,承运人可以按照规定加收票款。旅客不交付票款的,承运人可以拒绝运输。"《道路运输条例》第 17 条规定:"旅客应当持有效客票乘车,遵守乘车秩序,讲究文明卫生,不得携带国家规定的危险物品及其他禁止携带的物品乘车。"

(2)旅客有限量携带行李的义务。《合同法》第 296 条规定:"旅客在运输中应当按照约定的限量携带行李。超过限量携带行李的,应当办理托运手续。"

(3)旅客有不随身携带或者在行李中夹带违禁物品的义务。《合同法》第 297 条规定:"旅客不得随身携带或者在行李中夹带易燃、易爆、有毒、有腐蚀性、有放射性以及有可能危及运输工具上人身和财产安全的危险物品或者其他违禁物品。旅客违反前款规定的,承运人可以将违禁物品卸下、销毁或者送交有关部门。旅客坚持携带或者夹带违禁物品的,承运人应当拒绝运输。"

5.旅客的责任

这里的责任是指没有做好自己的工作,而应承担的不利后果或强制性义务。旅客违反运输合同,违反规章的行为,旅客应承担责任。

《汽车旅客运输规则》第 72 条规定,旅客运输过程中发生的下列情况,均由旅客承担责任:

①旅客无票、持无效客票或不符合规定的客票乘车的。

②隐瞒酒醉、恶性传染病乘车造成污染,危及其他旅客的。

③夹带危险品或其他政府禁运物品进站、上车、托运的。

④损坏车站客车设施和设备或造成其他旅客伤害的。

⑤自理行包和随身携带的物品丢失、损坏的。

⑥客车中途停靠不按时上车造成漏乘错乘的。

⑦旅客乘车途中自身病害造成的伤亡和损失。

⑧由于旅客原因发生的其他问题。

同时,法律法规规定了旅客的免责事项。《汽车旅客运输规则》第 69 条规定,旅客运输过程中发生下列情况,均由车站承担责任:

①由于车站在发售客票中填错发车的日期、班次、开车时间,造成旅客误乘或漏乘的。

②由于检票、发车、填写路单失误造成旅客误乘、漏乘的。

③在车站保管、装卸、交接过程中造成旅客寄存物品和托运行包损坏、灭失或错运的。

④由于不按时检票或不及时接车造成班车晚点运行的。

⑤由于站方原因发生的其他问题。

6.承运人的义务

承运人的主要义务包括:按约定的时间将旅客运达目的地的义务;告知义务;不得擅自变更运输路线的义务;保障旅客在运输途中的安全义务;提供必要生活服务的义务等。

(1)按约定的时间将旅客运达目的地的义务。旅客运输经营实行责任运输,保证旅客及时到达目的地。为此,运输经营者应当按照指定车站和时间正点发车;班车必须按照规定线路、班点和时间运行、停靠,不得绕道行驶;途中发生意外情况,无法运行时,应以最快方式通知就近车站派车接运,并及时公告;班车到站后,按指定车位停放,及时向车站办理行包和其他事项的交接手续。《合同法》第 290 条规定:"承运人应当在约定期间或者合理期间内将旅客、货物安全运输到约定地点。"《合同法》第 291 条规定:"承运人应当按照约定的或者通常的运输路线将旅客、货物运输到约定地点。"《汽车旅客运输规则》第 33 条规定:"班车必须按指定车站和时间进入车位装运行包,检票上客,正点发车。严禁提前发车。"《汽车旅客运输规则》第 34 条规定:"班车必须按规定的线路、班点(包括食宿点)和时间运行、停靠。如途中发生意外情况,无法运行时,应以最快方式通知就近车站派车接运,并及时公告。如需食宿,站方应协助解决,费用自理。"

(2)承运人的告知义务。《合同法》第298条规定:"承运人应当向旅客及时告知有关不能正常运输的重要事由和安全运输应当注意的事项。"所谓有关不能正常运输的重要事项,是指因承运人的原因或天气等原因使运输时间迟延,或运输合同所约定的车次、航班取消等影响旅客按约定时间到达目的地的事项。所谓安全运输应当注意的事项,是指在运输中为保障旅客的人身、财产安全,需要提醒旅客注意的事项。

(3)承运人有按照客票载明的时间和班次运输旅客的义务。《合同法》第299条规定:"承运人应当按照客票载明的时间和班次运输旅客。承运人迟延运输的,应当根据旅客的要求安排改乘其他班次或者退票。"客票是证明旅客运输合同有效成立的书面凭证,客票上所载明的时间、班次是经承运人和旅客双方当事人意思表示一致,从而成为合同内容的重要组成部分,对此,双方均应按约定履行。承运人只有按客票载明的时间、班次运输,才属于全面、适当地履行了合同。对于承运人未按客票载明的时间和班次进行运输的,旅客有权要求安排改乘其他班次、变更运输路线以到达目的地或者退票。

(4)承运人在运输过程中的救助义务。《合同法》第301条规定:"承运人在运输过程中,应当尽力救助患有急病、分娩、遇险的旅客。"如果承运人对患有急病、分娩、遇险的旅客不予救助,因其不作为即可被要求承担民事责任。

(5)承运人的安全运送任务。运输合同生效后,承运人负有将旅客安全送达目的地的义务,即在运输中承运人应保证旅客的人身安全。对旅客在运输过程中的伤亡,承运人应承担损害赔偿责任。

《道路运输条例》第16条规定:"客运经营者应当为旅客提供良好的乘车环境,保持车辆清洁、卫生,并采取必要的措施防止在运输过程中发生侵害旅客人身、财产安全的违法行为。"

《合同法》第302条规定:"承运人应当对运输过程中旅客的伤亡承担损害赔偿责任,但伤亡是旅客自身健康原因造成的或者承运人证明伤亡是旅客故意、重大过失造成的除外。前款规定适用于按照规定免票、持优待票或者经承运人许可搭乘的无票旅客。"除上述旅客外,对于无票乘车又未经承运人许可的人员的伤亡,因没有合法有效的合同关系存在,承运人不承担违约的赔偿责任。

(6)承运人负有安全运输旅客自带物品的义务。《合同法》第303条规定:"在运输过程中旅客自带物品毁损、灭失,承运人有过错的,应当承担损害赔偿责任。"

(7)承运人有提供状况良好的车辆的义务。

7. 承运人的责任

旅客运输合同,以将旅客及其行李安全、及时运抵目的地为宗旨,因此承运人的责任分为对旅客的责任和对行李的责任两种。对旅客的责任主要包括运送迟延责任、旅客伤害责任和旅客误乘、漏乘责任三种。承运人对行包的责任包括迟延运送责任和行包毁损、灭失责任两类。旅客运输中大多涉及人身伤害和财产损失的民事赔偿责任。

赔偿责任是指承担民事法律责任的一种方式。民事法律责任是指行为人因民事违法行为而应承担的法律后果,从各国的民事立法看,大多数把过错责任原则规定为民事责任的一般原则,但同时也出现了"过错推定责任""无过错责任""公平责任"等适用于特殊侵权行为民事责任的原则。

归责原则分为过错责任原则和无过错责任原则。过错责任原则是指行为人的过错是侵权责任的必备条件的归责原则。《民法通则》第106条第2款规定:"公民、法人由于过错侵害国家的、集体的财产,侵害他人财产、人身的,应当承担民事责任。"《中华人民共和国侵权责任法》第6条第1款重申过错责任原则是侵权责任法的基本归责原则,它规定,行为人因过错侵害他人民事权益,应当承担侵权责任。只要法律没有明确规定不以过错为要件的,过错便是行为人承担侵权责任的要件。法律没有特别规定的,原则上适用过错责任。

无过错责任原则,是指行为人损害他人民事权益,不论其主观上有无过错,根据法律规定均应承担侵权责任的归责原则。《中华人民共和国侵权责任法》第7条规定,行为人损害他人民事权益,不论行为人有无过错,法律规定应当承担侵权责任的,依照其规定。《中华人民共和国侵权责任法》规定的几种无过错责任主要有:产品缺陷责任、机动车交通事故责任、环境污染责任、高度危险责任、违规饲养动物的责任、饲养违禁动物的责任。

旅客运输中的旅客伤亡大都是机动车交通事故造成的,因此,客运经营者应当对运输过程旅客的伤亡,按照无过错责任原则承担赔偿责任,即客运经营者即使在没有过错的情况下,也应当承担损害赔偿责任,无过错且是由第三方过错造成的,客运经营者在向旅客进行赔偿后,应当依照有关法律法规的规定,向第三方追偿。

(1)承运人对旅客的责任。承运人有违章或违约行为时,应对旅客承担责任。《汽车旅客运输规则》第70条规定,旅客运输过程中发生下列情况,均由运方承担责任:①因客车技术状况或装备的问题,造成旅客人身伤害及行包损坏、灭失的;②因驾驶员违章行驶或操作造成人身伤害及行包损坏、灭失的;③因驾驶员擅自改变运行计划,如提前开车,绕道行驶或越站,致使旅客漏乘等,造成的直接经济损失;④在行车途中发生托运行包灭失、损坏的;⑤不按运行计划或合同向车站提供完好车辆,使班车停开、缺班的;⑥由于运方原因发生的其他问题。

(2)承担的赔偿责任。《合同法》第113条规定,当事人一方不履行合同义务或者履行合同义务不符合约定,给对方造成损失的,损失赔偿额应当相当于因违约所造成的损失,包括合同履行后可以获得的利益,但不得超过违反合同一方订立合同时预见到或者应当预见到的因违反合同可能造成的损失。经营者对消费者提供商品或者服务有欺诈行为的,依照《中华人民共和国消费者权益保护法》的规定承担损害赔偿责任。《合同法》第302条规定,承运人应当对运输过程中旅客的伤亡承担损害赔偿责任,但伤亡是旅客自身健康原因造成的或者承运人证明伤亡是旅客故意、重大过失造成的除外。

第一,直接损失的赔偿。《汽车旅客运输规则》第73条规定:"因车站或运方责任,造成旅客误乘或漏乘的,按以下规定处理:①发觉站以最近一次班车将旅客运至原车票指定的车站;②旅客留在车上的自理行包和携带品如有灭失、损坏,由责任方赔偿;③旅客的其他直接经济损失,由责任方赔偿,但赔偿金额最多不超过旅客购车票价款的100%。"《汽车旅客运输规则》第74条规定:"因车站或运方责任造成的托运行包灭失、损坏的,按照全部损失全部赔偿,部分损失部分赔偿的原则,由责任方按下列规定赔偿:①非保价行包每千克最高赔偿额一般不超过10元,如失主持有证明物品内容和价格的凭证,可按国家定价或比照当地国营商店同类商品价格赔偿。②损坏物品能修复者,按修理费加送修运费赔偿;不能修复,但尚能使用者,按损失程度所减低的价值赔偿。③保价行包灭失,按托运时申明的价格赔偿,部分灭失,按声明价格赔偿灭失部分。④灭失行包的运杂费要全额退还。"《汽车旅客运输规则》第75条规定:"因车站责任造成寄存物品损坏、灭失的,按每千克最多不超过20元的金额赔偿。"

第二,赔偿实际损失。《汽车旅客运输规则》第76条规定,因车站或运方责任,造成旅客人身伤害的,由责任方赔偿处理。《汽车旅客运输规则》第77条规定:"车站和运方之间违反合同规定,造成对方经济损失的,由责任方按原合同约定赔偿、支付违约金。"《民法通则》第111条规定,当事人一方不履行合同义务或者履行合同义务不符合约定条件的,另一方有权要求履行或者采取补救措施,并有权要求赔偿损失。《合同法》第112条规定:"当事人一方违反合同的赔偿责任,应当相当于另一方因此所受到的损失。当事人可以在合同中约定,一方违反合同时,向另一方支付一定数额的违约金;也可以在合同中约定对于违反合同而产生的损失赔偿额的计算方法。"《汽车旅客运输规则》并未就承运人的责任对旅客造成的人身伤害赔偿直接损失,因此应根据《民法通则》的规定,由责任方赔偿旅客的实际损失,包括直接损失和间接损失。

同时,法规规定了承运人的免责事项,《汽车旅客运输规则》第71条规定:"旅客运输过程中因下列情况造成损失,经营者不负赔偿责任:被有关部门查获处理的物品;行包包装完整无异,而内部缺损、变质;旅客自行看管的物品非经营者责任造成的损失;不可抗力。"

8. 旅客运输合同的变更与解除

(1)因旅客自身原因导致的变更或解除。旅客运输合同成立后,在合同履行之前,旅客一方因自己的原因不能按照客票记载的时间乘坐的,可以在法定或约定的时间内变更或解除合同,即变更客票记载或办理退票手续。此种变更或解除被称为自愿变更或解除。旅客因自己的原因不能按照客票记载的时间乘坐的,应当在约定的时间内办理退票或者变更手续。逾期办理的,承运人可以不退票款,并不再承担运输义务。

(2)因承运人的原因导致的变更或解除。因承运人的原因导致的客运合同变更或解除,称为非自愿的变更或解除,主要包括两种情况:

①承运人的迟延运输导致的变更或解除。承运人应当按照客票载明的时间和班次运输旅客。承运人迟延运输的,应当根据旅客的要求安排改乘其他班次、变更运输路线以到达目的地或者退票。

②承运人擅自变更运输工具引起的合同变更。在客运合同订立后,承运人单方变更运输工具的,应视为一种违约行为。承运人擅自变更运输工具而降低服务标准的,旅客有权要求退票或者减收票款。承运人变更运输工具,提高服务标准的,无权向旅客加收票款。

八、货物运输合同

1. 货物运输合同的含义

货物运输合同,即通常所说的货运合同,是委托人将需要运送的货物交给承运人,由承运人按委托人的要求将货物运送到指定地点交付给委托人或者收货人,并由委托人或收货人支付运费的合同。

2. 货物运输的特征

(1)委托人应当向承运人准确表明收货人的名称或者住址或者收货人,以及所交付运输的货物的名称、性质、重量、数量、送达地点等有关货物运输的相关情况。

(2)委托人交运的货物如果要办理审批、检验等手续的,委托人有义务提交有关审批、检验等手续。

(3)委托人托运的是易燃、易爆、有毒、有腐蚀性、放射性等危险物品的,应当按照国家有关危险物品运输的规定进行包装,并作出标志、标签,并向承运人提交名称、性质及防范措施的书面材料。

(4)承运人对委托人委托托运的货物,承担毁损、灭失的责任。

3. 货物运输合同样本

以下为货物运输合同样本。

甲方(托运人):

乙方(承运人):

甲、乙双方经过协商,根据合同法有关规定,订立货物运输合同,条款如下:

一、合同期为一年,从　　年　　月　　日起到　　年　　月　　日为止。

二、上述合同期内,甲方委托乙方运输货物,运输方式为汽车公路运输,具体货物的名称、规格、型号、数量、价值、运费、到货地点、收货人、运输期限等事项,由甲、乙双方另签运单确定,所签运单作为本合同的附件与本合同具有同等的法律效力。

三、甲方的义务:1.按照国家规定的标准对货物进行包装,没有统一规定包装标准的,应根据保证货物运输的原则进行包装,甲方货物包装不符合上述要求,乙方应向甲方提出,甲方不予更正的,乙方可拒绝起运。2.按照双方约定的标准和时间向乙方支付运费。

四、乙方的义务:1.按照运单的要求,在规定的期限内,将货物运到甲方指定的地点,交给甲方指定的收货人。2.承运的货物要负责安全,保证货物无短缺、无损坏,如出现此类问题,应承担赔偿义务。

五、运输费用及结算方式:1.运费按乙方实际承运货物的里程及重量计算,具体标准按照运单约定执行。2.乙方在将货物交给收货人时,应向其索要收货凭证,作为完成运输义务的证明,持收货凭证与甲方结算。3.甲方对乙方所提交的收货凭证进行审核,在确认该凭证真实有效且货物按期运达无缺失损坏问题后10日内付清当次运费。

六、甲方交付乙方承运的货物均系供应客户的重大生产资料,乙方对此应予以高度重视,确保货物按期运达。非因自然灾害等不可抗力造成货物逾期运达的,如客户追究甲方责任,乙方应全额赔偿甲方的经济损失。因发生自然灾害等不可抗力造成货物无法按期运达目的地时,乙方应将情况及时通知甲方并取得相关证明,以便甲方与客户协调。

七、运输过程中如发生货物灭失、短少、损坏、变质、污染等问题,乙方应按照以下标准赔偿甲方的经济损失。1.货物灭失或无法正常使用的,按运单记载货物价格全额赔偿,如运单未记载价格的,按甲方同类产品出厂价格赔偿。2.货物修理后可以正常使用且客户无异议的,赔偿修理费(包括换件费用、人工费及修理人员的往返差旅费等)。

八、出现合同第七条情况导致货物逾期运达的,乙方除按该条规定承担责任外,还应当同时执行本合同第六条的规定。

九、本合同未尽事宜,由双方协商解决,协商不成,按照合同法规定办理,发生争议提交北京仲裁委员会按其仲裁规则进行仲裁。

十、本合同一式两份,双方各持一份,双方签字盖章后生效。

甲方:　　　　　　　　　　乙方:

附:运单编号:

签发时间:　　年　　月　　日

装运时间:　　年　　月　　日

签发地点:　　省　　市　　区　　路　　号

装运地点:　　省　　市　　区　　路　　号

发货人:

承运人:　　　　　　　托运人签章　　　　　　　承运人签章

　　　　　　　　　　　年　　月　　日　　　　　年　　月　　日

要求运达的时间:　　年　　月　　日　　时前

要求运达的地点:

收货人:

货物名称:

规　格:

型　号:

重　量:　　　　　　　体积(长×宽×高):

包装形式:

件　数:

出厂价格:

承运车辆车牌号:

运　费:

4. 货物运输合同注意事项

(1)审查承运人主体的运输资格和合同履行能力,包括运输资质、运输工具的安全、紧急突发处理方案、信誉等。了解这些有利于实现货运合同的目的,同时保障托运人的货物财产安全。

(2)合同订立的形式和内容规范。

①货物运输合同应当以书面形式明确各自的权利义务,国家有统一的货物运输合同文本的,应使用统一的合同文本签订,避免出现被欺诈。

②双方当事人商定合同的条款内容须具体、全面,才能避免因约定不明或无约定而出现不必要的麻烦。

(3)货物包装要求。托运人对托运的货物,应当按照国家主管部门规定的标准包装;没有统一规定包装标准的,应当根据保证运输安全的原则,按货物的性质和承载交通工具等条件包装。凡不符合上述包装要求的,承运人有权拒绝承运。

(4)托运人注意事项。

①托运人关于承运人的主体资格和履行合同能力进行必要的审查和了解,才能确定对方是否具备承运资质和保障货物安全到达目的地的能力。

②托运人应对托运单填写内容的真实性和正确性负责。因为托运人填交的货物托运单经承运人接受,并由承运人填发货运单后,货物运输合同即告成立。

③托运人必须在托运的货件上标明发站、到站和托运人、收货人的单位、姓名和地址,按照国家规定标明包装储运指示标志。

④在运输过程中必须有专人照料、监护的货物,应由托运人指派押运员押运。押运员对货物的安全负责,并遵守运输有关规定,承运人应协助押运员完成押运任务。

⑤托运货物内不得夹带国家禁止运输、限制运输物品和危险物品。

⑥如实申报货物的情况和运输条件,要求包装符合运输安全的要求等。

(5)承运人注意的事项。

①承运人承运货物时,应对托运人填交的托运单进行查核,并有权在必要时会同托运人开箱进行安全检查。

②承运人应按照货运单上填明的地点,按约定的期限将货物运达到货地点。货物错运到货地点,应无偿运至货运单上规定的到货地点,如逾期运到,应承担逾期运到的责任。

③承运人应按照通常的或者约定的路线将货物运送至约定的地点。通常的运输线路一般是指班列或者班轮运输,有固定的航次、班次、时间,固定的到达地,托运人随时可以办理运输手续。

④承运人应于货物运达到货地点后 24 小时内向收货人发出到货通知。

⑤承运人应按照货运单交付货物。交付时,发现货物灭失、短少、变质、污染、损坏时,应会同收货人查明情况,并填写货运事故记录。

⑥货物从发出提货通知的次日起,经过 30 日无人提取时,承运人应及时与托运人联系征求处理意见;再经过 30 日,仍无人提取或托运人未提出处理意见,承运人有权将该货物作为无法交付货物,按运输规则处理。对易腐或不易保管的货物,承运人可视情况及时处理。

⑦承运人应采取切实有效的措施,保证货物在运输中的安全,完整、完好地将货物交付给收货人。保证货物运输的安全,防止事故和损失的发生。

⑧从事公共运输的承运人不得拒绝托运人通常、合理的运输要求。

（6）收货人的义务。收货人应及时凭提货证明到指定地点提取货物。货物从发出到货通知的次日起，承运人免费保管三日。收货人逾期提取，应按运输规则缴付保管费。

（7）货损赔偿方面。

①赔偿额的计算。《合同法》第312条规定："货物的毁损、灭失的赔偿额，当事人有约定的，按照其约定；没有约定或者约定不明确，依照本法第61条的规定仍不能确定的，按照交付或者应当交付时货物到达地的市场价格计算。法律、行政法规对赔偿额的计算方法和赔偿限额另有规定的，依照其规定。"

②限额赔偿。注意在民航、铁路、汽车、海上和水路五种运输方式中，公路和水路货物运输没有明确的限额赔偿规定，其他三种都是限额赔偿。因此，公路运输和水运货物运输合同当事人亦可以就货物的损失赔偿事先进行约定，以便于及时处理损害赔偿。

③保价运输。双方应在合同中明确保价运输，承运人按价值承运，就应当按价值赔偿；按重量承运，就应按重量赔偿。重量赔偿的原则是按重量乘以每单位重量赔偿额计算出赔偿总额；价值赔偿是以托运人声明价值为赔偿基础。

（8）承运人的免责条件。承运人能证明货物的毁损、灭失是因为不可抗力、货物本身的自然性质或者合理损耗以及托运人、收货人的过错造成的，不承担损害赔偿责任。

（9）其他注意事项。订立运输合同应注意一些特殊的规定，比如：双方订立货物运输合同，应贯彻优先运输国家指令性计划产品，兼顾指导性计划产品和其他物资的原则。大宗货物的铁路运输，有条件的可按年度、半年或季度签订货物运输合同；也可以签订更长期限的运输合同。其他整车货物运输，应按月签订运输合同；零星货物运输，以货物运单作为运输合同。

5. 货物运输合同当事人的权利与义务

（1）承运人的权利和义务。

承运人的主要权利包括：收取运费及符合规定的其他费用；对逾期提货的，承运人有权收取逾期提货的保管费，对收货人不明或收货人拒绝受领货物的，承运人可以提存货物，不适合提存货物的，可以拍卖货物提存价款；对不支付运费、保管费及其他有关费用的，承运人可以对相应的运输货物享有留置权。

承运人的主要义务包括：按合同约定调配适当的运输工具和设备，接收承运的货物，按期将货物运到指定的地点；从接收货物时起至交付收货人之前，负有安全运输和妥善保管的义务；货物运到指定地点后，应及时通知收货人收货。《合同法》第290条规定："承运人应当在约定期间或者合理期间内将旅客、货物安全运输到约定地点。"《合同法》第291条规定："承运人应当按照约定的或者通常的运输路线将旅客、货物运输到约定地点。"《道路运输条例》第26条规定："国家鼓励货运经营者实行封闭式运输，保证环境卫生和货物运输安全。货运经营者应当采取必要措施，防止货物脱落、扬撒等。运输危险货物应当采取必要措施，防止危险货物燃烧、爆炸、辐射、泄漏等。"《合同法》第292条规定："承运人未按照约定路线或者通常路线运输增加票款或者运输费用的，旅客、托运人或者收货人可以拒绝支付增加部分的票款或者运输费用。"这些法律、法规的规定体现了承运人的主要义务。

（2）托运人的权利和义务。

托运人的主要权利包括：要求承运人按合同约定的时间安全运输到约定的地点；在承运人将货物交付收货人前，托运人可以请求承运人中止运输、返还货物、变更到货地点或将货物交给其他收货人,但由此给承运人造成的损失应予赔偿。

托运人的主要义务包括:如实申报货运基本情况的义务;办理有关手续的义务;包装货物的义务;支付运费和其他有关费用的义务。《合同法》第 304 条规定:"托运人办理货物运输,应当向承运人准确表明收货人的名称或者姓名或者凭指示的收货人,货物的名称、性质、重量、数量,收货地点等有关货物运输的必要情况。因托运人申报不实或者遗漏重要情况,造成承运人损失的,托运人应当承担损害赔偿责任。"《合同法》第 292 条第 1 款规定,旅客、托运人或者收货人应当支付票款或者运输费用。

(3)收货人的权利和义务。

收货人的主要权利包括:承运人将货物运到指定地点后,持凭证领取货物的权利;在发现货物短少或灭失时,有请求承运人赔偿的权利。

收货人的主要义务包括:检验货物的义务;及时提货的义务;支付托运人少交或未交的运费或其他费用的义务。

6. 承托双方的责任

(1)托运方责任。

①未按合同规定的时间和要求提供托运的货物,托运方应按约定偿付给承运方违约金。

②由于在普通货物中夹带、匿报危险货物,错报笨重货物重量等招致吊具断裂、货物摔损、吊机倾翻、爆炸、腐蚀等事故,托运方应承担赔偿责任。

③由于货物包装缺陷产生破损,致使其他货物或运输工具、机械设备被污染腐蚀、损坏,造成人身伤亡的,托运方应承担赔偿责任。

④在托运方专用线或在港、站公用线、专用线自装的货物,在到站卸货时,发现货物损坏、缺少,在车辆施封完好或无异状的情况下,托运方应赔偿收货人的损失。

⑤罐车发运货物,因未随车附带规格质量证明或化验报告,造成收货方无法卸货时,托运方应偿付承运方卸车等存费及违约金。

⑥《合同法》第 307 条规定:"托运人托运易燃、易爆、有毒、有腐蚀性、有放射性等危险物品的,应当按照国家有关危险物品运输的规定对危险物品妥善包装,作出危险物标志和标签,并将有关危险物品的名称、性质和防范措施的书面材料提交承运人。托运人违反前款规定的,承运人可以拒绝运输,也可以采取相应措施以避免损失的发生,因此产生的费用由托运人承担。"

(2)承运方责任。

①不按合同规定的时间和要求配车、发运的,承运方应偿付托运人违约金。

②承运方如将货物错运到货地点或接货人,应无偿运至合同规定的到货地点或接货人。如果货物逾期到达,承运方应偿付逾期交货的违约金。

③运输过程中货物灭失、短少、变质、污染、损坏,承运方应按货物的实际损失(包括包装费、运杂费)赔偿托运方。

④联运的货物发生灭失、短少、变质、污染、损坏,应由承运方承担赔偿责任的,由终点阶段的承运方向负有责任的其他承运方追偿。

7. 合同的中止、变更

《合同法》第 308 条规定:"在承运人将货物交付收货人之前,托运人可以要求承运人中止运输、返还货物、变更到达地或者将货物交给其他收货人,但应当赔偿承运人因此受到的损失。"

思考
《汽车旅客运输规则》中规定承运人和旅客分别有哪些义务？

知识拓展

《合同法》相关条款

第 10 条　当事人订立合同,有书面形式、口头形式和其他形式。

法律、行政法规规定采用书面形式的,应当采用书面形式。当事人约定采用书面形式的,应当采用书面形式。

第 11 条　书面形式是指合同书、信件和数据电文(包括电报、电传、传真、电子数据交换和电子邮件)等可以有形地表现所载内容的形式。

第 13 条　当事人订立合同,采取要约、承诺方式。

第 60 条　当事人应当按照约定全面履行自己的义务。

第 107 条　当事人一方不履行合同义务或者履行合同义务不符合约定的,应当承担继续履行、采取补救措施或者赔偿损失等违约责任。

第 112 条　当事人一方不履行合同义务或者履行合同义务不符合约定的,在履行义务或者采取补救措施后,对方还有其他损失的,应当赔偿损失。

第 113 条　当事人一方不履行合同义务或者履行合同义务不符合约定,给对方造成损失的,损失赔偿额应当相当于因违约所造成的损失,包括合同履行后可以获得的利益,但不得超过违反合同一方订立合同时预见到或者应当预见到的因违反合同可能造成的损失。

第 114 条　当事人可以约定一方违约时应当根据违约情况向对方支付一定数额的违约金,也可以约定因违约产生的损失赔偿额的计算方法。

第 119 条　当事人一方违约后,对方应当采取适当措施防止损失的扩大;没有采取适当措施致使损失扩大的,不得就扩大的损失要求赔偿。

当事人因防止损失扩大而支出的合理费用,由违约方承担。

第 122 条　因当事人一方的违约行为,侵害对方人身、财产权益的,受损害方有权选择依照本法要求其承担违约责任或者依照其他法律要求其承担侵权责任。

第 315 条　托运人或者收货人不支付运费、保管费以及其他运输费用的,承运人对相应的运输货物享有留置权,但当事人另有约定的除外。

第 317 条　多式联运经营人负责履行或者组织履行多式联运合同,对全程运输享有承运人的权利,承担承运人的义务。

第 318 条　多式联运经营人可以与参加多式联运的各区段承运人就多式联运合同的各区段运输约定相互之间的责任,但该约定不影响多式联运经营人对全程运输承担的义务。

第 319 条　多式联运经营人收到托运人交付的货物时,应当签发多式联运单据。按照托运人的要求,多式联运单据可以是可转让单据,也可以是不可转让单据。

第 320 条　因托运人托运货物时的过错造成多式联运经营人损失的,即使托运人已经转让多式联运单据,托运人仍然应当承担损害赔偿责任。

第 321 条　货物的毁损、灭失发生于多式联运的某一运输区段的,多式联运经营人的赔偿责任和责任限额,适用调整该区段运输方式的有关法律规定。货物毁损、灭失发生的运输区段不能确定的,依照本章规定承担损害赔偿责任。

思考
1. 运输合同有哪些基本特征?
2. 旅客运输合同基本内容是什么?
3. 货物运输合同基本内容是什么?

案例分析

1. 课堂任务操作

针对导入案例,进行分组讨论:

(1)分析案情;

(2)找出适用的法律法规条款;

(3)根据法律法规条款的规定分析案例。

2. 课外任务

查阅《合同法》《客规》《货规》的相关规定,以及旅客运输合同和货物运输合同的基本内容。

思考讨论

2015 年 11 月几位乘客乘坐某客运公司塘沽至北京的客运班车。由于当日有雾,高速路塘—京方向全线封路,车在还没有上高速路时,交警就示意下道行驶,车上几位乘客在中途告知司机买了火车票,但已不可能按时到达,因此误了火车,责怪客运公司未履行两小时到达的承诺,故向法院起诉,请求赔偿客车票款、火车票款、订票款、因晚点的住宿费等共计 2000 多元。

思考:客运公司是否应该承担晚点赔偿责任?

(注:参照《合同法》、《公路法》和《汽车旅客运输规则》中乘运人的责任和义务及违约责任赔偿等内容。)

实训操作

案情 1

2011 年 7 月 21 日夜间,一辆从山东威海开往湖南长沙的山东籍双层卧铺大客车,从威海出发,直接来到事先约定好的地点,装运 15 箱"特殊"货物,装车时,由于客车的行李箱已满,驾驶员将这 15 箱货物携带至车厢内,直接放了车厢的最后端位置上。客车在夜幕中一路沿途载客运行,到菏泽座位已经满了,六位乘客从菏泽上车,其中一位乘客和朋友的孩子只好躺在过道里,其余人也都各自找地方躺下,乘客都渐渐进入梦乡。7 月 22 日凌晨 4 时左右,这辆承载 47 人严重超载的双层卧铺大客车行驶到京珠高速公路 938 公里＋200 米处,突然发出"砰"的一声,爆燃起火,熊熊火焰和浓烟弥漫在黑夜中,大多数乘客没有来得及反应瞬间就被大火夺去了生命,事故造成 41 人死亡,6 人受伤,车上 47 人无一幸免。

思考:司机违反了哪些道路运输条例?

案情 2

2015 年 10 月 1 日,一辆满载 50 人的重庆大客车,由江北区阳光城起点站载客前往沙坪坝区三角碑终点站,这段距离全程大约 8.5 公里。13 时 33 分,当驾驶客车由北向南驶出嘉陵江石门大桥主桥进入南引桥右转弯时,由于雨天路面湿滑,未按规定降低行驶速度,车辆后轮向左发生侧滑,因驾驶员身患感冒,输液吃药后,状态不良,在车头右前角即将撞上右侧人行道路沿石时,向左急转方向并踩踏加速踏板试图控制车辆,但因踩踏过重,车速加快,大客车越过桥面中心黄色单实线和对向两条车道,斜向前行驶 24 米左右,冲上引桥左侧距桥面 0.37 米高的人行道上,撞坏引桥护栏后,坠落于距引桥 19.30 米高的下层道路右侧人行道上的花台中,造成驾驶员在内的 22 人当场死亡、8 人经医院抢救无效死亡,共计 30 人死亡,20 人受伤,直接经济损失 739 万元的重大道路交通事故。

思考:该驾驶员违反了哪些道路运输法规?

项目四 道路交通安全管理法规

> **知识目标**
> 1. 掌握交通安全知识、驾驶人、乘车人以及个人应当遵守道路交通安全法的基本条例;
> 2. 明确道路通行规定、交通事故处理办法及违法者应承担的法律责任;
> 3. 掌握机动车辆保险的理赔知识;
> 4. 掌握机动车辆保险的保险责任与交通事故的理赔。
>
> **能力目标**
> 1. 能依据道路交通安全法分析相关案例;
> 2. 能计算机动车辆保险的赔偿金额;
> 3. 能根据机动车辆保险与交通事故的理赔知识解决交通事故理赔。

任务1 道路交通安全法

案例导入

肖某是某公司总经理,家住衡阳市某高档住宅区。小区为解决业主的停车问题,专门在小区主干道的两侧划定了停车泊位,允许业主在17点至次日7点之间内自由停放。某日肖某下班后驾驶自己的奔驰车回家,为了将车准确放在划定的停车区域内,肖某几次将车倒出车位进行调整。由于驾驶技术不熟练,在倒车时与路过此处的赵某发生碰撞,将赵某的自行车撞坏并使赵某右腿骨折。肖某主动将赵某送往医院进行治疗,但就赔偿金额问题两人发生分歧。肖某认为车辆碰撞发生在小区内,应按一般的身体侵害进行赔偿,赵某却认为既然是交通事故就应该按《中华人民共和国道路交通安全法》的有关规定进行处理。

思考:根据《中华人民共和国道路交通安全法》的有关规定,你认为肖某与赵某谁的理解正确?

相关知识

一、道路交通安全管理法规的概念

1. 道路

据《中华人民共和国道路交通安全法》第119条规定,"道路",是指公路、城市道路和虽在单位管辖范围内但允许社会机动车通行的地方,包括广场、公共停车场等用于公众通行的场所。

2. 车辆

"车辆",是指机动车和非机动车。

3. 机动车

"机动车",是指以动力装置驱动或者牵引,上道路行驶的供人员乘用或者用于运送物品以及进行工程专项作业的轮式车辆。

4. 非机动车

"非机动车",是指以人力或者畜力驱动,上道路行驶的交通工具,以及虽有动力装置驱动但设计最高时速、空车质量、外形尺寸符合有关国家标准的残疾人机动轮椅车、电动自行车等交通工具。

5. 道路交通安全管理法规

道路交通安全管理法规是指维护交通秩序,保障交通安全的交通规则、交通违法罚款以及其他有关交通安全的法律法规等。道路交通安全管理法规是规范交通安全关系的法律规范的总称。我国现行有关交通安全方面的法规主要包括《中华人民共和国道路交通安全法》《中华人民共和国道路交通安全法实施条例》《机动车登记规定》《机动车驾驶证申领和使用规定》《交通事故处理程序规定》《机动车交通事故责任强制保险条例》等。

6. 道路交通安全法

道路交通安全法有广义和狭义两种理解。

广义的道路交通安全法是指国家为对道路交通进行管理而制定的,调整人们在道路上的交通行为或参与交通有关的活动中所产生的各种关系的法律规范的总称。除了现行的道路交通安全法外,宪法、基本法和其他法律、法规有关道路交通安全的规定,对道路交通安全同样具有约束力。虽然这些法律、法规不是道路交通安全法典,但其有关道路交通安全的规定同样是广义的道路交通安全法的内容。

狭义的道路交通安全法是指国家颁布的《中华人民共和国道路交通安全法》。《中华人民共和国道路交通安全法》(以下简称《道路交通安全法》),于 2003 年 10 月 28 日经第十届全国人民代表大会常务委员会第五次会议通过,根据 2007 年 12 月 29 日第十届全国人民代表大会常务委员会第三十一次会议《关于修改〈中华人民共和国道路交通安全法〉的决定》第一次修正,根据 2011 年 4 月 22 日第十一届全国人民代表大会常务委员会第二十次会议《关于修改〈中华人民共和国道路交通安全法〉的决定》第二次修正。《道路交通安全法》共 8 章 124 条。

为配合《道路交通安全法》的实施,2004 年 4 月 30 日,国务院颁布《中华人民共和国道路交通安全法实施条例》(以下简称《道路交通安全法实施条例》)。

二、《道路交通安全法》的立法宗旨

《道路交通安全法》第 1 条规定:"为了维护道路交通秩序,预防和减少交通事故,保护人身安全,保护公民、法人和其他组织的财产安全及其他合法权益,提高通行效率,制定本法。"这体现了立法宗旨和目的。

1. 维护道路交通秩序

交通秩序,是指道路交通有条不紊、不混乱的状况。"秩序"是道路交通管理追求的目标之一。交通秩序主要通过交通执法的手段实现,交通秩序管理对确保交通安全、通畅、井然有序,避免交通拥堵,减少交通事故,维护广大交通参与者的合法权益,保障社会治安稳定都具有重要作用。

2. 预防和减少交通事故

交通事故(traffic accident),是指车辆在道路上因过错或者意外造成的人身伤亡或者财产损失的事件。交通事故不仅是由不特定的人员违反交通管理法规造成的,也可以是由于地震、台风、山洪、雷击等不可抗拒的自然灾害造成。

中国的车祸死亡率已经连续 10 多年保持世界第一,我们以世界 3% 的汽车保有量,制造了全球 16% 的死亡人数,中国已经成为世界上开车最危险的地方。造成当前道路交通事故高发的原因如下:

(1)汽车保有量增多。我国汽车保有量,尤其是私家车保有量逐年增加。据公安部交管局发布统计数据,截至 2015 年年底,全国机动车保有量达 2.79 亿辆,其中汽车 1.72 亿辆,新能源汽车 58.32 万辆;2015 年新注册登记的汽车达 2385 万辆,保有量净增 1781 万辆,均为历史最高水平。全国私家车保有量已达 1.24 亿辆,平均每百户家庭拥有 31 辆。此外,机动车驾驶人已达 3.27 亿人,其中汽车驾驶人超过 2.8 亿人。2011 年至 2015 年私家车保有量如图 4-1 所示。

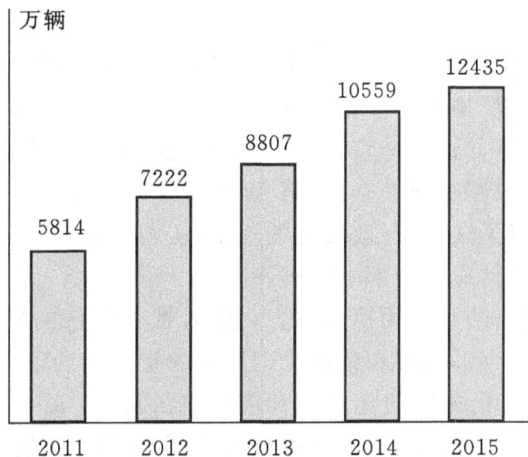

图 4-1 2011—2015 年私家车保有量

(2)人们的交通安全意识和交通法制意识淡薄。交通违章数量大,直接影响道路交通秩序、安全与畅通。特别是车辆驾驶人员的超载、超速、酒后驾驶、无证驾驶、疲劳驾驶等违章行为导致事故的发生,严重影响了交通秩序。据公安部发布的信息,2015 年春节 7 天假期间,各地共查处交通违法 54.8 万起,其中超速 19.2 万起,超员 1854 起,无证驾驶 1746 起,酒驾 3322 起,醉驾 243 起。

(3)驾驶培训实用性欠缺。交通管理应该规范驾校管理,注意教学的实用性。

通过完善道路交通安全法,加强交通安全教育,加强道路交通管理,提高道路交通执法能力,惩罚违法行为人,可以增强人们的安全意识和法律观念,从而有效预防和减少交通事故。

3. 保护公民、法人和其他组织的合法权益

保护公民、法人和其他组织的财产安全及其他合法权益,是我国法律制度的基本点,也是《道路交通安全法》的立法宗旨的基本方面。保护公民、法人和其他组织的财产安全及其他合法权益包括:预防和减少交通事故,使公民的人身安全,公民、法人和其他组织的财产安全得到保障;公民、法人和其他组织的通行权利、享受良好服务的权利得到尊重,不受侵害。

4. 提高通行效率

交通行为的目的是实现人和物的空间位移,以通达为目标。因此,交通行为本身和交通管理都是以提高道路的通行效率,保障有效通行为目标之一。现实中,道路的拥挤堵塞影响通行效率,制约交通行为。为提高交通管理效率和通行效率,《道路交通安全法》规定了公安机关交通管理部门应当采取科技手段,实施道路交通监控,鼓励和引导各地使用先进的交通和科技设施;还规定交通事故仅造成车辆之间轻微损失,事实清楚,当事人无争议的,可以自行撤离现场,恢复交通等,体现了改革和提高通行效率的精神。

总之,《道路交通安全法》就是为解决道路交通中的难题提供法律保障;通过规范道路交通行为,明确权利义务关系,保护道路交通参与人的合法权益;通过确定法律制度,增强道路交通的有效管理,提高管理水平;通过规范执法行为,增强公民的守法意识,保障道路交通的有序、安全和畅通。

三、《道路交通安全法》的基本原则

1. 依法管理

(1)依法行政,依法办事。《道路交通安全法》对公安机关交通管理部门及其交通警察的行为作出了具体规定,提出了严格的要求。《道路交通安全法》第79条规定:"公安机关交通管理部门及其交通警察实施道路交通安全管理,应当依据法定的职权和程序,简化办事手续,做到公正、严格、文明、高效。"《道路交通安全法》第82条规定:"公安机关交通管理部门依法实施罚款的行政处罚,应当依照有关法律、行政法规的规定,实施罚款决定与罚款收缴分离;收缴的罚款以及依法没收的违法所得,应当全部上缴国库。"

(2)控制执法的随意性,防止滥用执法权力。随着社会经济的发展,道路交通活动日益繁多和复杂,这就要求交通管理部门要在依法管理原则的指导和约束下执法,严格按照法律规定的范围、幅度、方式执法,防止执法的随意性和滥用自由裁量。《道路交通安全法》第78条规定,公安机关交通管理部门应当加强对交通警察的管理,提高交通警察的素质和管理道路交通的水平。

(3)对违法执法行为承担法律责任。

2. 方便群众

方便群众的原则,即便民的原则。在我国,公安机关交通管理部门的宗旨就是为人民服务。道路交通安全工作中的便民原则,就是要求公安机关交通管理部门在依法开展道路交通工作时,尽可能地为交通参与人提供便利和方便,从而保障交通参与人进行交通活动目的的顺利实现。

四、《道路交通安全法》的基本特点

《道路交通安全法》从我国道路交通的实际出发,在总结历史经验和借鉴国外一些发达国家的成功做法的基础上,对道路交通活动中交通参与人的权利义务关系进行了全面规范,具有以下特点:

1. 以保护交通参与人的合法权益为核心,突出保障交通安全,提高通行效率

从立法的指导思想、立法的目的以及内容上都体现了《道路交通安全法》的这一精髓:一是坚持以人为本,预防和减少交通事故,保护交通参与人的合法权益;二是提高通行效率,保障道

路交通的有序、畅通。

2.坚持道路交通统一管理，明确政府及其相关部门在道路交通中的管理职责

明确提出政府应当保障道路交通安全管理工作与经济建设和社会发展相适应；同时又具体地规定政府应当制定道路交通安全管理规划，并组织实施。

3.将交通安全宣传教育上升为法律规定

明确规定政府以及公安机关交通管理部门，机关、部队、企事业单位、社会团体等单位，教育行政部门、学校、新闻、出版、广播、电视等媒体的交通安全教育义务。这符合我国道路交通事业发展的内在要求，符合现代交通管理工作的特点。

4.倡导科学管理道路交通

改革开放以来，道路交通发生了深刻变化，随着社会的发展进步，尤其是随着高科技手段在社会各个领域的广泛应用，强化科技意识，运用科学技术，不断提高交通管理工作的科学化、现代化水平，已经成为未来道路交通发展的方向。因此，《道路交通安全法》中明确规定提倡加强科学研究，推广、使用先进的管理方法、技术和设备。

5.设立多种制度规范交通管理

通过设立机动车登记制度、检验制度、报废制度、保险制度、交通事故社会救助制度、机动车驾驶证许可制度、累积记分制度等来进一步规范交通管理行为，从法律制度上保障道路交通安全、畅通的实现。

6."以人为本"精神贯穿始终

在通行规范中重点规定了有助于培养规则意识、保护行人的通行规定；在交通事故处理方面对快速处理、自行协商解决、重点保护行人、非机动车驾驶人权益等内容作了重大改革。

7.明确规定了规范执法的监督保障体系

从组织建设、职权、执法程序、禁止性条款、监督、处罚和处分等方面作了系统规定，以解决社会和群众普遍关心的乱扣、乱罚问题。强化执法监督，将司法监督、社会公众监督、舆论监督等融入对交通管理执法的监督之中。

8.强化职能转变，简化事务性、收费性、审批性的工作事项

严禁公安机关交通管理部门及其交通警察举办或者参与举办驾驶学校或者驾驶培训班、机动车修理厂或者停车场等经营活动。

9.体现过罚相当的法律责任追究原则

统一规定了处罚的种类、强制措施的使用范围，对酒后驾车、超载、超速等严重影响交通安全的交通违法行为，规定了较为严厉的处罚。

五、车辆和驾驶人规定

1.机动车登记

机动车登记，是指登记机关经过审查，对符合有关法律、法规和安全标准规定的机动车进行车辆检验，发放、注销机动车号牌、行驶证和机动车登记证书。建立或注销机动车档案的审批程序。机动车属于行政许可，是机动车管理的重要组成部分，是道路交通安全管理工作的基础之一。做好机动车登记工作，对于保证道路交通安全，维护国家机动车产业政策，保障税收都具有重要意义。

(1)《道路交通安全法》第8条规定，国家对机动车实行登记制度。机动车经公安机关交通管理部门登记后，方可上道路行驶。《机动车登记规定》第5条规定："初次申领机动车号牌、行

驶证的,机动车所有人应当向住所地的车辆管理所申请注册登记。"

(2)尚未登记的机动车,需要临时上道路行驶的,应当取得临时通行牌证。

(3)公安机关交通管理部门负责机动车登记(军车、武警车辆的登记分别由中国人民解放军、中国人民武装警察部队车管部门负责)。

(4)机动车登记证书、号牌、行驶证的式样由国务院公安部门规定并监制。

2.机动车安全技术检验

(1)机动车注册登记前应当进行安全技术检验。《道路交通安全法》第10条规定:"准予登记的机动车应当符合机动车国家安全技术标准。申请机动车登记时,应当接受对该机动车的安全技术检验。但是,经国家机动车产品主管部门依据机动车国家安全技术标准认定的企业生产的机动车型,该车型的新车在出厂时经检验符合机动车国家安全技术标准,获得检验合格证的,免予安全技术检验。"《机动车登记规定》第6条规定:"机动车所有人应当到机动车安全技术检验机构对机动车进行安全技术检验,取得机动车安全技术检验合格证明后申请注册登记。"

(2)登记后上路行驶的机动车要定期检验。《道路交通安全法》第13条第1款规定:"对登记后上道路行驶的机动车,应当依照法律、行政法规的规定,根据车辆用途、载客载货数量、使用年限等不同情况,定期进行安全技术检验。对提供机动车行驶证和机动车第三者责任强制保险单的,机动车安全技术检验机构应当予以检验,任何单位不得附加其他条件。对符合机动车国家安全技术标准的,公安机关交通管理部门应当发给检验合格标志。"

(3)对机动车的安全技术检验实行社会化。具体办法由国务院规定。机动车安全技术检验实行社会化的地方,任何单位不得要求机动车到指定的场所进行检验。

(4)公安机关交通管理部门、机动车安全技术检验机构不得要求机动车到指定的场所进行维修、保养。

(5)机动车安全技术检验机构对机动车检验收取费用,应当严格执行国务院价格主管部门核定的收费标准。

3.机动车强制报废制度

(1)国家实行机动车强制报废制度。《道路交通安全法》第14条规定:"国家实行机动车强制报废制度,根据机动车的安全技术状况和不同用途,规定不同的报废标准。"

(2)应当报废的机动车必须及时办理注销登记。

(3)达到报废标准的机动车不得上道路行驶。报废的大型客、货车及其他营运车辆应当在公安机关交通管理部门的监督下解体。

《机动车强制报废标准规定》第4条规定:"已注册机动车有下列情形之一的应当强制报废,其所有人应当将机动车交售给报废机动车回收拆解企业,由报废机动车回收拆解企业按规定进行登记、拆解、销毁等处理,并将报废机动车登记证书、号牌、行驶证交公安机关交通管理部门注销:①达到本规定第5条规定使用年限的;②经修理和调整仍不符合机动车安全技术国家标准对在用车有关要求的;③经修理和调整或者采用控制技术后,向大气排放污染物或者噪声仍不符合国家标准对在用车有关要求的;④在检验有效期届满后连续3个机动车检验周期内未取得机动车检验合格标志的。"《机动车强制报废标准规定》第5条规定:"各类机动车使用年限分别如下:①小、微型出租客运汽车使用8年,中型出租客运汽车使用10年,大型出租客运汽车使用12年;②租赁载客汽车使用15年;③小型教练载客汽车使用10年,中型教练载客汽车使用 12 年,大型教练载客汽车使用 15 年;④公交客运汽车使用 13 年;⑤其他小、微型营运载客汽车使用 10 年,大、中型营运载客汽车使用 15 年;⑥专用校车使用 15 年;⑦大、中型非营运载客汽车(大型轿车除外)使用 20 年;⑧三轮汽车、装用单缸发动机的低速货车使用 9 年,装用多缸发动机的低速货车以及微型载货汽车使用 12 年,危险品运输载货汽车使用 10 年,其他载货汽车(包括半挂牵引车和全挂牵引车)使用 15 年;⑨有载货功能的专项作业车使用 15 年,无载货功能的专项作业车使用 30 年;⑩全挂车、危险品运输半挂车使用 10 年,集装箱半挂车 20 年,其他半挂车使用 15 年;⑪正三轮摩托车使用 12 年,其他摩托车使用 13 年。对小、微型出租客运汽车(纯电动汽车除外)和摩托车,省、自治区、直辖市人民政府有关部门可结合本地实际情况,制定严于上述使用年限的规定,但小、微型出租客运汽车不得低于 6 年,正三轮摩托车不得低于 10 年,其他摩托车不得低于 11 年。小、微型非营运载客汽车、大型非营运轿车、轮式专用机械车无使用年限限制。机动车使用年限起始日期按照注册登记日期计算,但自出厂之日起超过 2 年未办理注册登记手续的,按照出厂日期计算。"国家对达到一定行驶里程的机动车引导报废。

4. 对设立机动车第三者责任强制保险制度和道路交通事故社会求助基金的规定

《道路交通安全法》第 17 条规定:"国家实行机动车第三者责任强制保险制度,设立道路交通事故社会救助基金。具体办法由国务院规定。"《道路交通安全法》第 76 条第 1 款规定,机动车发生交通事故造成人身伤亡、财产损失的,由保险公司在机动车第三者责任强制保险责任限额范围内予以赔偿。

(1)机动车第三者责任强制保险。

①机动车第三者责任强制保险,首先是责任保险。同时,《道路交通安全法》规定的第三者责任保险又是强制的保险,即由法律直接加以规定、所有应当投保的机动车的所有人都必须参加的保险,而不是当事人自愿购买的保险。这样的强制责任保险除了法定(强制性)外,还具有以下法律特征:设立的目的不仅是为了通过分散风险的方式解脱被保险人的赔偿责任,而且还是为了填补受害人的损害,使其得到快捷、公正的赔偿;保险公司开办此项保险业务不以营利为目的,在保费与赔付之间总体应做到保本微利;保险公司不得拒绝特定人群的投保(拒绝交易);保险公司不得将该法定责任保险与其他商业保险捆绑销售;保险金额与保费由保监会做出指导性规定并随着经济发展适时调整。

②保险公司的诉讼地位。《道路交通安全法》第 76 条赋予了受害人以直接请求权,在保险责任限额内保险人对受害人负有直接支付义务。这种请求权是法定的请求权,并且独立存在。一旦发生诉讼,保险公司为直接共同被告。也就是说,受害人在保险事故发生后取得对保险公司的请求权来自于法律的直接规定(在强制保险场合),并且该请求权是一种独立的请求权。在程序法意义上,受害人在保险合同约定的赔偿范围内可以直接以原告的身份对保险公司提起赔偿诉讼,从而也有利于纠纷的及时解决。

③保险公司的赔付责任。《道路交通安全法》第 76 条第 1 款确立了保险公司对保险事故的无过错责任(或者严格责任)。对于该款规定的理解,以下两点值得注意:第一,参加了机动车第三者责任强制保险后,一旦发生交通事故导致他人人身伤害或者是财产损失,保险公司就应当首先予以赔偿,不论交通事故当事人各方是否有过错以及当事人的过错程度如何。免赔条款(如不可抗力)应当由保监会统一设定,保险公司不得任意设定免赔条款。第二,保险公司在机动车第三者责任强制保险责任限额范围内承担责任。如果交通事故所导致的各种损害

（包括人身伤亡和财产损失）超出了责任保险的责任限额，对于超出部分保险公司不予赔偿。只有超出责任限额的部分，才由交通事故当事人按照相应的归责原则进行分担。

（2）道路交通事故社会救助基金。

①求助基金的概念。道路交通事故社会救助基金（以下简称"救助基金"），是指依法筹集用于垫付机动车道路交通事故中受害人人身伤亡的丧葬费用、部分或者全部抢救费用的社会专项基金。

救助基金是《道路交通安全法》第17条规定的一项新制度。这项制度是机动车交通事故责任强制保险（以下简称"交强险"）制度的补充，旨在保证道路交通事故中受害人不能按照交强险制度和侵权人得到赔偿时，可以通过救助基金的救助，获得及时抢救或者适当补偿。建立这项制度，充分体现了国家和社会对公民生命安全和健康的关爱和救助，是一种新型社会保障制度。

②求助基金的来源。救助基金为政府基金，其来源主要是按照机动车交强险的保险费的一定比例提取的资金；地方政府按照保险公司经营交强险缴纳增值税数额给予的财政补助；对未按照规定投保交强险的机动车的所有人、管理人的罚款；救助基金孳息；救助基金管理机构依法向机动车道路交通事故责任人追偿的资金；社会捐款和其他资金。

③求助基金的垫付情形。有下列情形之一时，救助基金垫付道路交通事故中受害人人身伤亡的丧葬费用、部分或者全部抢救费用：抢救费用超过交强险责任限额的；肇事机动车未参加交强险的；机动车肇事后逃逸的。

④垫付程序。救助基金垫付抢救费用的基本程序：需要救助基金垫付部分或者全部抢救费用的，公安机关交通管理部门应当在3个工作日内书面通知救助基金管理机构。救助基金管理机构收到公安机关交通管理部门垫付通知和医疗机构垫付尚未结算抢救费用的申请及相关材料后，应当在5个工作日内进行审核，对符合垫付要求的，救助基金管理机构应当将相关费用划入医疗机构账户。需要强调的是，《道路交通安全法》第75条规定，医疗机构对交通事故中的受伤人员应当及时抢救，不得因抢救费用未及时支付而拖延救治。

救助基金垫付丧葬费用的基本程序：需要救助基金垫付丧葬费用的，由受害人亲属凭处理该道路交通事故的公安机关交通管理部门出具的尸体处理通知书和本人身份证明向救助基金管理机构提出书面垫付申请。救助基金管理机构收到丧葬费用垫付申请和有关证明材料后，对符合垫付要求的，应当在3个工作日内按照有关标准垫付丧葬费用，并书面告知处理该道路交通事故的公安机关交通管理部门。对无主或者无法确认身份的遗体，由公安部门按照有关规定处理。

5. 关于驾驶机动车资格的规定

机动车是高危交通工具，上路行驶对驾车者、乘客和路上包括非机动车驾驶者和行人等社会公众的人身财产安全都具有很大的威胁，驾驶机动车应当有驾驶证是国际惯例，也是保证交通安全的需要。《道路交通安全法》第19条规定，驾驶机动车，应当依法取得机动车驾驶证。

（1）机动车驾驶证。机动车驾驶证，简称"驾驶证"，又称作"驾照"，是指依法允许学习驾驶机动车的人员，经过学习，掌握了交通法规知识和驾驶技术后，经管理部门考试合格，核发许可驾驶某类机动车的法律凭证。

①驾驶证。驾驶证是上道路驾驶车辆的法定证件，驾驶证全国有效，有效期6年。初次领取驾驶证的第一年为实习期，实习期驾驶机动车有所限制。

②临时驾驶证。临时驾驶证是在规定期限和区域的道路上驾驶某种机动车的法定证件。持有国际或我国承认的驾驶执照的外国人,驾驶机动车临时入境旅游、比赛,以及我国港澳台人员驾驶机动车临时入境旅游、探亲等驾驶机动车的,必须向公安机关交通管理部门申领临时驾驶证。临时驾驶证有效期1年。

(2)关于申领驾驶证的规定。

①驾驶许可条件。《道路交通安全法》规定,申请机动车驾驶证,应当符合国务院公安部门规定的驾驶许可条件;经考试合格后,由公安机关交通管理部门发给相应类别的机动车驾驶证。《机动车驾驶证申领和使用规定》第12条规定,申请机动车驾驶证的人,应当符合下列规定:

a.年龄条件。申请小型汽车、小型自动挡汽车、残疾人专用小型自动挡载客汽车、轻便摩托车准驾车型的,在18周岁以上、70周岁以下;申请低速载货汽车、三轮汽车、普通三轮摩托车、普通二轮摩托车或者轮式自行机械车准驾车型的,在18周岁以上,60周岁以下;申请城市公交车、大型货车、无轨电车或者有轨电车准驾车型的,在20周岁以上,50周岁以下;申请中型客车准驾车型的,在21周岁以上,50周岁以下;申请牵引车准驾车型的,在24周岁以上,50周岁以下;申请大型客车准驾车型的,在26周岁以上,50周岁以下;接受全日制驾驶职业教育的学生,申请大型客车、牵引车准驾车型的,在20周岁以上,50周岁以下。

b.身体条件。身高:申请大型客车、牵引车、城市公交车、大型货车、无轨电车准驾车型的,身高为155厘米以上。申请中型客车准驾车型的,身高为150厘米以上。视力:申请大型客车、牵引车、城市公交车、中型客车、大型货车、无轨电车或者有轨电车准驾车型的,两眼裸视力或者矫正视力达到对数视力表5.0以上。申请其他准驾车型的,两眼裸视力或者矫正视力达到对数视力表4.9以上。单眼视力障碍,优眼裸视力或者矫正视力达到对数视力表5.0以上,且水平视野达到150度的,可以申请小型汽车、小型自动挡汽车、低速载货汽车、三轮汽车、残疾人专用小型自动挡载客汽车准驾车型的机动车驾驶证。辨色力:无红绿色盲。听力:两耳分别距音叉50厘米能辨别声源方向。有听力障碍但佩戴助听设备能够达到以上条件的,可以申请小型汽车、小型自动挡汽车准驾车型的机动车驾驶证。上肢:双手拇指健全,每只手其他手指必须有三指健全,肢体和手指运动功能正常。但手指末节残缺或者左手有三指健全,且双手手掌完整的,可以申请小型汽车、小型自动挡汽车、低速载货汽车、三轮汽车准驾车型的机动车驾驶证。下肢:双下肢健全且运动功能正常,不等长度不得大于5厘米。但左下肢缺失或者丧失运动功能的,可以申请小型自动挡汽车准驾车型的机动车驾驶证。躯干、颈部:无运动功能障碍。右下肢、双下肢缺失或者丧失运动功能但能够自主坐立,且上肢符合前述规定的,可以申请残疾人专用小型自动挡载客汽车准驾车型的机动车驾驶证。一只手掌缺失,另一只手拇指健全,其他手指有两指健全,上肢和手指运动功能正常,且下肢符合前述规定的,可以申请残疾人专用小型自动挡载客汽车准驾车型的机动车驾驶证。

有下列情形之一的,不得申请机动车驾驶证:有器质性心脏病、癫痫病、美尼尔氏症、眩晕症、癔病、震颤麻痹、精神病、痴呆以及影响肢体活动的神经系统疾病等妨碍安全驾驶疾病的;三年内有吸食、注射毒品行为或者解除强制隔离戒毒措施未满三年,或者长期服用依赖性精神药品成瘾尚未戒除的;造成交通事故后逃逸构成犯罪的;饮酒后或者醉酒驾驶机动车发生重大交通事故构成犯罪的;醉酒驾驶机动车或者饮酒后驾驶营运机动车依法被吊销机动车驾驶证未满五年的;醉酒驾驶营运机动车依法被吊销机动车驾驶证未满十年的;因其他情形依法被吊销机动车驾驶证未满二年的;驾驶许可依法被撤销未满三年的;法律、行政法规规定的其他情形。

②申领程序。根据《机动车驾驶证申领和使用规定》规定,申请时履行下列手续:初次申请机动车驾驶证,应当填写"机动车驾驶证申请表",并交验身份证明(居民身份证、护照等),持军队、武装警察部队机动车驾驶证的人申请机动车驾驶证还应当提交军队、武装警察部队核发的复员、转业、退伍证明;县级或者部队团级以上医疗机构出具的有关身体条件的证明,属于申请残疾人专用小型自动挡载客汽车的,应当提交经省级卫生主管部门指定的专门医疗机构出具的有关身体条件的证明。

③考试、核发驾驶证。根据《机动车驾驶证申领和使用规定》第25条规定:"申请人提交的证明、凭证齐全、符合法定形式的,车辆管理所应当受理,并按规定审核申请人的机动车驾驶证申请条件。属于第22条第2款规定情形的,还应当核查申请人的出入境记录;属于第24条第1款第1项至第5项规定情形之一的,还应当核查申请人的驾驶经历。对于符合申请条件的,车辆管理所应当按规定安排预约考试;不需要考试的,一日内核发机动车驾驶证。"

④考试、核发驾驶证的机构。民用机动车由公安机关交通管理部门考试和核发,拖拉机的驾驶证由农业(农业机械)主管部门考试和核发。

(3)关于持境外机动车驾驶证的人申请我国机动车驾驶证的规定。根据《机动车驾驶证申领和使用规定》第22条规定,持境外机动车驾驶证的人申请机动车驾驶证,应当填写"机动车驾驶证申请表",并提交以下证明、凭证:①申请人的身份证明。②县级以上医疗机构出具的有关身体条件的证明。属于外国驻华使馆、领馆人员及国际组织驻华代表机构人员申请的,按照外交对等原则执行。③所持机动车驾驶证。属于非中文表述的,还应当出具中文翻译文本。申请人属于内地居民的,还应当提交申请人的护照或者内地居民往来港澳通行证、大陆居民往来台湾通行证。

(4)关于驾驶人按准驾车型驾驶机动车及携带驾驶证的规定。驾驶人应当按照驾驶证载明的准驾车型驾驶机动车;驾驶机动车时,应当随身携带机动车驾驶证。目前,共有16种准驾车型。驾驶人驾驶某种类型机动车,必须取得相应的准驾车型的驾驶证或具有允许互驾该类机动车型的驾驶证。《机动车驾驶申请和使用规定》第9条规定:"机动车驾驶人准予驾驶的车型顺序依次分为:大型客车、牵引车、城市公交车、中型客车、大型货车、小型汽车、小型自动挡汽车、低速载货汽车、三轮汽车、残疾人专用小型自动挡载客汽车、普通三轮摩托车、普通二轮摩托车、轻便摩托车、轮式自行机械车、无轨电车和有轨电车。"

(5)其他部门和个人不得收缴、扣留机动车驾驶证的规定。根据《道路交通安全法》的规定,收缴、扣留机动车驾驶证只能由公安机关交通管理部门实施,公安机关交通管理部门以外的任何单位或者个人,不得收缴、扣留机动车驾驶证。收缴、扣留属于强制措施,在收缴、扣留机动车驾驶证后,按有关规定处理。

(6)关于驾驶人安全驾驶机动车的规定。要求上路前驾驶人对机动车进行安全检查,机动车行驶中要安全、文明。

《道路交通安全法》第21条规定:"驾驶人驾驶机动车上道路行驶前,应当对机动车的安全技术性能进行认真检查;不得驾驶安全设施不全或者机件不符合技术标准等具有安全隐患的机动车。"机动车安全技术检查是在车辆不解体的情况下对其转向系、行驶系、制动系、机动性能、坚固性能、操纵灵活性等方面进行检验,以确保车辆安全上路行驶。

①上路前对机动车的安全技术性能进行检查。安全技术性能,是指保证机动车安全行驶所必需的安全技术要求。主要通过人工检查,确定机动车装备的完整性(含照明、信号、喇叭、轮胎等)、各部件连接紧固情况以及总成技术状况,检查后视镜、刮水器、燃油、水箱、防冻液等情况。通过发动车辆、踩离合器、踩制动、挂挡、加油、打转向盘等,检查车辆的发动机、操纵性能、制动性能是否符合《机动车运行安全技术条件》。

《道路交通安全法实施条例》第 16 条规定,机动车应当从注册登记之日起,按照下列期限进行安全技术检验:营运载客汽车 5 年以内每年检验 1 次;超过 5 年的,每 6 个月检验 1 次;载货汽车和大型、中型非营运载客汽车 10 年以内每年检验 1 次;超过 10 年的,每 6 个月检验 1 次;小型、微型非营运载客汽车 6 年以内每 2 年检验 1 次;超过 6 年的,每年检验 1 次;超过 15 年的,每 6 个月检验 1 次;摩托车 4 年以内每 2 年检验 1 次;超过 4 年的,每年检验 1 次;拖拉机和其他机动车每年检验 1 次。营运机动车在规定检验期限内经安全技术检验合格的,不再重复进行安全技术检验。

通过检查,发现机动车安全设施不全或者机件不符合技术标准存在安全隐患的,不得上道路行驶。在检查完毕未发现问题而上道路行驶,行驶中又发现机动车有影响安全驾驶的故障或安全隐患的,应当立即停车处理,不得"带病行驶"。

②文明驾驶。《道路交通安全法》第 22 条规定:"机动车驾驶人应当遵守道路交通安全法律、法规的规定,按照操作规范安全驾驶、文明驾驶。饮酒、服用国家管制的精神药品或者麻醉药品,或者患有妨碍安全驾驶机动车的疾病,或者过度疲劳影响安全驾驶的,不得驾驶机动车。任何人不得强迫、指使、纵容驾驶人违反道路交通安全法律、法规和机动车安全驾驶要求驾驶机动车。"

驾驶人要牢记"预防为主,安全第一"的原则,注意对机动车的定期保养,经常维护,防患未然。发车前和收车后要养成检查车辆的好习惯,发现故障,及时修理,坚决杜绝车辆带病上路行驶。

六、道路通行条件规定

道路通行条件是指为保障道路交通有序、畅通而对道路、交通信号灯、交通标志、交通标志线及其他交通设施提出的基本要求。其中道路是通行各种车辆和行人的工程设施(包括道路配套设施、道路交通设施等硬件),是道路交通安全、畅通的基本通行条件。

1. 道路交通信号设置的规定

(1)道路交通信号全国统一。根据《道路交通安全法》第 25 条规定,全国实行统一的道路交通信号。交通信号包括交通信号灯、交通标志、交通标线和交通警察的指挥。

(2)交通信号灯、交通标志、交通标线的设置应当符合道路交通安全、畅通的要求和国家标准,并保持清晰、醒目、准确、完好。

(3)根据通行需要,应当及时增设、调换、更新道路交通信号。增设、调换、更新限制性的道路交通信号,应当提前向社会公告,广泛进行宣传。

(4)铁路与道路平面交叉的道口,应当设置警示灯、警示标志或者安全防护设施。无人看守的铁路道口,应当在距道口一定距离处设置警示标志。

(5)任何单位和个人不得擅自设置、移动、占用、损毁交通信号灯、交通标志、交通标线。

(6)道路两侧及隔离带上种植的树木或者其他植物,设置的广告牌、管线等,应当与交通设施保持必要的距离,不得遮挡路灯、交通信号灯、交通标志,不得妨碍安全视距,不得影响通行。

2. 对道路、停车场和道路配套设施的规划、设计、建设的要求

《道路交通安全法》第 29 条规定,道路、停车场和道路配套设施的规划、设计、建设,应当符合道路交通安全、畅通的要求,并根据交通需求及时调整。公安机关交通管理部门发现已经投入使用的道路存在交通事故频发路段,或者停车场、道路配套设施存在交通安全严重隐患的,应当及时向当地人民政府报告,并提出防范交通事故、消除隐患的建议,当地人民政府应当及时作出处理决定。《道路交通安全法》第30条规定,道路出现坍塌、坑漕、水毁、隆起等损毁或者交通信号灯、交通标志、交通标线等交通设施损毁、灭失的,道路、交通设施的养护部门或者管理部门应当设置警示标志并及时修复。公安机关交通管理部门发现前款情形,危及交通安全,尚未设置警示标志的,应当及时采取安全措施,疏导交通,并通知道路、交通设施的养护部门或者管理部门。

3.对占用道路的管理规定

(1)《道路交通安全法》第31条规定,未经许可,任何单位和个人不得占用道路从事非交通活动。《道路交通安全法》第32条第1款规定:"因工程建设需要占用、挖掘道路,或者跨越、穿越道路架设、增设管线设施,应当事先征得道路主管部门的同意;影响交通安全的,还应当征得公安机关交通管理部门的同意。"

(2)对施工的管理规定。《交通交通安全法》第32条第2款和第3款规定:"施工作业单位应当在经批准的路段和时间内施工作业,并在距离施工作业地点来车方向安全距离处设置明显的安全警示标志,采取防护措施;施工作业完毕,应当迅速清除道路上的障碍物,消除安全隐患,经道路主管部门和公安机关交通管理部门验收合格,符合通行要求后,方可恢复通行。对未中断交通的施工作业道路,公安机关交通管理部门应当加强交通安全监督检查,维护道路交通秩序。"

七、道路通行规定

道路通行规定包括道路通行的一般规定、机动车通行规定、非机动车通行规定、行人和乘车人通行规定、高速公路特别规定五个方面对道路通行作了基本的规范,提出了道路通行中最具稳定性、社会效果性的合理解决办法。同时,由于道路通行的具体规定技术性、操作性强,其中有的内容还会随着道路交通安全情况的发展而有所变化。

1.机动车、非机动车、行人各行其道

各行其道是交通秩序管理原则之一。即车辆、行人按照道路交通法规的规定,在准许通行的区域、道路或道路的某一部位上通行,是通行的基本原则之一。机动车、非机动车、行人按照道路的划分在各自的道路空间里通行,是将在道路上通行的各种交通流从空间上进行分离的措施,也是公安机关交通管理部门组织交通的重要手段。

车辆、行人之所以要分道通行,主要是由车辆、行人本身的因素决定的。一是车辆的外廓尺寸,即各种车辆的长度、宽度和高度不相同,有较宽的各种机动车,也有仅0.5~1.6米宽的各种非机动车;二是载重量不相同,有载重量几吨至几十吨,甚至百吨以上的大货车,也有载重量仅有几十千克的机动车或非机动车;三是行驶速度很不相同,有的机动车时速达100多公里,有的时速却只有十几公里;四是行人与车辆相比,行人是弱者,为保护行人通行的安全,有必要明确划出行人的通行空间。因此,为解决这些差别就要求在有条件的道路上划分机动车道、非机动车道和人行道,无条件的道路则规定其必须在各自的道路部位通行,这样才能减少交通参与者之间的相互干扰。此规定对于保护交通参与者的合法权益,保障交通安全,维护交通畅通有着十分重要的作用。

《道路交通安全法》第36条规定:"根据道路条件和通行需要,道路划分为机动车道、非机动车道和人行道的,机动车、非机动车、行人实行分道通行。没有划分机动车道、非机动车道和人行道的,机动车在道路中间通行,非机动车和行人在道路两侧通行。"《道路交通安全法》第

37条规定:"道路划设专用车道的,在专用车道内,只准许规定的车辆通行,其他车辆不得进入专用车道内行驶。"

(1)机动车道是指公路、城市道路的车行道(道路两侧之间或公路上铺装路面部分,专供车辆通行的)处自右侧第一条车辆分道线至中心线(无中心线的,以几何中心线为准)之间的车道,除特殊情况外,专供机动车行驶。

(2)非机动车道是指公路、城市道路上的车行道上自右侧人行道牙(线)至第一条车辆分道线(或隔离带、墩)之间或者在人行道上划出的车道,除特殊情况外,专供非机动车行驶。

(3)人行道(在城市有连续建筑群的街道)是指从标出车行道界线的路缘石、缘石(流水石)起至房基线高出车行道的部分,专供行人通行。在胡同(里巷)、公共广场、公共停车场、单位出口处将人行道截断部分,虽是行人和车辆共同通行的同一地带,但仍应视为是被截断了的人行道,车辆行经有行人通过此处时,须减速或停车让行,以保证安全。对人流超饱和的人行道,视情况还可将车行道划出一部分作为人行道,以护栏为界,禁止车辆驶入。

2.交通信号的规定

交通信号是指在道路上示意车辆、行人如何通行的各种交通指挥信息的总称。在道路交叉口上无法实现交通分离的地方设置交通信号,是用来在时间上给交通流分配通行权的交通指挥措施。交通信号的作用是科学分配道路上车辆、行人的通行权,交通信号可以使车辆有条不紊地行驶,减少拥堵,减少交通事故的发生,使得全部交通参与者能够井井有条地行驶,避免了交通拥堵带来的时间浪费以及交通事故带来的生命财产的损失。

道路交通安全法中规定的交通信号有交通信号灯、交通标志、交通标线、交通警察的指挥四种。

(1)交通信号灯。

①指挥灯信号。指挥信号灯是目前我国和世界各地普遍使用的信号,它的特点是灯色明快、光源较强、信号清晰、醒目、视认性好。

绿灯是"准许通行"信号,绿灯亮时,准许车辆、行人通行,但转弯的车辆不准妨碍直行的车辆和被放行的行人通行。

红灯是"禁止通行"信号。红灯亮时是停止信号,不准车辆、行人通行。

黄灯是绿灯信号已经熄灭,红灯即将发亮的"过渡信号"。黄灯亮时,不准车辆、行人通过,但为了清空路口以变换信号,对于已经超过停止线的车辆和已进入人行横道的行人,可以继续通行。

绿色箭头灯是绿灯中带有左转弯、直行、右转弯导向箭头的交通指挥灯信号,一般安装在交通繁杂、需要引导交通流的交叉路口。当其亮时,车辆均被允许按箭头所示方向通行。

黄灯闪烁时,该路口视为没有指挥灯控制的路口,车辆、行人须确保安全通行。

左转弯的车辆和T形路口无横道的直行车辆,在黄灯信号或红灯信号亮时,在不妨碍被放行的车辆和行人通行的情况下,可以通行。

②车道灯信号。由绿色箭头灯和红色叉形灯组成,设在需要单独指挥的车道上方,只对在该车道行驶的车辆起指挥作用。绿色箭头灯亮时,准许本车道车辆按指示方向通行。红色叉形灯或箭头灯亮,禁止本车道车辆通行。

③人行横道灯信号。主要设于交通繁杂的路口和路段,用于保证行人安全有序地横过马路。绿灯亮,准许行人通过人行横道。红灯亮,禁止行人进入人行横道,已经进入人行横道的,可以继续通过或者在道路中心线处停留等待。

④道路与铁路平交道口信号灯。两个红灯交替闪烁或一个红灯亮时,禁止车辆、行人通

行;红灯熄灭,允许车辆、行人通行。

(2)交通标志和标线。

①道路交通标志。道路交通标志,是指用图案、符号、数字和文字对交通进行导向、限制、警告或者指示的交通设施。其一般设置在路侧或道路上方,体现了交通安全法规的效力。合理设置道路交通标志,有利于调节交通流量,疏导交通,提高道路通行能力;预示道路状况,减少交通事故;节省能源,降低公害,美化路容。

道路交通标志分为主标志和辅助标志两大类。主标志又分为警告标志、禁令标志、指示标志、指路标志、旅游区标志和道路施工安全标志六种。辅助标志是在主标志无法完整表达或指示其内容时,为维护行车安全与交通畅通而设置的标志,为白底、黑字、黑边框,形状为长方形,附设在主标志下,起辅助说明作用。

②道路交通标线。道路交通标线,是指以规定的线条、箭头、文字、立面标记、突起路标或其他导向装置,划设于路面或其他设施上,用以管制和引导交通的设计。车辆驾驶人在道路上安全高速地行驶,有赖于道路线向的轮廓分明,在路面标线和视线诱导设施的指引下,建立了行进方向的参照系,车辆驾驶人对其视野范围中更远的道路走向树立了信心。因此,路面标线是引导驾驶人视线,管制驾驶人驾车行为的重要手段,它可以确保车流分道行驶,导流交通行驶方向,指引车辆在汇合或分流前进入合适的车道,加强车辆行驶纪律和秩序,促使更好地组织交通。正确设置交通标线能合理地利用道路有效面积,改善车流行驶条件,增加道路通行能力,减少交通事故。

(3)交通警察的指挥。

《道路交通安全法》第38条规定:"车辆、行人应当按照交通信号通行;遇有交通警察现场指挥时,应当按照交通警察的指挥通行;在没有交通信号的道路上,应当在确保安全、畅通的原则下通行。"这项规定说明交通警察的指挥信号优于交通信号灯的信号。

①交通指挥棒信号。交通指挥棒信号是交通警察在岗台上用指挥棒指挥交通的一种信号,包括直行信号、左转弯信号及停止信号。

a.直行信号示意图如图4-2所示。

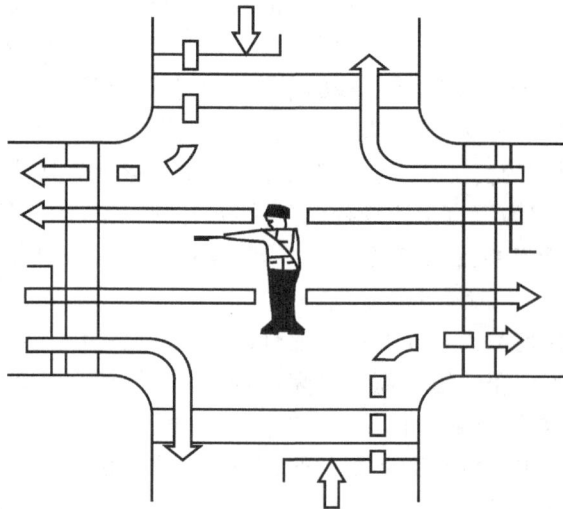

图4-2 直行信号示意图

b.左转弯信号。右手持棒向前平伸,准许左方车辆左转弯和直行的车辆通行;左手向右前方摆动时,准许车辆左小转弯,各方右转弯车辆和 T 形路口右边无横道的直行车辆,在不妨碍被放行车辆行驶的情况下,可以通行,如图 4-3 所示。

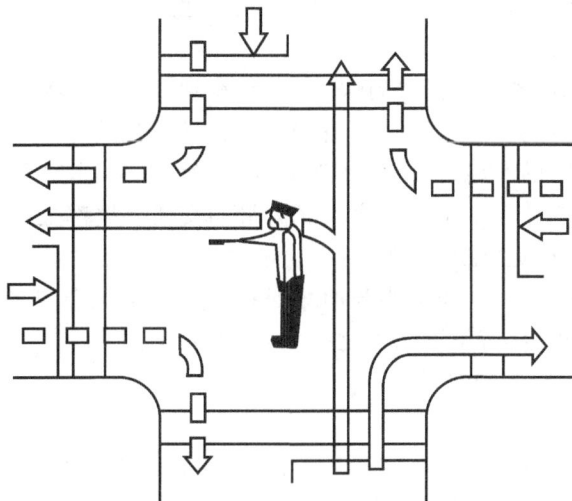

图 4-3　左转弯信号示意图

c.停止信号。右手持棒向上直伸,不准车辆通行,但已越过停车线的可以继续通行,如图 4-4 所示。

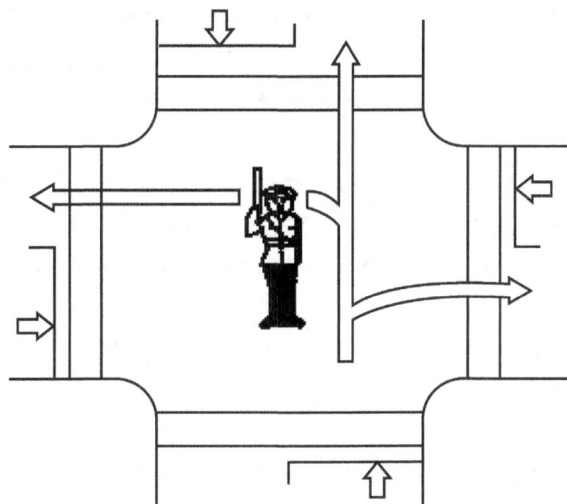

图 4-4　停止信号示意图

②手势信号。手势信号是道路交通安全法规定的交通信号之一,主要用于指挥、疏导交通,规范交通参与人的交通行为。

手势信号在各种交通信号中是产生最早的一种信号。它经历了由简到繁,由自由式到规范化的过程。在交通指挥信号已进入了自动化、现代化的今天,仍为许多国家保留使用。它的特点是:迅速灵活,运用广泛,一目了然,简便易懂,权威性高。

交通警察指挥手势信号分为八种,分别是:停止信号、直行信号、左转弯信号、左转弯待转信号、右转弯信号、变道信号、减速慢行信号、示意车辆靠边停车信号。在有交通警察指挥车辆的情况下,应按照交通警察的手势行车,而不能按照其他交通信号。

3. 机动车通行的规定

(1)严格按照限速标志规定的速度行驶。《道路交通安全法》第 42 条规定,机动车上道路行驶,不得超过限速标志标明的最高时速。在没有限速标志的路段,应当保持安全车速。夜间行驶或者在容易发生危险的路段行驶,以及遇有沙尘、冰雹、雨、雪、雾、结冰等气象条件时,应当降低行驶速度。俗话说:"十次事故九次快。"大量的交通事故都是与行车时没有按规定时速行驶有关,超速行驶可以说是"隐形杀手"。

(2)同车道行驶的机动车,后车应当与前车保持足以采取紧急制动措施的安全距离。《道路交通安全法》第 43 条规定,有下列情形之一的,不得超车:

①前车正在左转弯、掉头、超车的。

②与对面来车有会车可能的。

③前车为执行紧急任务的警车、消防车、救护车、工程救险车的。

④行经铁路道口、交叉路口、窄桥、弯道、陡坡、隧道、人行横道、市区交通流量大的路段等没有超车条件的。

(3)机动车通过交叉路口,应当按照交通信号灯、交通标志、交通标线或者交通警察的指挥通过;通过没有交通信号灯、交通标志、交通标线或者交通警察指挥的交叉路口时,应当减速慢行,并让行人和优先通行的车辆先行。

(4)机动车遇有前方车辆停车排队等候或者缓慢行驶时,不得借道超车或者占用对面车道,不得穿插等候的车辆。在车道减少的路段、路口,或者在没有交通信号灯、交通标志、交通标线或者交通警察指挥的交叉路口遇到停车排队等候或者缓慢行驶时,机动车应当依次交替通行。

(5)机动车通过铁路道口时,应当按照交通信号或者管理人员的指挥通行;没有交通信号或者管理人员的,应当减速或者停车,在确认安全后通过。

(6)机动车载物应当符合核定的载重量,严禁超载;载物的长、宽、高不得违反装载要求,不得遗洒、飘散载运物。

(7)机动车运载超限的不可解体的物品,影响交通安全的,应当按照公安机关交通管理部门指定的时间、路线、速度行驶,悬挂明显标志。在公路上运载超限的不可解体的物品,还应当依照公路法的规定执行。

(8)机动车行经人行横道时,应当减速行驶;遇行人正在通过人行横道,应当停车让行。机动车行经没有交通信号的道路时,遇行人横过道路,应当避让。

(9)机动车载运爆炸物品、易燃易爆化学物品以及剧毒、放射性等危险物品,应当经公安机关批准后,按指定的时间、路线、速度行驶,悬挂警示标志并采取必要的安全措施。

(10)机动车载人不得超过核定的人数,客运机动车不得违反规定载货。禁止货运机动车载客,货运机动车需要附载作业人员的,应当设置保护作业人员的安全措施。

(11)机动车行驶时,驾驶人、乘坐人员应当按规定使用安全带,摩托车驾驶人及乘坐人员应当按规定戴安全头盔。

(12)机动车在道路上发生故障,需要停车排除故障时,驾驶人应当立即开启危险报警闪光灯,将机动车移至不妨碍交通的地方停放;难以移动的,应当持续开启危险报警闪光灯,并在来车方向设置警告标志等措施扩大示警距离,必要时迅速报警。

4.非机动车通行规定

(1)驾驶非机动车在道路上行驶应当遵守有关交通安全的规定。非机动车应当在非机动车道内行驶;在没有非机动车道的道路上,应当靠车行道的右侧行驶。

(2)非机动车应当在规定地点停放。未设停放地点的,非机动车停放不得妨碍其他车辆和行人通行。

5.行人和乘车人通行规定

(1)行人应当在人行道内行走,没有人行道的靠路边行走。

(2)行人通过路口或者横过道路,应当走人行横道或者过街设施;通过有交通信号灯的人行横道,应当按照交通信号灯指示通行;通过没有交通信号灯、人行横道的路口,或者在没有过街设施的路段横过道路,应当在确认安全后通过。

(3)行人不得跨越、倚坐道路隔离设施,不得扒车、强行拦车或者实施妨碍道路交通安全的其他行为。

(4)行人通过铁路道口时,应当按照交通信号或者管理人员的指挥通行;没有交通信号和管理人员的,应当在确认无火车驶临后,迅速通过。

(5)乘车人不得携带易燃易爆等危险物品,不得向车外抛洒物品,不得有影响驾驶人安全驾驶的行为。

6.高速公路的特别规定

(1)行人、非机动车、拖拉机、轮式专用机械车、铰接式客车、全挂拖斗车以及其他设计最高时速低于70公里的机动车,不得进入高速公路。高速公路限速标志标明的最高时速不得超过120公里。

(2)机动车在高速公路上发生故障时,应当依照《道路交通安全法》第52条的有关规定办理;但是,警告标志应当设置在故障车来车方向150米以外,车上人员应当迅速转移到右侧路肩上或者应急车道内,并且迅速报警。

八、交通事故处理

交通事故处理是对车辆在道路上因过错或者意外造成的人身伤亡或者财产损失事件的处理。交通事故处理的依据就是《道路交通安全法》和《道路交通安全法实施条例》。

1.关于交通事故当事人现场处理措施的规定

《道路交通安全法》第70条分别对发生交通事故后当事人的现场义务、人身伤亡事故、无人身伤亡事故和轻微财产损失事故当事人的现场处理措施作出了规定。

(1)现场处理规定。在道路上发生交通事故,车辆驾驶人应当立即停车,保护现场;造成人身伤亡的,车辆驾驶人应当立即抢救受伤人员,并迅速报告执勤的交通警察或者公安机关交通管理部门。因抢救受伤人员变动现场的,应当标明位置。乘车人、过往车辆驾驶人、过往行人应当予以协助。

(2)撤离现场规定。在道路上发生交通事故,未造成人身伤亡,当事人对事实及成因无争议的,可以即行撤离现场,恢复交通,自行协商处理损害赔偿事宜;不即行撤离现场的,应当迅速报告执勤的交通警察或者公安机关交通管理部门。

在道路上发生交通事故,仅造成轻微财产损失,并且基本事实清楚的,当事人应当先撤离现场再进行协商处理。

关于撤离现场,《道路交通安全法实施条例》也有规定。其中第86条规定:"机动车与机动车、机动车与非机动车在道路上发生未造成人身伤亡的交通事故,当事人对事实及成因无争议的,在记录交通事故的时间、地点、对方当事人的姓名和联系方式、机动车牌号、驾驶证号、保险凭证号、碰撞部位,并共同签名后,撤离现场,自行协商损害赔偿事宜。当事人对交通事故事实及成因有争议的,应当迅速报警。"第89条规定:"公安机关交通管理部门或者交通警察接到交通事故报警,应当及时赶赴现场,对未造成人身伤亡,事实清楚,并且机动车可以移动的,应当在记录事故情况后责令当事人撤离现场,恢复交通。对拒不撤离现场的,予以强制撤离。"

2.关于报警的规定

(1)对未造成人身伤亡的交通事故,双方对事实及成因有争议的,应当迅速报警。

(2)驾驶人报警。《道路交通安全法实施条例》第88条规定,机动车发生交通事故,造成道路、供电、通讯等设施损毁的,驾驶人应当报警等候处理,不得驶离。

(3)目击证人和知情人报警。《道路交通安全法》第71条规定,车辆发生交通事故后逃逸的,事故现场目击人员和其他知情人员应当向公安机关交通管理部门或者交通警察举报。举报属实的,公安机关交通管理部门应当给予奖励。

3.关于现场勘查的规定

交通事故现场勘查,是指公安交通管理部门在接到交通事故报案到达事故现场后,对现场进行拍摄、收集证据的过程。现场勘查为正确处理交通事故提供合法、科学、真实、有效的依据。参与交通事故现场勘查的交通警察一般不少于两人,交通警察调查道路交通事故时,应当客观、全面、及时、合法地收集证据。

公安交通管理部门接到报案后,应当做好报案记录,对情况进行大致了解,属于重大、特大交通事故的,应及时向上级公安机关交通管理部门或相关部门报告。不属于自己管辖的,将案件移送至主管部门,且及时通知报案的相关当事人。

经现场勘查,案件确属交通事故的,应填写"交通事故立案登记表"。不属于交通事故的案件,经负责人批准,应书面通知当事人。

勘查人员到达现场后,首先应当立即进行伤者及财物的抢救;然后收集物证、寻找目睹事故发生的证人,并制作勘查材料;最后清点现场遗留的物品,做好清理疏散工作,恢复道路的正常通行。

现场勘查内容包括以下几个方面:

①勘查事故现场,查明事故车辆、当事人、道路及其空间关系和事故发生时的天气情况。

②固定、提取或者保全现场证据材料。

③查找当事人、证人进行询问,并制作询问笔录。

④进行其他调查工作。

交通警察勘查道路交通事故现场,应当按照有关法规和标准的规定,拍摄现场照片,绘制现场图,提取痕迹、物证,制作现场勘查笔录。发生一次死亡三人以上道路交通事故的,应当进行现场摄像。

现场图、现场勘查笔录应当由参加勘查的交通警察、当事人或者见证人签名。当事人、见证人拒绝签名或者无法签名以及无见证人的,应当记录在案。

痕迹或者证据可能因时间、地点、气象等原因导致灭失的,交通警察应当及时固定、提取或者保全。

车辆驾驶人有饮酒或者服用国家管制的精神药品、麻醉药品嫌疑的,公安交管部门应当按照相关规定及时抽血或者提取尿样,送交有检验资格的机构进行检验。车辆驾驶人当场死亡的,应当及时抽血检验。

交通警察应当检查当事人的身份证件、机动车驾驶证、机动车行驶证、保险标志等。对交通肇事嫌疑人可以依法进行传唤。

4. 事故处理程序

(1)接警后赶赴现场。《道路交通安全法实施条例》第89条规定和《道路交通安全法》第72条对此均有规定。公安机关交通管理部门或者交通警察接到交通事故报警,应当及时赶赴现场,对未造成人身伤亡,事实清楚,并且机动车可以移动的,应当在记录事故情况后责令当事人撤离现场,恢复交通。对拒不撤离现场的,予以强制撤离。

对属于上述规定情况的道路交通事故,交通警察可以适用简易程序处理,并当场出具事故认定书。当事人共同请求调解的,交通警察可以当场对损害赔偿争议进行调解。

(2)勘查、勘验及鉴定。对道路交通事故造成人员伤亡和财产损失需要勘验、检查现场的,公安机关交通管理部门应当按照勘查现场工作规范进行。现场勘查完毕,应当组织清理现场,恢复交通。

交通警察应当对交通事故现场进行勘验、检查,收集证据;因收集证据的需要,可以扣留事故车辆,但是应当妥善保管,以备核查。

对当事人的生理、精神状况等专业性较强的检验,公安机关交通管理部门应当委托专门机构进行鉴定。鉴定结论应当由鉴定人签名。

(3)制作事故认定书。《道路交通安全法》第73条规定,公安机关交通管理部门应当根据交通事故现场勘验、检查、调查情况和有关的检验、鉴定结论,及时制作交通事故认定书,作为处理交通事故的证据。交通事故认定书应当载明交通事故的基本事实、成因和当事人的责任,并送达当事人。

(4)调解与诉讼。对交通事故损害赔偿的争议,当事人可以请求公安机关交通管理部门调解,也可以直接向人民法院提起民事诉讼。经公安机关交通管理部门调解,当事人未达成协议或者调解书生效后不履行的,当事人可以向人民法院提起民事诉讼。

交通事故处理的简易程序和一般程序分别如图4-5和图4-6所示。

5. 交通事故损害赔偿规定

(1)及时抢救受伤人员及保险公司支付和社会求助基金垫付规定。《道路交通安全法》第75条规定:"医疗机构对交通事故中的受伤人员应当及时抢救,不得因抢救费用未及时支付而拖延救治。肇事车辆参加机动车第三者责任强制保险的,由保险公司在责任限额范围内支付抢救费用;抢救费用超过责任限额的,未参加机动车第三者责任强制保险或者肇事后逃逸的,由道路交通事故社会救助基金先行垫付部分或者全部抢救费用,道路交通事故社会救助基金管理机构有权向交通事故责任人追偿。"

(2)交强险赔付不足时的赔偿责任。《道路交通安全法》第76条规定,机动车发生交通事故造成人身伤亡、财产损失的,由保险公司在机动车第三者责任强制保险责任限额范围内予以赔偿;不足的部分,按照下列规定承担赔偿责任:

```
                    ┌────────────────────────────┐
                    │  发生适用简易程序处理的交通事故  │
                    └────────────────────────────┘
```

当事人对事实及成因有争议   当事人对事实及成因无争议
或公共设施受损的

┌────────┐   ┌──────────┐
│立即报警│   │自行撤离现场│
└────────┘   └──────────┘

┌──────────────────────┐
│标明事故车辆位置,将车   │
│辆移至不妨碍交通的地点 │
└──────────────────────┘

┌──────────┐   ┌────────────────────┐
│经协商未达 │   │填写交通事故发生的时 │
│成协议   │   │间、地点、天气、当事人姓│
└──────────┘   │名、机动车驾驶证号、联系│
                    │方式、机动车牌号、保险凭│
┌──────────────────────┐ │证号、交通事故形态、碰撞│
│交通警察到达现场后制作事故认│ │部位等内容的协议书或者 │
│定书,当场交付当事人   │ │文字记录,共同签名   │
└──────────────────────┘ └────────────────────┘

┌──────────────────┐ ┌──────────────┐
│对当事人的交通违法行为│ │当事人对事故   │
│实施行政处罚   │ │认定有异议的   │
└──────────────────┘ └──────────────┘

                      ┌──────────────┐   ┌──────────────┐
                      │当事人不同意   │   │不适用调解的,在事│
                      │由交警调解的   │   │故认定书上载明情况│
                      └──────────────┘   │后交付当事人   │
┌──────────────────┐ ┌──────────────┐ └──────────────┘
│当事人共同请求调解   │ │当事人拒绝   │
│的,当场进行调解   │ │签字的   │   ┌──────┐
└──────────────────┘ └──────────────┘   │自行 │
                                                        │协商 │
┌────────┐ ┌──────────────┐   │赔偿 │
│调解   │ │调解未达成协   │ ┌──────────────────┐   │数额 │
│达成   │ │议或调解达成   │ │当事人可向人民法院 │ 未能成达协议或 │及赔 │
│协议   │ │协议不履行的   │ │提起民事诉讼   │ 达成协议不履行的│偿方 │
│的   │ └──────────────┘ └──────────────────┘   │式   │
└────────┘   └──────┘

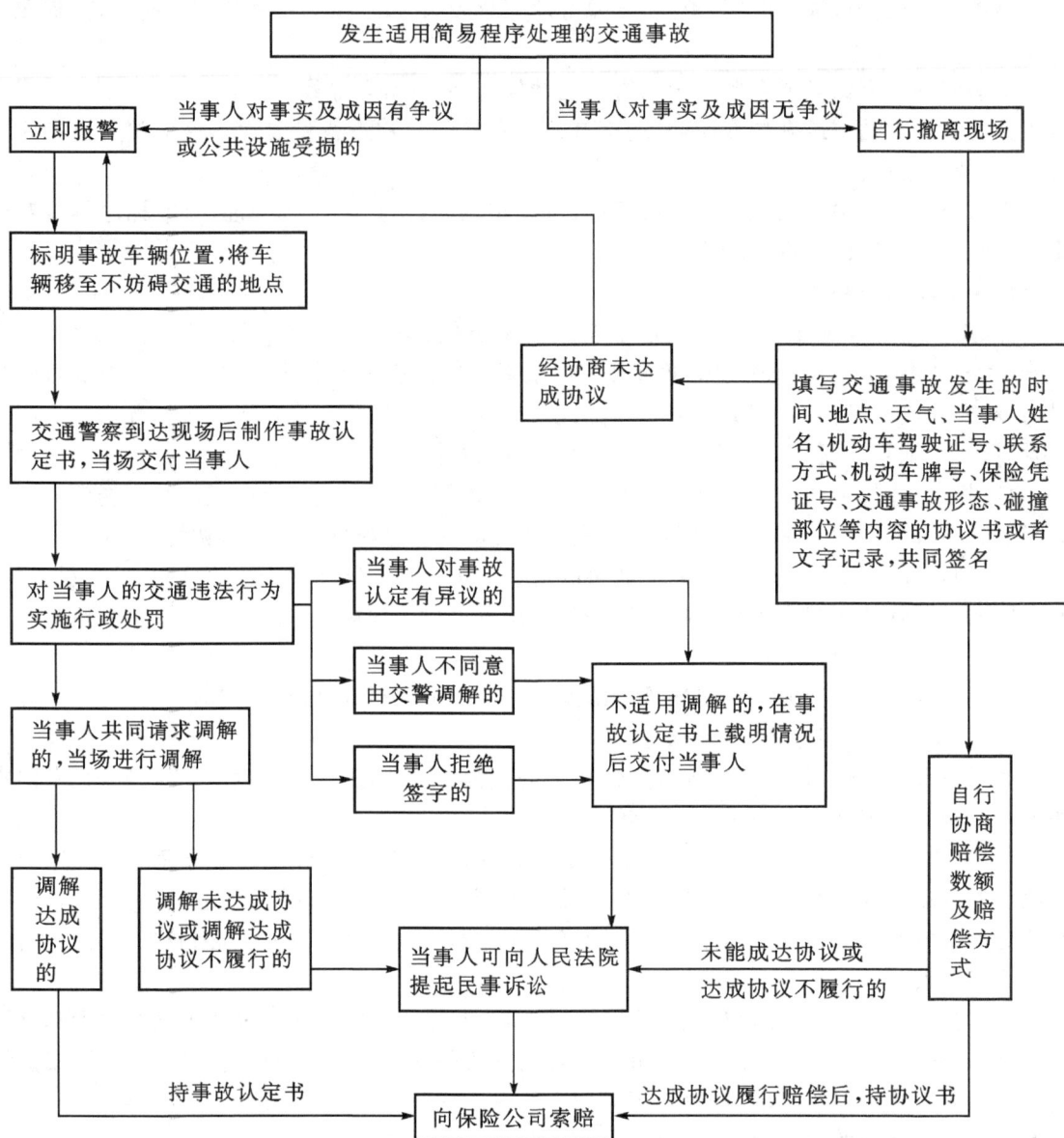

     持事故认定书   达成协议履行赔偿后,持协议书
              ┌──────────────┐
              │向保险公司索赔 │
              └──────────────┘
```

图 4-5 交通事故处理流程图(简易程序办理案件)

①机动车之间发生交通事故的,由有过错的一方承担赔偿责任;双方都有过错的,按照各自过错的比例分担责任。

②机动车与非机动车驾驶人、行人之间发生交通事故,非机动车驾驶人、行人没有过错的,由机动车一方承担赔偿责任;有证据证明非机动车驾驶人、行人有过错的,根据过错程度适当减轻机动车一方的赔偿责任;机动车一方没有过错的,承担不超过百分之十的赔偿责任。

③交通事故的损失是由非机动车驾驶人、行人故意碰撞机动车造成的,机动车一方不承担赔偿责任。
```

发生致人员伤亡的,财产损失较大的,当事人受轻微伤但是对事故事实及成因有争议的道路交通事故;或驾车人有无证、饮酒、服用国家管制药品的;或机动车无号牌、无检验合格、保险标志的

报案

应当暂扣或吊销驾驶证的,可扣留当事人的机动车驾驶证。因收集证据的需要,可暂扣机动车及机动车行驶证及其他物证

对交通事故进行调查及检验鉴定

组织人员抢救伤者,协助相关部门处理现场;交警对现场进行勘查,清理

需要检验、鉴定的,五日内委托相关部门进行检验、鉴定,并应当在20日内完成;经上级公安交通管理部门批准可延长10日

涉及人员死亡的在检验完成后十日内办理丧葬事宜,逾期不办理的,经县级公安机关负责人批准,由公安机关处理尸体

不需要进行检验鉴定的,十日内制作交通事故认定书

在接到检验鉴定结果后二日内将检验鉴定结论复印送达当事人;当事人对检验鉴定结论有异议的,可在三日内申请重新检验鉴定

检验鉴定结论确定后五日内制作交通事故认定书

未涉嫌犯罪

对当事人的交通违法行为实施行政处罚

涉嫌犯罪

将案件移送人民检察院审查起诉,同时受害人亲属可提起附带民事诉讼请求

当事人可在接到交通事故认定书后十日内书面提出调解申请或直接向人民法院提起民事诉讼

公安机关应在调解时间三日前通知当事人

未达成协议的制作调解终结书送达当事人。当事人可向人民法院提起民事诉讼

组织调解

达成协议不履行或当事人对检验、鉴定、交通事故认定有异议的不予调解,告知当事人向人民法院提起民事诉讼

达成协议的制作调解书

结案

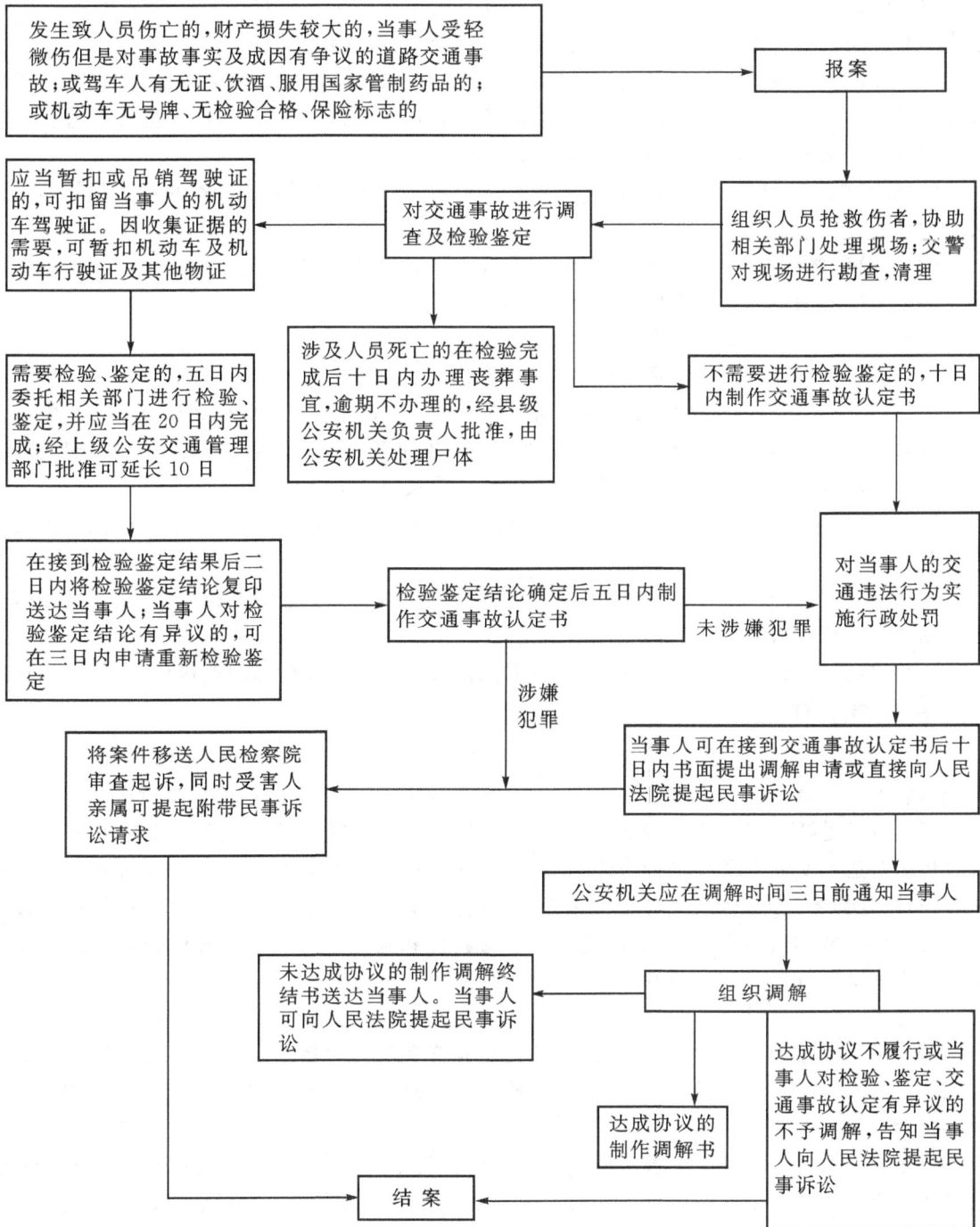

图4-6　交通事故处理流程图(一般程序办理案件)

九、执法监督

执法监督是关于交通警察队伍管理和值勤执法要求的规范。要防止滥用权力、以权谋私、徇私枉法以及权力得益化、权力人格化,就必须建立监督体制和机制。在内部监督方面,严格

实行执法监督、执法考评、错案责任追究制度,在外部实行社会各界对执法进行评议的制度,通过执法监督使交通警察确立有权就有责、用权受监督、侵权须赔偿的观念。

对公安机关交通管理部门及其交通警察的监督有多种形式,主要有党的监督、权力机关的监督、司法机关的监督、新闻媒体的监督、群众的监督以及行政机关内部各级监督。这些监督方式在改善执法活动、提高执法水平方面发挥了重要的作用。

(1)公安机关交通管理部门应当加强对交通警察的管理,提高交通警察的素质和管理道路交通的水平。

(2)交通警察调查处理道路交通安全违法行为和交通事故,有下列情形之一的,应当回避:

①是本案的当事人或者当事人的近亲属。

②本人或者其近亲属与本案有利害关系。

③与本案当事人有其他关系,可能影响案件的公正处理。

(3)公安机关交通管理部门及其交通警察执行职务,应当自觉接受社会和公民的监督。任何单位和个人都有权对公安机关交通管理部门及其交通警察不严格执法以及违法违纪行为进行检举、控告。收到检举、控告的机关,应当依据职责及时查处。

(4)公安机关交通管理部门及其交通警察的行政执法活动,应当接受行政监察机关依法实施的监督。

(5)公安机关督察部门应当对公安机关交通管理部门及其交通警察执行法律、法规和遵守纪律的情况依法进行监督。

(6)上级公安机关交通管理部门应当对下级公安机关交通管理部门的执法活动进行监督。

十、法律责任

公安机关交通管理部门及其交通警察对道路交通安全违法行为,应当及时纠正。公安机关交通管理部门及其交通警察应当依据事实和《道路交通安全法》的有关规定对道路交通安全违法行为予以处罚。对于情节轻微,未影响道路通行的,指出违法行为,给予口头警告后放行。公安机关对道路交通安全违法行为的处罚属于行政处罚,应当遵守《中华人民共和国行政处罚法》对行政处罚各类的设定。《道路交通安全法》将对道路交通安全违法行为处罚的种类设定为警告、罚款、暂扣机动车驾驶证、吊销机动车驾驶证和拘留五种。这五种处罚必须由公安机关交通管理部门依照法定的条件和程序作出裁决。

1.警告

警告是治安管理处罚的一种,是公安机关交通管理部门对违反道路交通安全行为人的告诫,是对道路交通安全违法行为最轻的一种处罚,主要适用于初犯和偶犯。当违法情节轻微,且危害后果较小的,适用警告。

警告有口头警告和书面警告两种形式。口头警告不用制作行政处罚决定书,只由交通警察口头对道路交通安全违法行为人进行训诫。书面警告由公安机关交通管理部门及其交通警察应当制作行政处罚决定书,并送达当事人。对道路交通安全违法行为警告处罚,通常由交通警察当场作出。

(1)行人、乘车人、非机动车驾驶人违反道路交通安全法律、法规关于道路通行规定的,处警告或者5元以上50元以下罚款;非机动车驾驶人拒绝接受罚款处罚的,可以扣留其非机动车。

(2)机动车驾驶人违反道路交通安全法律、法规关于道路通行规定的,处警告或者20元以上 200 以下罚款。《道路交通安全法》另有规定的，依照规定处罚。

（3）对违反道路交通安全法律、法规关于机动车停放、临时停车规定的，可以指出违法行为，并予以口头警告，令其立即驶离。

2. 罚款

罚款，是强制违反行政部门法律法规或者规章的违法分子，在 15 日内或者当场缴付一定数额的金钱的行政处罚或者治安管理处罚方法。道路交通安全违法行为的罚款是公安机关交通管理部门依照道路交通安全法律、法规的规定，对道路交通安全违法行为人限令其在一定期限内向国家交纳一定数额金钱的处罚方式。

对于罚款限额，《道路交通安全法》有两种规定方式：一是明确规定罚款的最低和最高限额；二是规定罚款额为行为人违法所得的倍数。对于道路交通安全违法行为人所实施的单项道路交通安全违法行为最高罚款限额为 5000 元，最低罚款限额为 5 元；或者最高罚款限额为行为人违法所得的 10 倍，最低罚款限额为行为人违法所得的 2 倍。当一个道路交通安全违法行为人实施了不同的道路交通安全违法行为时，依据分别裁决、合并执行的原则，罚款的数额可以超过上述最高限额的限制。同时，根据道路交通安全法行为危害性的大小，道路交通安全法设定了不同的罚款档次。

（1）《道路交通安全法》第 92 条规定，公路客运车辆载客超过额定乘员的，处 200 元以上 500 元以下罚款；超过额定乘员百分之二十或者违反规定载货的，处 500 元以上 2000 元以下罚款。

（2）货运机动车超过核定载质量的，处 200 元以上 500 元以下罚款；超过核定载质量百分之三十或者违反规定载客的，处 500 元以上 2000 元以下罚款。

（3）运输单位的车辆有上述两项规定的情形，经处罚不改的，对直接负责的主管人员处 2000 元以上 5000 元以下罚款。

（4）对违反道路交通安全法律、法规关于机动车停放、临时停车规定的，机动车驾驶人不在现场或者虽在现场但拒绝立即驶离，妨碍其他车辆、行人通行的，处 20 元以上 200 元以下罚款，并可以将该机动车拖移至不妨碍交通的地点或者公安机关交通管理部门指定的地点停放。

3. 暂扣机动车驾驶证

暂扣机动车驾驶证，是指公安机关交通管理部门依法对道路交通违法行为人在一定时间内暂停其机动车驾驶资格的处罚方式。公安机关实施扣留机动车驾驶证行政强制措施以后，在法定期限内对违法事实进行调查，应给予当事人暂扣机动车驾驶证处罚的，由县级以上（含）公安机关交通管理部门作出决定。对机动车驾驶人给予暂扣机动车驾驶证处罚的，应当在处罚决定后 15 日内，将机动车驾驶证转至核发地车辆管理所，暂扣期满后按规定程序发还机动车驾驶证。

4. 吊销机动车驾驶证

吊销机动车驾驶证，是指依法取得驾驶证后，出现法定事由被依法吊销的情形，如重特大交通事故当中承担一半以上责任者按规定应当吊销驾驶证，是对当事人驾驶资格最严厉的一种处罚，即对于实施了严重道路交通安全违法行为的机动车驾驶人停止其驾驶资格的处罚方式。暂扣驾驶证和吊销驾驶证的主要区别在于重新获得驾驶证时履行的手续和要求不同，被吊销机动车驾驶证后至少两年不能考，吊销期满后重新申领，应按照初次申领机动车驾驶证对待，所有科目重考。暂扣机动车驾驶证记 12 分，按照规定重新学习考试科目一并合格，暂扣期满可取证,而不是重新申领。暂扣期间一定不能开车,否则视为无证驾驶。

(1)饮酒后驾驶机动车的,处暂扣六个月机动车驾驶证,并处 1000 元以上 2000 元以下罚款。因饮酒后驾驶机动车被处罚,再次饮酒后驾驶机动车的,处十日以下拘留,并处 1000 元以上 2000 元以下罚款,吊销机动车驾驶证。

(2)醉酒驾驶机动车的,由公安机关交通管理部门约束至酒醒,吊销机动车驾驶证,依法追究刑事责任;五年内不得重新取得机动车驾驶证。

(3)饮酒后驾驶营运机动车的,处 15 日拘留,并处 5000 元罚款,吊销机动车驾驶证,五年内不得重新取得机动车驾驶证。

(4)醉酒驾驶营运机动车的,由公安机关交通管理部门约束至酒醒,吊销机动车驾驶证,依法追究刑事责任;十年内不得重新取得机动车驾驶证,重新取得机动车驾驶证后,不得驾驶营运机动车。

(5)饮酒后或者醉酒驾驶机动车发生重大交通事故,构成犯罪的,依法追究刑事责任,并由公安机关交通管理部门吊销机动车驾驶证,终生不得重新取得机动车驾驶证。

(6)违反道路交通安全法律、法规的规定,发生重大交通事故,构成犯罪的,依法追究刑事责任,并由公安机关交通管理部门吊销机动车驾驶证。造成交通事故后逃逸的,由公安机关交通管理部门吊销机动车驾驶证,且终生不得重新取得机动车驾驶证。

5.拘留

拘留,是指扣留、拘禁,是公安机关在紧急时刻对需要受侦查的人依法暂时扣押;行政拘留指将违反治安管理的人关在公安机关拘留所内,一般 1 至 15 天,合并处罚最长不超过 20 日。行政拘留也称治安拘留,是最严厉的行政处罚,只适用于有严重道路交通安全违法行为的人。对于道路交通安全违法行为人实施的拘留处罚应以县、市公安局、公安分局或者相当于县一级的公安机关的名义裁决。被处罚的人对处罚决定不服的,可以依法申请行政复议或者提起行政诉讼。

(1)伪造、变造或者使用伪造、变造的机动车登记证书、号牌、行驶证、驾驶证的,由公安机关交通管理部门予以收缴,扣留该机动车,处 15 日以下拘留,并处 2000 元以上 5000 元以下罚款;构成犯罪的,依法追究刑事责任。

(2)伪造、变造或者使用伪造、变造的检验合格标志、保险标志的,由公安机关交通管理部门予以收缴,扣留该机动车,处 10 日以下拘留,并处 1000 元以上 3000 元以下罚款;构成犯罪的,依法追究刑事责任。

(3)《道路交通安全法》第 99 条规定有下列行为之一的,由公安机关交通管理部门处 200 元以上 2000 元以下罚款:

①未取得机动车驾驶证、机动车驾驶证被吊销或者机动车驾驶证被暂扣期间驾驶机动车的;

②将机动车交由未取得机动车驾驶证或者机动车驾驶证被吊销、暂扣的人驾驶的;

③造成交通事故后逃逸,尚不构成犯罪的;

④机动车行驶超过规定时速百分之五十的;

⑤强迫机动车驾驶人违反道路交通安全法律、法规和机动车安全驾驶要求驾驶机动车,造成交通事故,尚不构成犯罪的;

⑥违反交通管制的规定强行通行,不听劝阻的;

⑦故意损毁、移动、涂改交通设施,造成危害后果,尚不构成犯罪的;

⑧非法拦截、扣留机动车辆,不听劝阻,造成交通严重阻塞或者较大财产损失的。

行为人有上述第2项、第4项情形之一的,可以并处吊销机动车驾驶证;有第1项、第3项、第5项至第8项情形之一的,可以并处15日以下拘留。

> **思考**
>
> 《道路交通安全法》有什么作用?

知识拓展

《道路交通安全法》相关规定

第13条　对登记后上道路行驶的机动车,应当依照法律、行政法规的规定,根据车辆用途、载客载货数量、使用年限等不同情况,定期进行安全技术检验。对提供机动车行驶证和机动车第三者责任强制保险单的,机动车安全技术检验机构应当予以检验,任何单位不得附加其他条件。经检验符合机动车国家安全技术标准,且机动车没有未处理的交通事故和道路交通安全违法行为记录的,公安机关交通管理部门应当核发给机动车检验合格标志。

对机动车的安全技术检验实行社会化。具体办法由国务院规定。

机动车安全技术检验实行社会化的地方,任何单位不得要求机动车到指定的场所进行检验。

公安机关交通管理部门、机动车安全技术检验机构不得要求机动车到指定的场所进行维修、保养。

机动车安全技术检验机构对机动车检验收取费用,应当严格执行国务院价格主管部门核定的收费标准。

在允许拖拉机通行的道路上,拖拉机可以从事货运,但是不得用于载人。

第45条　机动车遇有前方车辆停车排队等候或者缓慢行驶时,不得借道超车或者占用对面车道,不得穿插等候的车辆。在车道减少的路段、路口,或者在没有交通信号灯、交通标志、交通标线或者交通警察指挥的交叉路口遇到停车排队等候或者缓慢行驶时,机动车应当依次交替通行。

第55条　高速公路、大中城市中心城区内的道路,禁止拖拉机通行。其他禁止拖拉机通行的道路,由省、自治区、直辖市人民政府根据当地实际情况规定。

第104条　未经批准,擅自挖掘道路、占用道路施工或者从事其他影响道路交通安全活动的,由道路主管部门责令停止违法行为,并恢复原状,可以依法给予罚款;致使通行的人员、车辆及其他财产遭受损失的,依法承担赔偿责任。

有前款行为,影响道路交通安全活动的,公安机关交通管理部门可以责令停止违法行为,迅速恢复交通。

第105条　道路施工作业或者道路出现损毁,未及时设置警示标志、未采取防护措施,或者应当设置交通信号灯、交通标志、交通标线而没有设置或者应当及时变更交通信号灯、交通标志、交通标线而没有及时变更,致使通行的人员、车辆及其他财产遭受损失的,负有相关职责的单位应当依法承担赔偿责任。

第107条　对道路交通违法行为人予以警告、二百元以下罚款,交通警察可以当场作出行政处罚决定,并出具行政处罚决定书。

行政处罚决定书应当载明当事人的违法事实、行政处罚的依据、处罚内容、时间、地点以及处罚机关名称,并由执法人员签名或者盖章。

第108条 当事人应当自收到罚款的行政处罚决定书之日起15日内,到指定的银行缴纳罚款。

对行人、乘车人和非机动车驾驶人的罚款,当事人无异议的,可以当场予以收缴罚款。

罚款应当开具省、自治区、直辖市财政部门统一制发的罚款收据;不出具财政部门统一制发的罚款收据的,当事人有权拒绝缴纳罚款。

第111条 对违反本法规定予以拘留的行政处罚,由县、市公安局、公安分局或者相当于县一级的公安机关裁决。

第112条 公安机关交通管理部门扣留机动车、非机动车,应当当场出具凭证,并告知当事人在规定期限内到公安机关交通管理部门接受处理。

公安机关交通管理部门对被扣留的车辆应当妥善保管,不得使用。

逾期不来接受处理,并且经公告三个月仍不来接受处理的,对扣留的车辆依法处理。

第115条 交通警察有下列行为之一的,依法给予行政处分:

(1)为不符合法定条件的机动车发放机动车登记证书、号牌、行驶证、检验合格标志的;

(2)批准不符合法定条件的机动车安装、使用警车、消防车、救护车、工程救险车的警报器、标志灯具,喷涂标志图案的;

(3)为不符合驾驶许可条件、未经考试或者考试不合格人员发放机动车驾驶证的;

(4)不执行罚款决定与罚款收缴分离制度或者不按规定将依法收取的费用、收缴的罚款及没收的违法所得全部上缴国库的;

(5)举办或者参与举办驾驶学校或者驾驶培训班、机动车修理厂或者收费停车场等经营活动的;

(6)利用职务上的便利收受他人财物或者谋取其他利益的;

(7)违法扣留车辆、机动车行驶证、驾驶证、车辆号牌的;

(8)使用依法扣留的车辆的;

(9)当场收取罚款不开具罚款收据或者不如实填写罚款额的;

(10)徇私舞弊,不公正处理交通事故的;

(11)故意刁难,拖延办理机动车牌证的;

(12)非执行紧急任务时使用警报器、标志灯具的;

(13)违反规定拦截、检查正常行驶的车辆的;

(14)非执行紧急公务时拦截搭乘机动车的;

(15)不履行法定职责的。

公安机关交通管理部门有前款所列行为之一的,对直接负责的主管人员和其他直接责任人员给予相应的行政处分。

《道路交通安全法实施条例》相关规定

第88条 机动车发生交通事故,造成道路、供电、通讯等设施损毁的,驾驶人应当报警等候处理,不得驶离。机动车可以移动的,应当将机动车移至不妨碍交通的地点。公安机关交通管理部门应当将事故有关情况通知有关部门。

第 90 条　投保机动车第三者责任强制保险的机动车发生交通事故,因抢救受伤人员需要保险公司支付抢救费用的,由公安机关交通管理部门通知保险公司。

抢救受伤人员需要道路交通事故救助基金垫付费用的,由公安机关交通管理部门通知道路交通事故社会救助基金管理机构。

第 91 条　公安机关交通管理部门应当根据交通事故当事人的行为对发生交通事故所起的作用以及过错的严重程度,确定当事人的责任。

第 92 条　发生交通事故后当事人逃逸的,逃逸的当事人承担全部责任。但是,有证据证明对方当事人也有过错的,可以减轻责任。

当事人故意破坏、伪造现场、毁灭证据的,承担全部责任。

案例分析

1. 课堂任务操作

针对导入案例,进行分组讨论:

(1)分析案情;

(2)找出适用的法律法规条款;

(3)根据法律法规条款的规定分析案例。

2. 课外任务

查阅《道路交通安全法》《道路交通安全法实施条例》《道路交通事故处理程序》相关规定。

思考讨论

1.《道路交通安全法》对行人、机动车驾驶员和非机动车驾驶员分别作了哪些规定?

2.简述道路交通安全违法行为处罚的种类。

任务2　机动车辆保险与交通事故理赔

案例导入

2015 年 3 月 16 日,赵某为其持有机动车向保险公司购买了交强险、商业第三者责任险(保险赔偿限额为 20 万元),保险期限为一年。2016 年 1 月 21 日,赵某将其投保的机动车借给张某(拥有合法驾驶证)使用,张某驾驶该车辆在牡丹区柯兰路与同行的骑自行车黄某发生碰撞,造成黄某严重伤残、自己机动车损坏的交通事故。交警部门作出的交通事故认定为:张某对此事故负全部责任。张某赔偿了黄某医疗费和伤残补助金,而后向保险公司申请赔偿。保险公司以张某非保险合同相对人为由拒绝赔偿而将赔偿金给予赵某。张某诉至法院。

思考:法院该如何判决?

相关知识

一、保险的含义

保险(insurance),本意是稳妥可靠保障;后延伸成一种保障机制,是用来规划人生财务的一种工具,是市场经济条件下风险管理的基本手段,是金融体系和社会保障体系的重要支柱。

《中华人民共和国保险法》(以下简称《保险法》)将保险定义为:"保险,是指投保人根据合同约定,向保险人支付保险费,保险人对于合同约定的可能发生的事故因其发生所造成的财产损失承担赔偿保险金责任,或者被保险人死亡、伤残、疾病或者达到合同约定的年龄、期限等条件时承担给付保险金责任的商业保险行为。"

从经济角度看,保险是分摊意外事故损失的一种财务安排;从法律角度看,保险是一种合同行为,是一方同意补偿另一方损失的一种合同安排;从社会角度看,保险是社会经济保障制度的重要组成部分,是社会生产和社会生活"精巧的稳定器";从风险管理角度看,保险是风险管理的一种方法。

二、保险形式的分类

1.公营保险与民营保险

依保险经营主体分类,保险可以分为公营保险与民营保险。公营保险又分为国家经营的保险和地方政府或自治团体经营的保险,包括国家强制设立的保险机关经营的保险或国家机关提供补助金的保险。民营保险是由私人投资经营的保险,其形式主要有股份保险公司、相互保险公司、保险合作社和个人经营的保险等。

2.营利保险与非营利保险

依保险经营性质分类,保险可以分为营利保险与非营利保险。营利保险又称商业保险,是指保险业者以营利为目的经营的保险。股份公司经营的保险属于最常见的一种营利保险。非营利保险又称非商业保险,经营此保险的目的不是营利,而一般是出于某种特定的目的,由政府资助营运,以保证经济的协调发展和安定社会秩序为目标而实施的保险保障计划,如社会保险、政策保险等;或者以保证加入保险者的相互利益为目的而办理的保险,如相互保险、合作保险等。

3.原保险、再保险、重复保险和共同保险

依业务承保方式分类,保险可以区分为原保险、再保险、重复保险和共同保险。

(1)原保险。原保险是指投保人与保险人直接签订保险合同而建立保险关系的一种保险。在原保险关系中,保险需求者将风险转嫁给保险人,当保险标的遭受保险责任范围内的损失时,保险人直接对被保险人负损失赔偿责任。

(2)再保险。再保险,简称分保,是指保险人将其承担的保险业务,部分或全部转移给其他保险人的一种保险。再保险是保险的一种派生形式。原保险是再保险的基础和前提,再保险是原保险的后盾和支柱。

(3)重复保险。重复保险是指投保人以同一保险标的、同一保险利益、同一风险事故分别与数个保险人订立保险合同,且保险金额总和超过保险价值的一种保险。

(4)共同保险。共同保险,指几个保险人,就同一保险利益、同一风险共同缔结保险合同的一种保险。在实务中,数个保险人可能以某一家保险公司的名义签发一张保险单,然后每一家保险公司对保险事故损失按比例分担责任。

共同保险与再保险的区别在于:

①反映的保险关系不同。共同保险反映的是各保险人与投保人之间的关系,这种关系是一种直接的法律关系;再保险反映的是原保险人与再保险人之间的关系,再保险接受人与原投保人之间并不发生直接的关系。

②对风险的分摊方式不同。共同保险的各保险公司对其承担风险责任的分摊是第一次分摊,而再保险则是对风险责任进行的第二次分摊;共同保险是风险的横向分摊,再保险则为风险的纵向分摊。

4.定额保险与损失保险

依赔付形式分类,保险可以分为定额保险与损失保险。定额保险是指在保险合同订立时,由保险双方当事人协商确定一定的保险金额,当保险事故发生时,保险人依照预先确定的金额给付保险金的一种保险。定额保险一般适用于人身保险。损失保险是指在保险事故发生后,由保险人根据保险标的实际损失额而支付保险金的一种保险。损失保险一般适用于财产保险。

5.自愿保险与法定保险、社会保险与商业保险、普通保险与政策性保险

依保险政策分类,保险可以区分为自愿保险与法定保险、社会保险与商业保险、普通保险与政策保险。

(1)自愿保险与法定保险。自愿保险也称任意保险,是指保险双方当事人通过签订保险合同,或是需要保险保障的人自愿组合、实施的一种保险。自愿保险的保险关系,是当事人之间自由决定、彼此合意后所成立的合同关系。投保人可以自行决定是否投保、向谁投保、中途退保等,也可以自由选择保障范围、保障程度和保险期限等。保险人也可以根据情况自愿决定是否承保、怎样承保,并且自由选择保险标的、选择设定投保条件等。法定保险又称强制保险,是国家对一定的对象以法律、法令或条例规定其必须投保的一种保险。法定保险的保险关系不是产生于投保人与保险人之间的合同行为,而是产生于国家或政府的法律效力。法定保险的范围可以是全国性的,也可以是地方性的。法定保险的实施方式有两种选择,或是保险对象与保险人均由法律规定;或是保险对象由法律限定,但投保人可以自由选择保险人。法定保险具有全面性与统一性的特征。

(2)社会保险与商业保险。社会保险是指国家或政府通过立法形式,采取强制手段对全体公民或劳动者因遭遇年老、疾病、生育、伤残、失业和死亡等社会特定风险而暂时或永久失去劳动能力、失去生活来源或中断劳动收入时的基本生活需要提供经济保障的一种制度,其主要项目包括养老保险、医疗保险、失业保险和工伤保险等。商业保险就是通常意义上的保险。

(3)普通保险与政策性保险。普通保险是指基于个人或经济单位风险保障的需要,经过自由选择而形成保险关系的一种保险。普通保险的保险关系的形成不含有执行规定的国家政策的成分。政策性保险则是政府为了政策上的目的,运用普通保险的技术而开办的一种保险。政策性保险的种类包括社会政策保险和经济政策保险两大类,具体项目有社会保险、国民生活保险、农业保险、进出口信用保险等。

6.财产保险与人身保险

依立法形式分类,保险可以分为财产保险与人身保险。前者包括财产损失保险、责任保险、信用保险等;后者包括人寿保险、健康保险、意外伤害保险等。财产保险与人身保险的划分,在不同的国家,或在同一国家的不同时期,又有不同的称谓,如损失保险与人身保险;损害保险与人寿保险;财产、意外保险与人寿、健康保险等。

三、保险合同

1.保险合同的概念

合同,也称契约,是平等主体的当事人为了实现一定的目的,以双方或多方意思表示一致设立、变更和终止权利义务关系的协议。

《保险法》第10条规定："保险合同是投保人与保险人约定保险权利义务关系的协议。"根据保险合同的约定,收取保险费是保险人的基本权利,赔偿或给付保险金是保险人的基本义务;与此相对应的,交付保险费是投保人的基本义务,请求赔偿或给付保险金是被保险人的基本权利。当事人必须严格履行保险合同。

2. 保险合同的主体

保险合同的主体分为保险合同当事人、保险合同关系人和保险合同辅助人三类。

(1)合同当事人。

①保险人。保险人也称承保人,是指经营保险业务,与投保人订立保险合同,收取保费,组织保险基金,并在保险事故发生或者保险合同届满后,对被保险人赔偿损失或给付保险金的保险公司。保险人具有以下特征:保险人仅指从事保险业务的保险公司,其资格的取得只能是符合法律的严格规定;保险人有权收取保险费;保险人有履行承担保险责任或给付保险金的义务。

②投保人。投保人也称"要保人",是指与保险人订立保险合同,并按照合同约定负有支付保险费义务的人。在人身保险合同中,投保人对被保险人必须具有保险利益;在财产保险合同中,投保人对保险标的要具有保险利益。投保人必须具备以下两个条件:具备民事权利能力和民事行为能力;承担支付保险费的义务。

(2)合同关系人。

①被保险人。被保险人俗称"保户",是指受保险合同保障并享有保险金请求权的人。被保险人具有以下特征:第一,被保险人是保险事故发生时遭受损失的人。在人身保险中,被保险人是其生命或健康因危险事故的发生而遭受直接损失的人;在财产保险中,被保险人必须是财产的所有人或其他权利人。第二,被保险人是享有保险金请求权的人。第三,被保险人的资格一般不受限制,被保险人可以是投保人自己,也可以是投保人以外的第三人;被保险人也可以是无民事行为能力人,但是在人身保险中,只有父母才可以为无民事行为能力人投保以被保险人死亡为给付保险金条件的保险。

②受益人。受益人是指在人身保险合同中有被保险人或者投保人指定的享有保险金请求权的人,投保人、被保险人或者第三人都可以成为受益人。受益人具有以下特征:第一,受益人享有保险金请求权;第二,受益人由被保险人或者投保人指定;第三,受益人的资格一般没有资格限制,受益人无需受民事行为能力或保险利益的限制,但是若投保者为与其由劳动关系的人投保人身保险时,不得指定被保险人及其近亲属以外的人为受益人。

(3)合同辅助人。

①保险代理人。保险代理人,即保险人的代理人,指依保险代理合同或授权书向保险人收取报酬,并在规定范围内,以保险人名义独立经营保险业务的人。保险代理是一种特殊的代理制度,表现在:保险代理人与保险人在法律上视为一人;保险代理人所知道的事情,都假定为保险人所知的;保险代理必须采用书面形式。保险代理人既可以是单位也可以是个人,但须经国家主管机关核准具有代理人资格。

②保险经纪人。保险经纪人是基于投保人的利益,为投保人和保险人订立合同提供中介服务,收取劳务报酬的人。

③保险公证人。保险公证人是指为投保人、被保险人或保险人办理对保险标的的勘验、鉴

定、估价和保险赔款理算提供证明的人。

3.保险合同的客体

保险利益是保险合同的客体。

客体是指在民事法律关系中主体享受权利和履行义务时共同指向的对象。客体在一般合同中成为标的,即物、行为、智力成果等。保险合同虽属民事法律关系范畴,但它的客体不是保险标的本身,而是投保人或者被保险人对保险标的的具有的法律上承认的利益,即保险利益。

4.保险合同的成立

《合同法》第 13 条规定:"当事人订立合同,采取要约、承诺的方式。"《保险法》第 13 条规定:"投保人提出保险要求,经保险人同意承保,保险合同成立。"依照这一规定,保险合同的一般成立要件有三:其一,投保人提出保险要求;其二 ,保险人同意承保;其三,保险人与投保人就合同的条款达成协议。这三个要件,实质上仍是合同法所规定的要约和承诺过程。因此,保险合同原则上应当在当事人通过要约和承诺的方式达成意思一致时即告成立。

5.保险合同的效力

保险合同中的"保险合同生效"与"保险合同成立"是两个不同的概念。保险合同成立,是指合同当事人就保险合同的主要条款达成一致协议;保险合同生效,指合同条款对当事人双方已发生法律上的效力,要求当事人双方恪守合同,全面履行合同规定的义务。保险合同的成立与生效的关系有两种:一是合同一经成立即生效,双方便开始享有权利,承担义务;二是合同成立后不立即生效,而是等到保险合同生效的附条件成立或附期限到达后才生效。

我国采取的是"零时起保制",即合同成立后的次日零时,或附条件成立或附期限到达后的次日零时起生效。

6.保险合同的基本内容

(1)保险合同当事人和关系人的名称和住所。这是关于保险人、投保人、被保险人和受益人基本情况的条款,其名称和住所必须在保险合同中详加记载,以便保险合同订立后,能有效行使权利和履行义务。因为在保险合同订立后,凡有对保险费的请求支付、风险增加的告知、风险发生原因的调查、保险金的给付等,都会涉及当事人和关系人的姓名及住所事项,同时也涉及发生争议时的诉讼管辖和涉外争议的法律适用等问题。但在一些保险利益可随保险标的的转让而转移于受让人的运输货物保险合同中,投保人在填写其姓名的同时,可标明"或其指定人"字样,该保险单可由投保人背书转让。此外,货物运输保险合同的保险单还可以采取无记名式,随保险货物的转移而转移给第三人。在保险合同中应载明名称、住所的一般是对投保人、被保险人和受益人而言。保险人的名称、住所已在保险单上印就。

(2)保险标的。明确了保险标的,有利于判断投保人对保险标的的是否具有保险利益。所以,保险合同必须载明保险标的。财产保险合同中的保险标的是指物、责任、信用;人身保险合同中的保险标的是指被保险人的寿命和身体。

(3)保险责任和责任免除。保险责任是指在保险合同中载明的对于保险标的的在约定的保险事故发生时,保险人应承担的经济赔偿和给付保险金的责任。一般都在保险条款中予以列举。保险责任明确的是,哪些风险的实际发生造成了被保险人的经济损失或人身伤亡,保险人应承担赔偿或给付责任。保险责任通常包括基本责任和特约责任。责任免除是对保险人承担责任的限制,即指保险人不负赔偿和给付责任的范围。责任免除明确的是哪些风险事故的发生造成的财产损失或人身伤亡与保险人的赔付责任无关,主要包括法定和约定的责任免除条件。其一般分为四种类型:第一,不承保的风险,如现行企业财产基本险中,保险人对地震引起的保险财产损失不承担赔偿责任。第二,不承担赔偿责任的损失,即损失免除。如正常维修、保养引起的费用及间接损失,保险人不承担赔偿责任。第三,不承保的标的,包括绝对不保的标的,如土地、矿藏等,以及可特约承保的标的,如金银、珠宝等。第四,投保人或被保险人未履行合同规定义务的责任免除。

(4)保险期间和保险责任开始时间。保险期间是指保险合同的有效期间,即保险人为被保险人提供保险保障的起讫时间。一般可以按自然日期计算,也可按一个运行期、一个工程期或一个生长期计算。保险期间是计算保险费的依据,也是保险人履行保险责任的基本依据之一。保险责任开始时间是指保险人开始承担保险责任的起点时间,通常以某年、某月、某日、某时表示。《保险法》第14条规定:"保险合同成立后,投保人按照约定交付保险费;保险人按照约定的时间开始承担保险责任。"即保险责任开始的时间由双方在保险合同中约定。在保险实务中,保险责任的开始时间可能与保险期间一致,也可能不一致。如寿险合同中大多规定有观察期,保险人承担保险责任的时间自观察期结束后开始。

(5)保险价值。保险价值是指保险合同双方当事人订立保险合同时作为确定保险金额基础的保险标的的价值,即投保人对保险标的所享有的保险利益用货币估计的价值额。在财产保险中,一般情况下,保险价值就是保险标的的实际价值;在人身保险中,由于人的生命难以用客观的价值标准来衡量,所以不存在保险价值的问题,发生保险事故时,以双方当事人约定的最高限额核定给付标准。

(6)保险金额。保险金额是保险人计算保险费的依据,也是保险人承担赔偿或者给付保险金责任的最高限额。在不同的保险合同中,保险金额的确定方法有所不同。在财产保险中,保险金额要根据保险价值来确定;在责任保险和信用保险中,一般由保险双方当事人在签订保险合同时依据保险标的的具体情况商定一个最高赔偿限额,还有些责任保险在投保时并不确定保险金额;在人身保险中,由于人的生命价值难以用货币来衡量,所以不能依据人的生命价值确定保险金额,而是根据被保险人的经济保障需要与投保人支付保险费的能力,由保险双方当事人协商确定保险金额。需要注意的是,保险金额只是保险人负责赔偿或给付的最高限额,保险人实际赔偿或给付的保险金数额只能小于或等于保险金额,而不能大于保险金额。

(7)保险费以及支付办法。保险费是指投保人支付的作为保险人承担保险责任的代价。交纳保险费是投保人的基本义务。保险合同中必须规定保险费的交纳办法及交纳时间。财产保险一般为订约时一次付清保险费;长期寿险既可以订约时一次性交保险费,也可以订约时先付第一期保险费,在订约后的双方约定的期间内采用定期交付定额或递增、递减保险费等办法。投保人支付保险费的多少是由保险金额的大小和保险费率的高低以及保险期限等因素决定的。保险费率是指保险人在一定时期按一定保险金额收取保险费的比例,通常用百分率或千分率来表示;保险费率一般由纯费率和附加费率两部分组成。纯费率也称"净费率",是保险费率的基本部分。在财产保险中,主要是依据保险金额损失率(损失赔偿金额与保险金额的比例)来确定;在长期寿险中,则是根据人的预定死亡(生存)率和预定利率等因素来确定。附加费率是指一定时期内保险人业务经营费用和预定利润的总数同保险金额的比率。

(8)保险金赔偿或给付办法。保险金赔偿或给付办法即保险赔付的具体规定,是保险人在保险标的遭遇保险事故,致使被保险人经济损失或人身伤亡时,依据法定或约定的方式、标准或数额向被保险人或其受益人支付保险金的方法。它是实现保险经济补偿和给付职能的体现,也是保险人的最基本义务。

(9)违约责任和争议处理。违约责任是指保险合同当事人因其过错致使合同不能履行或不能完全履行,即违反保险合同规定的义务而应承担的责任。保险合同作为最大诚信合同,违约责任条款在其中的作用更加重要,因此,在保险合同中必须予以载明。争议处理条款是指用以解决保险合同纠纷适用的条款。争议处理的方式一般有协商、仲裁、诉讼等。

(10)订立合同的年、月、日。订立合同的年、月、日,通常是指合同的生效时间,以此确定投保人是否有保险利益、保险费的交付期等。在特定情况下,订立合同的年、月、日,对核实赔案事实真相可以起到关键作用。

四、机动车辆保险

机动车辆保险,又称汽车保险,是财产保险的一种,它是以机动车辆本身及机动车辆的第三者责任为保险标的的一种运输工具保险。机动车辆保险产生于19世纪末。世界上最早签发的机动车辆保险单,是1895年由英国"法律意外保险公司"签发的、保险费为10英镑到100英镑的汽车第三者责任保险单,但汽车火险可以在增加保险费的条件下加保。

1.机动车辆保险的对象

机动车辆保险的保险对象为:经交通管理部门检验合格并具有有效行驶证和号牌的机动车辆。在我国,机动车辆保险所承保的机动车辆是指汽车、电车、电瓶车、摩托车、拖拉机、各种专用机械车和特种车等。

按使用性质不同,机动车辆分为营业车辆和非营业车辆;按所有权不同分为公有车辆和私有车辆;按机动车的种类不同则分为汽车、电车、电瓶车、摩托车、拖拉机、各种专用机械车和特种车。

2.机动车辆保险的标的

车辆损失险的保险标的是各种机动车;第三者责任险的保险标的是保险车辆因意外事故致使他人遭受人身伤亡或财产的直接损失依法应负的赔偿责任。

3.机动车辆保险的主要特点

机动车辆保险属于不定值保险;机动车辆保险的赔偿方式主要是修复;机动车辆保险赔偿中采用绝对免赔方式;机动车辆保险采用无赔款优待方式;机动车辆保险中的交强险采用强制保险的方式。

4.车辆损失险投保人、被保险人义务

(1)订立保险合同时,投保人应当向保险人如实告知涉及保险车辆的重要事项及投保人和被保险人等的相关情况。投保人对重要事项及投保人和被保险人等相关情况未如实告知足以影响到保险人的合理收费的,发生保险事故时,保险人按照保险单项下的相关保险费与应交保险费的比例计算赔款。重要事项指投保车辆的车主、厂牌型号、车辆类型、核定载质量、新车购置价、新车初次登记年月、上期保险期限内的赔款记录等。

(2)投保人应在保险合同签订时一次性交清保险费;保险单另有约定的,应在约定时限内交清保险费。否则,对于保险费交付前发生的保险事故,保险人不承担赔偿责任。

(3)在保险有效期内,保险车辆转卖、转让、赠送他人、改装、加装等,被保险人应当事先书面通知保险人并申请办理批改手续。未办理批改手续的,保险人不承担赔偿责任。

(4)保险车辆发生保险事故后,被保险人应当及时采取合理的保护、施救措施,防止或者减少损失,并立即向事故发生地公安交通管理部门报案(自然灾害引起的事故除外),同时在48

小时内通知保险人。否则,因被保险人延误时间致使保险责任和事故损失无法核定或损失扩大的部分,保险人不承担赔偿责任。保险车辆在广场、停车场、住宅小区或非公路和非城市道路上发生单方责任事故且不涉及人员伤亡的,被保险人或其允许的驾驶员应保护现场并迅速通知保险人查勘。未保护现场或未通知保险人查勘,致使保险责任无法确定的,保险人不承担赔偿责任。

(5)被保险人索赔时不得有隐瞒事实、伪造单证、制造假案等欺诈行为,否则,保险人不承担赔偿责任。

5. 保险人义务

(1)保险人在承保时应向投保人说明投保险种的保险责任、责任免除、投保人和被保险人义务、保险费及其支付方法等内容。

(2)保险人应 24 小时受理被保险人的出险报案,保险人接到报案后应及时查勘现场或明示处理意见。

(3)保险人应根据事故情节及时向被保险人提供索赔指引及有关资料,并应跟踪服务。

(4)在保险有效期内,保险人有充分理由认定投保人、被保险人不履行法律、法规及保险合同规定义务而要求解除保险合同的,应当提前 15 天通知投保人。

(5)保险人收到被保险人提供的书面索赔资料后,应及时作出核定,并将核定结果通知被保险人。

(6)对属于保险责任的,在与被保险人达成有关赔偿协议后 10 天内支付赔款。

(7)对属于保险责任但尚未达成赔偿协议的,应当根据现有资料和有关证明,在 60 天内先预付可确定的最低赔偿金额内的一定数额赔款。

(8)经审核索赔资料后认为有关证明和资料不完整的,应当及时通知被保险人补充提供有关证明和资料。

(9)对不属于保险责任的,应当向被保险人发出拒绝赔偿通知书。

(10)保险人对在办理保险业务中了解的投保人、被保险人业务和财产情况以及个人隐私,负有保密的义务。

保险人不履行规定的义务,投保人或被保险人有权追究保险人的法律责任。

6. 机动车辆保险的险种

机动车辆保险一般包括交强险和商业险,商业险包括基本险和附加险两部分。

(1)机动车交通事故责任强制保险。

机动车交通事故责任强制保险,简称交强险,是中国首个由国家法律规定实行的强制保险制度。《机动车交通事故责任强制保险条例》规定:交强险是由保险公司对被保险机动车发生道路交通事故造成受害人(不包括本车人员和被保险人)的人身伤亡、财产损失,在责任限额内予以赔偿的强制性责任保险。下列六种情况下交强险可以办理退保:被保险机动车被依法注销登记的;被保险机动车办理停驶的;被保险机动车经公安机关证实丢失的;投保人重复投保交强险的;被保险机动车被转卖、转让、赠送至车籍所在地以外的地方;新车因质量问题被销售商收回或因相关技术参数不符合国家规定交管部门不予上户的。

交强险责任限额是指被保险机动车发生道路交通事故,保险公司对每次保险事故所有受害人的人身伤亡和财产损失所承担的最高赔偿金额。被保险人在道路交通事故中有责任时,交强险责任限额分为死亡伤残赔偿限额 110000 元、医疗费用赔偿限额 10000 元、财产损失赔偿限额 2000 元;无责任的赔偿限额为死亡伤残无责赔偿限额 11000 元、医疗费用无责赔偿限额 1000 元、财产损失无责赔偿限额 100 元。

(2)商业险。

①基本险。基本险包括机动车第三者责任保险、机动车损失保险、全车盗抢保险、车上人员责任保险共四个独立的险种,投保人可以选择投保其中部分险种,也可以选择投保全部险种。

a.机协车第三者责任险,是指在保险期间内,被保险人或其允许的合法驾驶人在使用保险车辆过程中发生意外事故,致使第三者遭受人身伤亡或财产的直接损毁,依法应由被保险人承担的经济赔偿责任,保险人对于超过机动车交通事故责任强制保险各分项赔偿限额以上的部分,按照保险合同的规定负责赔偿。

b.机动车损失保险是指被保险车辆遭受保险责任范围内的自然灾害或意外事故,造成保险车辆本身损失,保险人依照保险合同的规定给予赔偿。

其保险的标的是各种机动车辆的车身及其零部件、设备等。当保险车辆遭受保险责任范围的自然灾害或意外事故,造成保险车辆本身损失时,保险人应当依照保险合同的规定给予赔偿。

c.全车盗抢险。盗抢险负责赔偿保险车辆因被盗窃、被抢劫、被抢夺造成车辆的全部损失,以及期间由于车辆损坏或车上零部件、附属设备丢失所造成的损失,但不能故意损坏。

d.车上人员责任险(司机责任险和乘客责任险)。车上人员责任保险是指保险期间内,以被保险人或其允许的合法驾驶人在使用机动车过程中发生意外事故,致使车上人员遭受人身伤亡为保险标的的责任保险。

②附加险。机动车辆保险附加险有玻璃单独破碎险、划痕险、车辆停驶损失险、自燃损失险、新增加设备损失险、无过失责任险、车载货物掉落责任险、不计免赔特约险。

附加险必须在投保基本险后才能投保;无过失责任险、车载货物掉落责任险为第三者责任险的附加险,必须先投保第三者责任险后才能投保这几个附加险;不计免赔特约险为车辆损失险和第三者险的附加险,只有在投保了车辆损失险和第三者责任险的基础上才能投保不计免赔特约险。

a.玻璃单独破碎险。玻璃单独破碎险,即保险公司负责赔偿被保险的车险在使用过程中,车辆本身发生玻璃单独破碎的损失的一种商业保险。车主一定要注意"单独"二字,是指被保车辆只有挡风玻璃和车窗玻璃(不包括车灯、车镜玻璃)出现破损的情况下保险公司才可以进行赔偿。

b.划痕险。划痕险即车辆划痕险,它属于附加险中的一项,主要是作为车损险的补充,能够为意外原因造成的车身划痕提供有效的保障。划痕险针对的是车身漆面的划痕,若碰撞痕迹明显,划了个口子,还有个大凹坑,这个就不属于划痕,属于车损险的理赔范围。

c.自燃险。自燃险即"车辆自燃损失保险",是车损险的一个附加险,只有在投保了车损险之后才可以投保自燃险。在保险期间内,保险车辆在使用过程中,由于本车电路、线路、油路、供油系统、货物自身发生问题、机动车运转摩擦起火引起火灾,造成保险车辆的损失,以及被保险人在发生该保险事故时,为减少保险车辆损失而必须要支出的合理施救费用,保险公司会相应的进行赔偿。

五、机动车辆保险理赔

1.车辆保险理赔的基本程序

车辆发生保险事故后,要立即保护现场,抢救伤员和财产,保留相关证据;立即向公安机关交通管理部门报案。电话通知保险公司报案(车辆保险卡上有保险公司的报案电话),48小时内携带保险单正本、驾驶证、行驶证、被保险人的身份证到保险公司正式报案。

(1)理赔流程。不同保险公司在理赔程序上会有所不同,但理赔的基本步骤大部分还是相同的,基本流程包括报案、查勘定损、签收审核索赔单证、理算复核、审批、赔付结案等步骤。

(2)迅速报案。车险条款通常规定在出险后48小时内报保险公司,否则保险公司有权拒绝赔偿。如果委托他人代为报案,报案人还应携带身份证及被保险人出具的代为报案委托书。

(3)修复定损。因保险事故导致的车辆所有损失在修复之前,必须经保险公司定损(定损可到保险公司指定的修理厂或4S店,也可到具有定损资格的厂店进行,但必须保证三方人员全部在场),以核定损失项目及金额;定损完毕后才可修理受损车辆;给第三人造成人身或者财产损害所支付的赔偿金,理赔前也要经保险公司核定赔偿项目和相关证据、数额。

(4)索赔单证。被保险人或者其代理人在事故处理完毕后,10日内将索赔单证包括:交通事故责任认定书、调解书、判决书和修理发票、医疗费发票、病历、误工费证明、被抚养人身份情况以及保单正本(复印件)、身份证复印件、行驶证复印件、驾驶员驾照复印件等资料提交给保险公司,由保险公司计算赔款;届时,保险公司会通知领取保险赔款;领取赔款时,领款人要携带保险单正本、被保险人身份证或者户口本原件,如委托他人他人代领,代领人还要携带身份证及被保险人出具的《领取赔款授权书》。赔款金额经保险合同双方确认后,保险人在10天内一次性赔偿结案。赔款最长有效期为自事故报案当日起2年内。

2.免赔规定

(1)机动车损失保险。

①被保险机动车一方负次要事故责任的,实行5%的事故责任免赔率;负同等事故责任的,实行10%的事故责任免赔率;负主要事故责任的,实行15%的事故责任免赔率;负全部事故责任或单方肇事事故的,实行20%的事故责任免赔率。

②被保险机动车的损失应当由第三方负责赔偿,无法找到第三方的,实行30%的绝对免赔率。

③违反安全装载规定但不是事故发生的直接原因的,增加10%的绝对免赔率。

④对于投保人与保险人在投保时协商确定绝对免赔额的,本保险在实行免赔率的基础上增加每次事故绝对免赔额。

(2)机动车第三者责任保险。

①被保险机动车一方负次要事故责任的,实行5%的事故责任免赔率;负同等事故责任的,实行10%的事故责任免赔率;负主要事故责任的,实行15%的事故责任免赔率;负全部事故责任的,实行20%的事故责任免赔率;

②违反安全装载规定的,实行10%的绝对免赔率。

3.理赔计算

(1)机动车损失保险的赔偿计算。

①全部损失。全部损失,简称全损,指保险车辆整体损毁,或保险车辆的修复费用与施救费用之和达到或超过出险当时的实际价值,保险人推定为全损。假如一辆车发生事故时的实

际价值为 5 万元,那么发生事故后,如果维修价格(含施救费)超过 5 万元,则推定为全部损失。全部损失时按保险金额计算赔偿,但保险金额高于实际价值时,以不超过出险时的实际价值计算赔偿。

赔款=(保险金额-被保险人已从第三方获得的赔偿金额)×(1-事故责任免赔率)×(1-绝对免赔率之和)-绝对免赔额

如果加保了盗抢险,车辆被窃 3 个月后无法寻回,应按全损赔付;已寻回原车,车主因车损坏而要求赔偿,则以修复方式赔偿;如果原车主不肯领回原车,则按全损赔偿,原车归保险公司处理。

②部分损失。部分损失是指保险车辆受损后未达到"整体毁损"或"推定全损"程度的局部损失,其赔款计算的基本方法为:

赔款=(实际修复费用-被保险人已从第三方获得的赔偿金额)×(1-事故责任免赔率)×(1-绝对免赔率之和)-绝对免赔额

③施救费用。施救费用仅限于保险车辆的必要、合理的施救支出。如果施救财产中含有保险车辆以外的财产,则应按保险车辆的实际价值占施救总财产的实际价值的比例分摊施救费用。

(2)第三者责任险赔偿计算。

①当(依合同约定核定的第三者损失金额-机动车交通事故责任强制保险的分项赔偿限额)×事故责任比例等于或高于每次事故赔偿限额时:

赔款=每次事故赔偿限额×(1-事故责任免赔率)×(1-绝对免赔率之和)

②当(依合同约定核定的第三者损失金额-机动车交通事故责任强制保险的分项赔偿限额)×事故责任比例低于每次事故赔偿限额时:

赔款=(依合同约定核定的第三者损失金额-机动车交通事故责任强制保险的分项赔偿限额)×事故责任比例×(1-事故责任免赔率)×(1-绝对免赔率之和)

被保险人或被保险机动车一方根据有关法律法规规定选择自行协商或由公安机关交通管理部门处理事故未确定事故责任比例的,按照下列规定确定事故责任比例:被保险机动车一方负主要事故责任的,事故责任比例为 70%;被保险机动车一方负同等事故责任的,事故责任比例为 50%;被保险机动车一方负次要事故责任的,事故责任比例为 30%。涉及司法或仲裁程序的,以法院或仲裁机构最终生效的法律文书为准。

每次事故的责任限额,由投保人和保险人在签订本保险合同时协商确定。

六、交通事故赔偿标准

交通事故赔偿项目,是指交通事故当中肇事者给予受害者的赔偿所包含的项目,主要包括医疗费、误工费、护理费、交通费、住宿费、住院期间伙食补助费、营养费、鉴定费、残疾赔偿金、残疾辅助器具费、丧葬费、被扶养人生活费、死亡赔偿金。现行的关于人身损害赔偿的法律是《民法通则》及其实施解释、《最高人民法院关于审理人身损害赔偿案件适用法律若干问题的解释》(以下简称《人身损害赔偿解释》)。

《人身损害赔偿解释》在赔偿项目方面和赔偿标准方面贯彻了全面赔偿的原则。其中赔偿项目方面增加了康复费、后续治疗费两项,并用"残疾赔偿金"代替"残疾者生活补助费"。具体体现在《人身损害赔偿解释》第 17 条、第 18 条的规定:

(1)受害人遭受人身损害的赔偿项目包括:医疗费、误工费、护理费、交通费、住宿费、住院伙食补助费、必要的营养费。

(2)受害人因伤致残的赔偿项目除第(1)项外还包括：残疾赔偿金、残疾辅助器具费、被扶养人生活费，以及因康复护理、继续治疗实际发生的必要的康复费、护理费、后续治疗费。

(一) 一般车祸赔偿标准

1. 医疗费的赔偿标准

医疗费是指受害人在遭受人身伤害之后接受医学上的检查、治疗与康复训练所必须支出的费用。

《人身损害赔偿解释》第19条规定："医疗费根据医疗机构出具的医药费、住院费等收款凭证，结合病历和诊断证明等相关证据确定。赔偿义务人对治疗的必要性和合理性有异议的，应当承担相应的举证责任。医疗费的赔偿数额，按照一审法庭辩论终结前实际发生的数额确定。器官功能恢复训练所必要的康复费、适当的整容费以及其他后续治疗费，赔偿权利人可以待实际发生后另行起诉。但根据医疗证明或者鉴定结论确定必然发生的费用，可以与已经发生的医疗费一并予以赔偿。"

《人身损害赔偿解释》在医药费等具体损失上采取差额赔偿方式，实际支出多少即赔偿多少的原则。对后续治疗费采取定型化赔偿的标准。后续治疗费是指"对损伤经治疗后体征固定而遗留功能障碍确需再次治疗的或伤情尚未恢复需第二次治疗所需要的费用"。定型化赔偿不考虑具体受害人个人财产损失的算术差额，而是从损害赔偿的社会妥当性和社会公正性出发，为损害确定固定标准的赔偿原则。

2. 误工费的赔偿标准

误工费是受害人从遭受伤害到完全治愈这一期间内(即误工时间)，因无法从事正常的工作或者劳动而失去或减少的工作、劳动收入的赔偿费用。

《人身损害赔偿解释》第20条规定："误工费根据受害人的误工时间和收入状况确定。误工时间根据受害人接受治疗的医疗机构出具的证明确定。受害人因伤致残持续误工的，误工时间可以计算至定残日前一天。受害人有固定收入的，误工费按照实际减少的收入计算。受害人无固定收入的，按照其最近三年的平均收入计算；受害人不能举证证明其最近三年的平均收入状况的，可以参照受诉法院所在地相同或者相近行业上一年度职工的平均工资计算。"《人身损害赔偿解释》对实际支出的费用和误工损失，按照差额据实赔偿的办法。对误工费损失不设最高限额。对于"受害人有固定收入的，误工费按照实际减少的收入计算"，有两点需要明确：

(1)该固定收入须有合法证明；

(2)该固定收入必须是受害人实际减少的，如果受害人受到损害后，其供职单位没有扣发或者没有全部扣发其收入，其误工费应不赔或者少赔。

3. 护理费的赔偿标准

护理费是指受害人因遭受人身伤害，生活无法自理需要他人帮助而付出的费用。

《人身损害赔偿解释》第21条规定："护理费根据护理人员的收入状况和护理人数、护理期限确定。护理人员有收入的，参照误工费的规定计算；护理人员没有收入或者雇佣护工的，参照当地护工从事同等级别护理的劳务报酬标准计算。护理人员原则上为一人，但医疗机构或者鉴定机构有明确意见的，可以参照确定护理人员人数。护理期限应计算至受害人恢复生活自理能力时止。受害人因残疾不能恢复生活自理能力的，可以根据其年龄、健康状况等因素确定合理的护理期限,但最长不超过 20 年。受害人定残后的护理,应当根据其护理依赖程度并结合配制残疾辅助器具的情况确定护理级别。"

4.交通费的赔偿标准

交通费是指受害人及其必要的陪护人员因就医或者转院治疗所实际发生的用于交通的费用。

《人身损害赔偿解释》第 22 条规定,交通费根据受害人及其必要的陪护人员因就医或者转院治疗实际发生的费用计算。交通费一般应当参照侵权行为地的国家机关一般工作人员的出差的车旅费标准支付交通费。乘坐的交通工具以普通公共汽车为主。特殊情况下,可以乘坐救护车、出租车,但应当由受害人说明使用的合理性。交通费应当以正式票据为凭,有关凭据应当与就医地点、时间、人数、次数相符合。如不符合,就应从赔偿额中扣除相应的款项。

5.住院伙食补助费的赔偿标准

住院伙食补助费是指受害人在住院治疗期间或死亡的受害人在生前住院治疗期间补助伙食所需要的费用。

《人身损害赔偿解释》第 23 条规定:"住院伙食补助费可以参照当地国家机关一般工作人员的出差伙食补助标准予以确定。受害人确有必要到外地治疗,因客观原因不能住院,受害人本人及其陪护人员实际发生的住宿费和伙食费,其合理部分应予赔偿。"住院伙食补助费,补助的是"住院"的"受害人"。如果受害人没有住院,就没有这项赔偿费用。

6.营养费的赔偿标准

营养费是指人体遭受损害后发生代谢改变,通过日常饮食不能满足受损机体对热能和各种营养素的要求,必须从其他食品中获得营养所给付的费用。《人身损害赔偿解释》第 24 条规定:"营养费根据受害人伤残情况参照医疗机构的意见确定。"

(二)受害人因伤致残的赔偿标准

受害人因伤致残的赔偿项目除上述外还包括:残疾赔偿金、残疾辅助器具费、被扶养人生活费,以及因康复护理、继续治疗实际发生的必要的康复费、护理费、后续治疗费。

1.残疾赔偿金的赔偿标准

《人身损害赔偿解释》第 25 条规定,残疾赔偿金根据受害人丧失劳动能力程度或者伤残等级,按照受诉法院所在地上一年度城镇居民人均可支配收入或者农村居民人均纯收入标准,自定残之日起按 20 年计算。但 60 周岁以上的,年龄每增加一岁减少 1 年;75 周岁以上的,按 5 年计算。

(1)残疾赔偿金性质的确定。残疾赔偿金的性质,是财产损害赔偿还是精神损害赔偿?这在理论和实务上并不是一个十分明确的问题。《人身损害赔偿解释》是以《中华人民共和国国家赔偿法》的规定为依据,确定残疾赔偿金的性质是指对因残疾而导致的收入减少或者生活来源丧失给予的财产损害性质的赔偿,否定了法释〔2001〕7 号《关于确定民事侵权精神损害赔偿责任若干问题的解释》(以下简称《精神损害赔偿解释》)对残疾赔偿金性质的确定。

(2)丧失劳动能力程度的认定标准。根据《工伤保险条例》第 21 条的规定:职工发生工伤,经治疗伤情相对稳定后存在残疾、影响劳动能力的,应当进行劳动能力鉴定。劳动能力鉴定是指劳动功能障碍程度和生活处理障碍程度的等级鉴定,劳动功能障碍程度分为十个伤残等级,最重的为一级,最轻的为十级。生活自理障碍分为三个等级:生活完全不能自理、生活大部分不能自理和生活不能自理部分。

（3）伤残等级的认定标准。道路交通事故案件中受伤人员的伤残程度评定一般应适用中华人民共和国国家标准《道路交通事故受伤人员伤残评定》。残疾赔偿金具体计算公式：

①残疾赔偿金（60周岁以下的人）＝伤残等级（Ⅰ级的按100计算，Ⅱ级的减少10％，其他依此类推）×受诉法院所在地上一年度城镇居民人均可支配收入或者农村居民人均纯收入×20年；

②残疾赔偿金（60周岁以上的人）＝伤残等级（Ⅰ级的按100计算，Ⅱ级的减少10％，其他依此类推）×受诉法院所在地上一年度城镇居民人均可支配收入或者农村居民人均纯收入×（20年－增加岁数）；

③残疾赔偿金（75周岁以上的人）＝伤残等级（Ⅰ级的按100计算，Ⅱ级的减少10％，其他依此类推）×受诉法院所在地上一年度城镇居民人均可支配收入或者农村居民人均纯收入×5年。

当然，如果出现《人身损害赔偿解释》规定的"受害人因伤残但实际收入没有减少，或者伤残等级较轻但造成职业妨害严重影响其劳动就业的"情形，可按规定对残疾赔偿金作相应调整。

2.残疾辅助器具费的赔偿标准

残疾辅助器具，是因伤致残的受害人为补偿其遭受创伤的身体器官功能、辅助其实现生活自理或者从事生产劳动而购买、配制的生活自助器具。

《人身损害赔偿解释》第26条规定，残疾辅助器具费按照普通适用器具的合理费用标准计算。伤情有特殊需要的，可以参照辅助器具配制机构的意见确定相应的合理费用标准。辅助器具的更换周期和赔偿期限参照配制机构的意见确定。

"普通适用"是作为确定合理费用的标准时的一项指导原则。该原则的基本要求：

①是"普通"，即配制的辅助器具应排斥奢侈型、豪华型，不能一味追求高品质。

②是"适用"，适用又有两个测试标准：

a.确实能起到功能补偿作用；

b.符合"稳定性"和"安全性"的要求。

配制机构如何确定？我国民政部门的假肢与矫形康复机构，是从事辅助器具研究和生产的专业机构，可以从事残疾辅助器具的鉴定和配制。实务中，法院一般应按照民政部门的假肢与矫形康复机构的意见，来确定赔偿的残疾辅助器具费用。对于超过确定的辅助器具费给付年限，赔偿权利人确需继续配制残疾辅助器具的，人民法院应当判令赔偿义务继续给付相关费用5～10年。

3.被扶养人生活费的赔偿标准

《人身损害赔偿解释》规定以城镇居民人均消费性支出和农村居民人均年生活消费支出标准，也体现赔偿与损害的一致。同时，《人身损害赔偿解释》规定被扶养人是未成年人的计算至18周岁，60周岁以上年龄每增加一岁减少1年；75周岁以上的按5年计算。

具体计算公式：

（1）被扶养人生活费（未成年人）＝伤残等级（Ⅰ级的按100％计算，Ⅱ级的减少10％，其他依此类推，死亡的按100％计算）×受诉法院所在地上一年度城镇居民人均消费性支出和农村居民人均年生活消费支出×（18岁－年龄）；

（2）被扶养人生活费（无劳动能力又无其他生活来源的）＝伤残等级（Ⅰ级的按100％计

算,Ⅱ级的减少10%,其他依此类推,死亡的按100%计算)×受诉法院所在地上一年度城镇居民人均消费性支出和农村居民人均年生活消费支出×20年;

(3)被扶养人生活费(60周岁以上)＝伤残等级(Ⅰ级的按100计算,Ⅱ级的减少10%,其他依此类推,死亡的按100%计算)×受诉法院所在地上一年度城镇居民人均消费性支出和农村居民人均年生活消费支出×(20年－增加岁数);

(4)被扶养人生活费(75周岁以上)＝伤残等级(Ⅰ级的按100计算,Ⅱ级的减少10%,其他依此类推,死亡的按100%计算)×受诉法院所在地上一年度城镇居民人均消费性支出和农村居民人均年生活消费支出×5年。

(三)受害人死亡的赔偿标准

1.死亡赔偿金的性质的确定

《人身损害赔偿解释》放弃了法释〔2001〕7号《精神损害赔偿解释》对死亡赔偿采取"抚养丧失说"进行解释的立场,而是以"继承丧失说"解释我国有关法律规定中的死亡赔偿制度。按照这一新的立场,死亡赔偿金的内容是对收入损失的赔偿,其性质是财产损害赔偿,而不是精神损害赔偿。

2.死亡赔偿金的具体计算

死亡赔偿金按照受诉法院所在地上一年度城镇居民人均可支配收入或者农村居民纯收入标准,按20年计算。但60周岁以上的,年龄每增加1岁减少1年;75周岁以上的,按5年计算。具体计算公式为:

(1)死亡赔偿金(60周岁以下人员)＝受诉法院所在地上一年度城镇居民人均可支配收入或者农村居民纯收入×20年;

(2)死亡赔偿金(60周岁以上人员)＝受诉法院所在地上一年度城镇居民人均可支配收入或者农村居民纯收入×(20年－增加岁数);

(3)死亡赔偿金(75周岁以上人员)＝受诉法院所在地上一年度城镇居民人均可支配收入或者农村居民纯收入×5年。

3.丧葬费的赔偿标准

丧葬费按照受诉法院所在地上一年度职工月平均工资标准,以六个月总额计算。因人身损害造成受害人死亡的,不管受害人的职业、身份、工作、性别、年龄等情况有何不同,也不管生前是生活在城镇还是在农村,在涉及支付丧葬费标准这一问题时,不再有任何差异,都适用同一标准予以确定。

思考

1.为什么要买车辆保险?

2.发生交通事故时应该怎么做?

3.机动车辆保险与交通事故有什么联系?

知识拓展

《机动车辆保险理赔管理指引》相关规定

第4条　车险理赔一般应包括报案受理、调度、查勘、立案、定损(估损)、人身伤亡跟踪(调查)、报核价、核损、医疗审核、资料收集、理算、核赔、结销案、赔款支付、追偿及损余物资处理、客户回访、投诉处理以及特殊案件处理等环节。

第5条 公司应制定完整统一的车险理赔组织管理、赔案管理、数据管理、运行保障管理等制度,搭建与业务规模、风险控制、客户服务相适应的理赔管理、流程控制、运行管理及服务体系。

《机动车交通事故责任强制保险条例》相关规定

第23条 机动车交通事故责任强制保险在全国范围内实行统一的责任限额。责任限额分为死亡伤残赔偿限额、医疗费用赔偿限额、财产损失赔偿限额以及被保险人在道路交通事故中无责任的赔偿限额。

第27条 被保险机动车发生道路交通事故,被保险人或者受害人通知保险公司的,保险公司应当立即给予答复,告知被保险人或者受害人具体的赔偿程序等有关事项。

第28条 被保险机动车发生道路交通事故的,由被保险人向保险公司申请赔偿保险金。保险公司应当自收到赔偿申请之日起1日内,书面告知被保险人需要向保险公司提供的与赔偿有关的证明和资料。

第29条 保险公司应当自收到被保险人提供的证明和资料之日起5日内,对是否属于保险责任作出核定,并将结果通知被保险人;对不属于保险责任的,应当书面说明理由;对属于保险责任的,在与被保险人达成赔偿保险金的协议后10日内,赔偿保险金。

第30条 被保险人与保险公司对赔偿有争议的,可以依法申请仲裁或者向人民法院提起诉讼。

第31条 保险公司可以向被保险人赔偿保险金,也可以直接向受害人赔偿保险金。但是,因抢救受伤人员需要保险公司支付或者垫付抢救费用的,保险公司在接到公安机关交通管理部门通知后,经核对应当及时向医疗机构支付或者垫付抢救费用。

因抢救受伤人员需要救助基金管理机构垫付抢救费用的,救助基金管理机构在接到公安机关交通管理部门通知后,经核对应当及时向医疗机构垫付抢救费用。

第32条 医疗机构应当参照国务院卫生主管部门组织制定的有关临床诊疗指南,抢救、治疗道路交通事故中的受伤人员。

第33条 保险公司赔偿保险金或者垫付抢救费用,救助基金管理机构垫付抢救费用,需要向有关部门、医疗机构核实有关情况的,有关部门、医疗机构应当予以配合。

第37条 保险公司未经保监会批准从事机动车交通事故责任强制保险业务的,由保监会责令改正,责令退还收取的保险费,没收违法所得,违法所得10万元以上的,并处违法所得1倍以上5倍以下罚款;没有违法所得或者违法所得不足10万元的,处10万元以上50万元以下罚款;逾期不改正或者造成严重后果的,责令停业整顿或者吊销经营保险业务许可证。

第38条 保险公司违反本条例规定,有下列行为之一的,由保监会责令改正,处5万元以上30万元以下罚款;情节严重的,可以限制业务范围、责令停止接受新业务或者吊销经营保险业务许可证:

(1)拒绝或者拖延承保机动车交通事故责任强制保险的;

(2)未按照统一的保险条款和基础保险费率从事机动车交通事故责任强制保险业务;

(3)未将机动车交通事故责任强制保险业务和其他保险业务分开管理,单独核算的;

(4)强制投保人订立商业保险合同的;

(5)违反规定解除机动车交通事故责任强制保险合同的;

(6)拒不履行约定的赔偿保险金义务的；

(7)未按照规定及时支付或者垫付抢救费用的。

案例分析

1. 课堂任务操作

针对导入案例,进行分组讨论:

(1)分析案情;

(2)找出适用的法律法规条款;

(3)根据法律法规条款的规定分析案例。

2. 课外任务

查阅《保险法》和《机动车交通事故责任强制保险条例》等规定。

实训操作

案情 1

2013 年 10 月中旬某天,王某驾驶小型轿车在淮安市区某路行驶时,与对向行驶韩某驾驶的摩托车相撞,造成王某、韩某受伤,双方车辆损坏。后淮安市交警大队作出交通事故认定书认定王某负此事故的主要责任,韩某负次要责任。王某投保了机动车交通事故责任强制保险一份,本次事故发生在保险期内。事故发生后,司机王某住院治疗 10 天,共花费医疗费 10000 多元。后王某因费用问题把韩某和自己车辆投保的保险公司起诉到法院,请求判令被告赔偿其车损及医疗费等损失共计 28000 元。

被告韩某辩称,原告方的损失应由保险公司在交强险限额内直接赔付。保险公司辩称,对原告方的损失,由于王某的驾驶证已经过了有效期,故其不应赔偿。

思考:韩某是否理应赔偿?

案情 2

2016 年 3 月 19 日,在哈尔滨市同三高速公路方正段,一辆由北京返回佳木斯探亲的北京籍小轿车,沿同三高速公路自西向东行驶,16 时左右,当车行至 447 公里＋680 米处,因该路段处于弯坡道,路面结冰,车速过快,加之采取措施不当,侧滑撞到行驶方向右侧护栏,并横在行车道上。事发后,一辆同方向驶来的桦川县黑龙江籍的大货车为躲避小轿车,翻入行驶方向右侧沟下,随后佳木斯市的一辆黑龙江籍重型牵引大货车(核载 31000 千克,实载 76940 千克)行驶到此处,因路滑且严重超载,撞上横在行车道上的事故小轿车,三辆车的车上人员在距事故地点 236 米内连续设置了 5 块三角警示牌。17 时左右,一辆由哈尔滨市道外客运站开往方正县天门乡的黑龙江籍大客车(核载 42 人,实载 49 人,包括两名驾驶人员),行驶到同三高速公路方正段 447 公里处,由于路面结冰、车速过快、采取措施不当,失控撞在重型牵引大货车尾部,造成 19 人死亡,30 人受伤,直接经济损失 567.3 万元的重大道路交通事故。

思考:

1. 在上述案例中,共涉及哪些违法行为,依据是什么?

2. 在上述案例中,你认为涉事人员该如何处理?

项目五 交通行政管理法规

知识目标

1. 了解道路运输行政处罚规定的原则和设定权限；
2. 掌握道路运输行政处罚的决定程序和执行程序；
3. 掌握交通行政复议决定和诉讼裁决。

能力目标

能依据《中华人民共和国行政处罚法》《交通行政处罚程序规定》《交通行政复议规定》《中华人民共和国行政诉讼法》《道路运输条例》《道路交通安全法》等有关规定分析相关案例。

任务1 道路运输行政处罚规定

案例导入

2015年1月7日，济南市交通运输局所属的客管中心执法人员在西客站送客平台例行检查时，发现一辆东风标致508轿车驶入平台。经查，车内有驾驶员和乘客共3人，无营运手续。

执法人员询问乘客，得知是通过滴滴打车软件招的专车，从八一银座到西客站，谈好运费30元，但还没有支付。

执法人员询问司机，他承认是通过滴滴打车软件揽客，但他是专车服务，不是出租车服务，也不承认运费事宜。

执法人员认为该案涉嫌非法从事出租汽车经营活动，当日对车辆进行了暂扣。2月12日，市客管中心召开重大案件集体讨论会议，决定对司机罚款2万元。

为了不影响过年用车，司机当日主动缴纳了罚款2万元，并取回车辆。春节过后，司机向济南市市中区人民法院提起行政诉讼，请求撤销市客管中心的处罚决定。

3月18日，市中区法院依法受理了此案。

4月15日，该案在市中区人民法院开庭审理，庭审过程全程微博直播，被媒体称为全国"专车第一案"。

经过近3个小时的庭审，法院认为，鉴于双方对案件相关事实和法律适用，争议较大，不适合当庭宣判，法院将择期宣判。

思考：

1. 执法主体是否合法？
2. 执法程序是否到位？
3. 调查取证是否充分？

4. 法律适用是否正确？

相关知识

行政处罚制度是我国行政法律责任制度的重要组成部分。1996 年 3 月 17 日第八届全国人民代表大会第四次会议审议通过了《中华人民共和国行政处罚法》(以下简称《行政处罚法》)，这标志着我国已经系统地建立了行政处罚的设定和实施的法律制度。

交通部 2001 年第 5 号令颁布了《关于修改〈道路运输行政处罚规定〉的决定》，具体规定了道路运输行政处罚的原则、执法主体、违法行为与处罚和行政处罚运用与执行等内容。本书阐述的内容主要是《行政处罚法》《交通行政处罚程序规定》《道路运输条例》所涉及的行政执法内容。

一、道路运输行政处罚的概念和特征

1. 道路运输行政处罚的概念

道路运输行政处罚是指县级以上人民政府交通行政主管部门及法律和法规授权的道路运输行政管理机构(以下简称"道路运政机构")在其职权范围内，对实施了违反道路运输管理的行政相对人的行政制裁。

2. 道路运输行政处罚的基本特征

(1)主体是特定的。行政执法主体，是指行政执法活动的承担者。行政执法活动是行使国家行政权的活动，行政执法主体需要具备四个条件：第一，行政执法主体必须是组织而不是自然人。组织可以指机关、机构，也可以指单位、团体等。组织在一定的条件下可以成为行政执法主体，但个人无论在何时何地都不具有这个资格。尽管具体的行政执法行为是由行政执法人员来实施的，但他们是以组织名义而不是以个人名义实施的，因此，行政执法人员只是行政执法主体的构成要素，而不是行政执法主体本身。第二，行政执法主体的成立必须有合法的依据。行政执法是行使行政权的行为，承担行政执法任务的组织不能任意成立，必须有法律上的依据。在我国，行政执法主体一种是国家明文规定建立某一机关或组织承担某种行政执法任务，另一种是国家通过法律、法规授权的方式将某种执法权直接赋予某个业已存在的机关或组织。第三，行政执法主体必须具有明确的职责范围。我国的行政执法体系是一个科学严谨的系统。各执法主体相互联系，相互依存，但又相互区别，自成一体。彼此之间可以密切配合但不能相互取代。任何行政执法都只能在法定的范围内活动，任何程度的越权都会导致该行为无效。在有交叉的职责范围内，相关的执法主体也必须确定主次，分清责任，才能有效地进行管理。第四，行政执法主体必须能以自己的名义作出具体行政行为并承担相应的执法责任。以上四项条件相互依存，缺一不可，任何组织作为行政执法主体都必须同时具备以上四项条件。此外，在实际工作中，还存在委托执法的形式。应当认为，委托执法只是一种职务活动，是行政执法主体自身作出的活动。委托的执法权必须是委托机关本身固有的权力，其他机关的执法权不能予以委托，委托机关要承担相应的责任，而不是由被委托组织承担。委托机关因要承担被委托机关的执法责任，故而有权对被委托组织的执法活动进行监督。

道路运输行政处罚只能由县级以上人民政府交通行政主管部门及其委托的道路运政机构和地方性法规授权的道路运政机构在授权范围内行使。除此之外任何行政机关和团体组织都不能成为道路运输行政处罚的主体。

(2)对象的相对性。道路运输行政执法的对象涉及道路运输经营者、旅客、货主和其他当

事人。

（3）维护道路运输参与各方的合法权益并惩罚违法相对人。道路运输行政处罚通过维护道路运输市场秩序来保障道路运输经营者、旅客、货主和其他当事人的合法权益，同时也是对违反道路运输行政法律、法规的行政相对人具体行为的惩罚。

二、道路运输行政处罚应遵循的原则

道路运输行政处罚的基本原则是根据《行政处罚法》的有关规定，明确道路运输行政处罚设定和实施所应遵循的基本指导思想。

（1）行政处罚法定原则。法无明文规定不处罚，即法律未规定可以给予处罚的，不得处罚，法律规定必须处罚的才可以处罚。

（2）行政处罚的公开、公正原则。公开原则是实施行政处罚的依据必须是通过公布的程序向社会公开，以体现行政执法的公开性和透明度。公正原则要求做到过罚相当，设定和实施行政处罚必须以确凿的事实为依据，与违法行为的事实、性质、情节以及社会危害程度相当；行政违法所应当承担的责任和所要受到的处罚相适应。

（3）保护当事人合法权益的原则。在行政处罚的实施过程中，保护当事人合法权益是非常必要的，因为行政处罚是对行政管理相对人权利的限制和剥夺，也可能会在行政处罚过程中不可避免地出现显失公平或出现差错，因此确实保护当事人的合法权益是十分必要的。

这一原则主要体现在：行政处罚决定过程中当事人的陈述权、申辩权和听证权等其他程序权；当案件承办人员与案件有利害关系可能影响公正处理时，当事人有申请回避的权利；行政处罚作出决定后当事人有申请行政复议权、提起行政诉讼权；当行政机关非法侵害当事人权利而受到损失时有提出赔偿权等救济权。

（4）行政处罚与教育相结合的原则。处罚与教育相结合的原则包括三个方面：一是依据《行政处罚法》规定，行政机关实施行政处罚时，应当责令当事人改正或限期改正违法行为。道路运输行政机关在实施行政处罚时首先应及时纠正行政相对人违法行为。无论对违法相对人作出何种行政处罚，都应当要求行政相对人及时纠正违法行为。二是要对违反行政管理法律、法规、规章规定的行政相对人给予惩罚。三是执法人员要向当事人告知作出处罚的依据，教育他们遵守法律、法规，使他们认识到自己行为的危害性，做到以后不再违法，达到自觉守法之目的。行政处罚是一种手段，这仅是表层的目的，更深层的目的是纠正违法行为，教育行政相对人自觉守法，维护社会利益和道路运输市场秩序。

（5）一事不再罚原则。《行政处罚法》规定，对当事人的同一个违法行为，不得给予两次以上罚款的行政处罚。如：道路运输行政管理部门对同一个违法行为已经给予行政相对人罚款处罚的，其他行政机关不得再次给予罚款的处罚。一事不再罚，就是对行政管理相对人的同一违法行为，不能重复罚款，避免给行政相对人造成不应有的损失。

三、行政处罚的设定权限

《行政处罚法》第8条规定，行政处罚的种类有七种：警告；罚款；没收违法所得、没收非法财物；责令停产停业；暂扣或者吊销许可证、暂扣或者吊销执照；行政拘留；法律、行政法规规定的其他行政处罚等。

行政处罚设定权属于立法权范畴，是指通过立法规定在出现何种情况、在何种条件下应予何种处罚的权力。《行政处罚法》第9至14条对处罚权限作了明确的规定。

1.法律的设定权

法律可以设定各种行政处罚。限制人身自由的行政处罚,只能由法律设定。

2.行政法规的设定权

行政法规可以设定除限制人身自由以外的行政处罚。法律对违法行为已经作出行政处罚规定,行政法规需要作出具体规定的,必须在法律规定的给予行政处罚的行为、种类和幅度的范围内规定。

3.地方性法规的设定权

地方性法规可以设定除限制人身自由、吊销企业营业执照以外的行政处罚。法律、行政法规对违法行为已经作出行政处罚规定,地方性法规需要作出具体规定的,必须在法律、行政法规规定的给予行政处罚的行为、种类和幅度的范围内规定。

4.部门规章的设定权

国务院部、委员会制定的规章可以在法律、行政法规规定的给予行政处罚的行为、种类和幅度的范围内作出具体规定。对某些违反行政管理秩序的行为,法律、法规尚未作出规定的,国务院各部委员制定的规章可以设定警告或者一定数量罚款的行政处罚。罚款的限额由国务院规定。国务院可以授权具有行政处罚权的直属机构与各部委一样,享有行政处罚设定权。

5.地方规章的设定权

省、自治区、直辖市人民政府和省、自治区人民政府所在地的市人民政府以及经国务院批准的较大的市人民政府制定的规章可以在法律、法规规定的给予行政处罚的行为、种类和幅度的范围内作出具体规定。尚未制定法律、法规的,上述人民政府制定的规章对违反行政管理秩序的行为,可以设定警告或者一定数量罚款的行政处罚。罚款的限额由省、自治区、直辖市人民代表大会常务委员会规定。

除法律、法规、和规章可以设定行政处罚外,其他规范性文件不得设定行政处罚。

四、交通行政处罚的实施

《交通行政处罚程序规定》中明确规定公民、法人或者其他组织违反交通行政管理秩序,应当给予行政处罚的,由交通管理部门依照《行政处罚法》和有关法律、法规及《交通行政处罚程序规定》中的程序实施,并且规定了具有行政处罚权的交通管理部门是以下部门或者机构:①县级以上人民政府的交通主管部门;②法律、法规授权的交通管理机构;③县级以上人民政府的交通主管部门依法委托的交通管理机构;④县及以上人民政府的交通主管部门可以委托依法设置的符合《行政处罚法》规定的运输、航道、港口、公路、规费、通信等交通管理机构实施行政处罚。

(1)各级交通管理部门依法可以作出警告、罚款、没收违法所得、没收非法财物、暂扣证照的行政处罚。

(2)县级以上人民政府交通主管部门、交通部直接设置的管理机构、省级人民政府交通主管部门直接设置的管理机构依法可以作出吊销证照、责令停产停业的行政处罚。

(3)省级人民政府交通主管部门直接设置的管理机构的下设机构,根据省级人民政府交通主管部门的决定,依法可以作出吊销证照、责讼停产停业的行政处罚。

(4)对涉外、涉台、涉港澳当事人作出行政处罚的权限,法律、法规、规章另有规定的,从其规定。

(5)对违法行为需要给予的行政处罚超出本级交通管理部门的权限时,应将案件及时报送有处罚权的上级交通管理部门调查处理。

(6)上级交通管理部门可以办理下一级交通管理部门管辖的行政处罚案件;下级交通管理部门对其管辖的交通行政处罚案件,认为需要由上级交通管理部门办理时,可以报请上一级交通管理部门决定。

五、道路运输行政处罚的适用

行政处罚的适用也称行政处罚的实施,是指行政机关依法认定行政管理相对人违法的行为,依照法律规定实施处罚的活动。

1. 裁量方法

《行政处罚法》第 25、26、27 条中明确规定了行政处罚适用的方法。行政处罚的方法也是处罚的裁量方法,包括以下内容:

(1)不予处罚的规定。行政机关在适用行政处罚之前必须查明事实,事实不清的,不得给予行政处罚。一般具有以下情形的,对其行为不予处罚:①不满 14 周岁的人有违法行为的;②精神病人在不能辨认或者不能控制自己行为时有违法行为的;③违法行为轻微并及时纠正,没有造成危害后果的。

(2)从轻或减轻行政处罚的规定。行政机关拟适用的法律、法规或者规章必须合法有效,并且其内容必须与已查清的违法事实特征相一致,依法应当从轻、减轻行政处罚的情形有以下五种:①已满 14 周岁不满 18 周岁的人有违法行为的;②主动消除或者减轻违法行为危害后果的;③受他人胁迫有违法行为的;④配合行政机关查处违法行为有立功表现的;⑤其他依法从轻或者减轻行政处罚的。

从轻处罚是指对违法当事人在法定的处罚幅度内给以较轻的处罚。从轻处罚不能低于法定处罚幅度的最低限。减轻处罚是指对违法当事人在法定幅度的最低限以下给予处罚。

(3)行政处罚与刑罚重合的规定。在一种行为同时构成行政违法和刑事犯罪并可同时给予行政处罚或刑事处罚的情况下,《行政处罚法》第 28 条规定:"违法行为构成犯罪,人民法院判处拘役或者有期徒刑时,行政机关已经给予当事人行政拘留的,应当依法折抵相应刑期。违法行为构成犯罪,人民法院判处罚金时,行政机关已经给予当事人罚款的,应当折抵相应罚金。"行政处罚规定的目的在于要杜绝以罚代刑,以罚代赔。

2. 行政处罚的追究时效

行政处罚追究时效,是指行政机关追究行政相对人的违法责任、给予行政处罚的有效期限。《行政处罚法》第 29 条规定:违法行为在二年内未被发现的,不再给予行政处罚。但法律另有规定的除外。其计算办法,二年是从违法行为发生之日起计算;违法行为有连续或者继续状态的,从行为终了之日起计算。

六、交通行政处罚决定程序

交通行政处罚决定程序是交通行政处罚程序的关键环节,是保障正确实施行政处罚的前提条件。交通行政处罚决定程序分为简易程序、一般程序,如果当事人要求听证的,还有听证程序。

1. 简易程序

简易程序即当场处罚程序,主要适用于事实清楚,情节简单,后果轻微的违法行为。

(1)适用条件。适用简易程序必须符合以下三个条件:

①违法事实确凿。当场确认违法事实必须有充足的证据,不需要再进行调查取证。

②有法定依据。对于当事人的违法行为,法律、法规或者规章有明确的规定,执法人员应当场告知当事人违反的法律、法规或规章的内容。如果没有法律依据,即使有确凿的违法事实,也不能当场处罚。

③仅限于处罚权限内。对公民处以 50 元以下、对法人或者其他组织处以 1000 元以下罚款或者警告的行政处罚的,可以当场作出行政处罚决定。

(2)简易程序决定的内容。

①表明身份。实施处罚的人员应当向当事人出示执法身份证件,以证明自己有权对当事人作出处罚。

②说明理由和告知权利。执法人员当场作出行政处罚决定前,应当将认定的违法事实、处罚的理由和依据告知当事人。当事人有权进行陈述和申辩。执行人员必须充分听取当事人的意见,对当事人提出的事实、理由和证据应当进行复核;当事人提出的事实、理由和证据成立的,应当采纳。

③制作处罚决定书。执法人员作出当场处罚决定,必须填写统一编号的《交通行政(当场)处罚决定书》,当场交付当事人,并应当告知当事人不服行政处罚决定可以依法申请行政复议或者提起行政诉讼。

④备案。执法人员作出当场处罚决定之日起 5 日内,应当将《交通行政(当场)处罚决定书》副本向所属交通管理部门备案。

2. 一般程序

实施交通行政处罚,除适用简易程序的外,应当适用一般程序。一般程序比简易程序复杂、严格,是行政处罚的基本程序。行政处罚的一般程序包括以下几个步骤:

(1)立案。交通管理部门通过行政检查监督发现行政相对人实施了违法行为,或者通过其他渠道知悉行政相对人实施了违法行为,首先予以立案。

(2)调查取证。交通管理部门必须对案件情况进行全面、客观、公正的调查,收集证据;必要时,依照法律、法规的规定,可以进行检查。交通管理部门面向社会调查和收集证据。对此,被调查、取证的单位和个人有义务支持和协助。

交通管理部门收集的证据包括:书证、物证、视听资料、证人证言、当事人陈述、鉴定结论、勘验笔录和现场笔录等。

①案件调查人员调查、收集证据,应当遵守下列规定:

a.执法人员不得少于两人,并应向当事人或者有关人员出示表明身份的证件。

b.询问证人和当事人,应当个别进行并告知其作伪证的法律责任;制作《询问笔录》须被询问人阅核后,由询问人和被询问人签名或者盖章,被询问人拒绝签名或者盖章,由询问人在询问笔录上注明情况。

c.对与案件有关的物品或者现场进行勘察检查的,应当通知当事人到场,制作《勘验检查笔录》,当事人拒不到场的,可以请在场的其他人员见证。

d.对需要采取抽样调查时,应当制作《抽样取证凭证》,需要妥善保管的应当妥善保管,需要退回的应当退回。

e.对涉及专门性问题的,就当指派或者聘请有专业知识和技术能力的部门进行鉴定,并制作《鉴定意见书》;证据可能灭失或者以后难以取得的情况下,经交通管理部门负责批准,可以先行登记保存,制作《证据登记保存清单》,并应当在 7 日内作出处理决定。

②案件调查人员有下列情况之一的,就当回避,当事人也有权向交通管理部门申请要求回避:

a. 是本案的当事人或者其近亲属。

b. 本人或者其近亲属与本案有利害关系。

c. 与本案当事人有其他关系,可能影响案件的公正处理的。

案件调查人员的回避,由交通管理部门负责人决定。回避决定作出之前,案件调查人员不得擅自停止对案件的调查处理。

(3)案件调查人员在初步调查结束后,认为案件事实基本清楚,主要证据齐全,应当制作《交通违法行为调查报告》,提出处理意见,报送交通管理部门负责人审查。

(4)交通管理部门负责人对《交通违法行为调查报告》审核后,认为应当给予行政处罚的,交通管理部门应当制作《交通违法行为通知书》送达当事人,告知拟给予的行政处罚内容及其事实、理由和依据,并告知事人可以在收到该通知书日起 3 日内进行陈述和申辩,符合听证条件的可以要求组织听证。当事人逾期未提出陈述、申辩或者要求组织听证的,视为放弃上述权利。

(5)当事人进行陈述和申辩的,交通管理部门应当审核当事人的意见并应当将当事人提出的事实、理由或者证据制成笔录。上述事实、理由或者证据成立的,交通管理部门应当采纳。当事人要求组织听证的,交通管理部门应当按照组织听证。

3. 听证程序

(1)听证提出。交通管理部门在做出责令停产停业、吊销证照、较大数额罚款的行政处罚决定之前,当事人要求听证的,交通管理部门应当组织听证,当事人不承担行政机关组织听证的费用。这里的较大数额,地方交通管理部门按省级人大常委会或者人民政府规定或其授权部门规定的标准执行;交通部直属的交通管理机关按 5000 元以上执行,港务(航)监督机构按 1 万元以上执行。

当事人要求听证的,应当在行政机关告知后 3 日内提出。

(2)听证通知。交通管理部门应当在举行听证会的 7 日前向当事人送达听证会通知书,告知当事人组织听证的时间、地点、听证会主持人名单及是否申请其回避和可以委托代理人的权利。

(3)举行听证。听证会由主持人、案件调查人员、当事人或者其委托代理人(1~2 人)、证人、书记员参加。听证会主持人由交通管理部门负责人指定的法制机构工作人员或者其他相应人员担任,委托代理人出席听证会的,应当提交当事人的委托书。

除涉及国家秘密、商业秘密或者个人隐私外,听证公开举行。主持人为非本案调查人员,当事人认为主持人与本案有直接利害关系的,有权申请回避。

①听证会的程序。

a. 听证会主持人宣布听证会开始,宣布案由和听证会纪律,宣布和核对听证参加人员名单。

b. 案件调查人员提出当事人的违法事实和调查过程,宣读或者出示案件的证据,说明拟作出的行政处罚建议及依据。

c. 当事人或者其委托代理人会对案件的事实、证据、适用的法律依据及拟作出的行政处罚内容进行申辩和质证。

d.听证会主持人就案件的有关问题向当事人、案件调查人员、证人询问。

e.当事人或者其委托代理人作最后陈述。

f.制作笔录。当事人或者其委托代理人阅读、修改《交通行政处罚案件听证会笔录》,审核无误后,签字或者盖章。

②当事人或者其委托代理人无正当理由不按时出席听证会或者中途擅自退出听证会的,视为当事人放弃要求听证的权利。

③当事人对限制人身自由的行政处罚有异议的,依照治安管理处罚法有关规定执行。

4.作出处罚决定

案件调查完毕后,交通管理部门负责人应当及时审查有关案件调查材料、当事人陈述和申辩材料、听证会笔录和听证会报告书,根据不同情况分别作出处理决定。

(1)违法事实清楚,证据确凿充分,依照规定不需要经过听证程序的案件,根据情节轻重,作出处罚决定。

(2)应当经过听证程序处理的案件,在完成听证程序后作出处理决定。

(3)案件还需要作进一步调查处理的,责令案件调查人员补充调查。

(4)违法行为轻微,依法不予行政处罚的,不予行政处罚。

(5)违法事实不能成立的,不得给予行政处罚。

(6)违法行为已构成犯罪的,应当将案件有关材料移送有管辖权的司法机关处理。案情复杂或者有重大违法行为需要给予较重行政处罚的,应当集体讨论。

5.制作处罚决定书

交通管理部门作出行政处罚决定必须制作《交通行政处罚决定书》。处罚决定书应载明的事项包括:

(1)当事人的姓名或者名称、地址。

(2)违反法律、法规或者规章的事实和证据。

(3)行政处罚的内容和依据。

(4)行政处罚的履行方式和期限。

(5)不服行政处罚决定,申请行政复议或者提起行政诉讼的途径和期限。

(6)作出行政处罚决定的交通管理部门的名称、印章及作出决定的日期。

6.处罚决定书的送达

《交通行政处罚决定书》应当在宣告后当场交付当事人;当事人不在场的,交通管理部门应当在7日内送达当事人,由受送达人在《交通行政处罚文书送达回证》上注明收到日期、签名或者盖章,受送达人在《交通行证处罚文书送达回证》上的签收日期为送达日期。

(1)当事人不在场的,交其同住的成年家属签收,并且在备注栏内写明与当事人的关系。

(2)受送达人已指定代收人,交代收人签收。

(3)受送达人拒绝接收的,送达人应当邀请有关基层组织的代表或者其他人员到场,说明情况,在《交通行证处罚文书送达回证》上写明拒收事由和日期,由送达人、见证人签名或者盖章,把交通行政处罚文书留在受送达人的住处,即视为送达。

(4)直接送达交通行政处罚文书困难,可以委托其他交通管理部门代为送达,或者以邮寄、公告的方式送达。邮寄送达,挂号回执上注明的收件日期为送达日期;公告送达,自发出公告之日起经过 60 天,即视为送达。

七、交通行政处罚执行程序

行政处罚执行程序是指确保行政处罚决定所确定的内容得到实现的程序。行政处罚一旦作出,就具有法律效力。交通行政处罚依法作出后,当事人应当在行政处罚决定的期限内履行其义务。

1. 罚款机关与收缴罚款的机构相分离

交通管理部门与收缴罚款的机构相分离。《行政处罚法》确立了罚款决定机关与收缴罚款机构相分离的制度,在行政处罚作出后,作出罚款的行政机关及其工作人员不能自行收缴罚款。当事人应当自收到行政处罚决定书之日起 15 日内,到指定的银行缴纳罚款。银行应当收受罚款,并将罚款直接上缴国库。

根据《行政处罚法》第 47 条、第 48 条的规定,当场作出行政处罚决定,有下列情形之一的,执法人员可以当场收缴罚款:

①依法给予 20 元以下的罚款。

②不当场收缴事后难以执行的。

③在边远、水上、交通不便地区,交通管理部门及其执法人员依照法律、法规及规章的规定作出罚款规定后,当事人向指定的银行缴纳罚款确有困难,经当事人书面提出,交通管理部门及其执法人员可以当场收缴罚款。

2. 严格执行收缴制度

(1)交通管理部门及其执法人员当场收缴罚款的,必须向当事人出具省级财政部门统一制发的罚款收据。不出具财政部门统一制发的罚款收据的,当事人有权拒绝缴纳罚款。

(2)行政制法人员当场收缴罚款的,应当自收缴罚款之日起二日内,交至执法人员所属交通管理部门;在水上当场收缴的罚款应当自抵岸之日起二日内交至所属交通管理部门;交通管理部门应当在二日内将罚款交付指定的银行。财政部门不得以任何形式向作出行政处罚的机关返还这些款项的全部或部分。

(3)当事人确有经济困难,需要延期或者分期缴纳罚款的,经当事人申请和行政机关批准,可以暂缓或者分期缴纳。

3. 交通行政处罚的强制执行

(1)交通行政强制执行概念。交通行政强制执行是指交通行政管理相对人对已经生效的处罚决定,拒不履行其法定义务的,交通行政管理部门依法强制执行或者请求人民法院强制执行的行政行为。交通行政强制执行具有以下特点:

①交通行政强制的主体是交通主管部门或法律、法规授权的交通管理部门。

②交通行政强制执行的对象是拒不履行法定义务的交通行政管理相对人。没有这一前提的存在,行政强制执行就不可能发生。

③交通行政强制执行的目的是保证法定义务的彻底实现。

④交通行政强制措施的法律是一种具有可诉性的具体行政行为。

(2)交通行政强制执行的措施。交通行政处罚决定作出之后,当事人应当在法定期限内自觉履行处罚决定的义务,如果当事人没有正当理由逾期不履行行政处罚决定的,作出交通行政处罚的交通主管部门可以采取下列措施:

①到期不缴纳罚款的,每日按罚款数额的 3‰ 加处罚款。

②根据法律规定,将查封、扣押的财物拍卖或者将冻结的存款划拨抵缴罚款。

③申请人民法院强制执行。

> **思考**
>
> 当场处罚决定和当场收缴罚款分别符合什么条件?

案例分析

1.课堂任务操作

针对导入案例,进行分组讨论:

(1)分析案情;

(2)找出适用的法律法规条款;

(3)根据法律法规条款的规定分析案例。

2.课外任务

查阅《道路运输条例》《行政处罚法》《交通行政处罚程序规定》中的行政处罚规定。

思考讨论

针对导入案例讨论:

1.只要司机不承认收了运费,仅凭乘车人的证据能不能处罚?

2.专车不是出租车,能否按照未经许可擅自从事出租汽车经营处理?

任务2　　交通行政复议规定

案例导入

某镇农民张威购买了一辆铁轮车用于农业生产。张威开着铁轮车去自己的农田从事田间作业,从他住所到农田必须经过一条县乡公路,于是他驾驶着铁轮车行驶在这条公路上约800米到达自己的农田开始田间作业。由于这条公路是一条乡道,是没有铺筑路面的土路,加上刚雨过天晴,铁轮车轮行驶留下不少轧痕。该镇人民政府认为张威驾驶铁轮车给乡道公路造成了损坏,要求张威予以赔偿。张威认为,这条公路没有铺筑路面,雨后无论是人还是铁轮车行走在这条公路上都会留下深浅不同的痕迹,不能认为是造成损坏。

镇人民政府行政处罚决定认为:张威故意驾驶铁轮车将该村通往该镇的乡道轧坏,给镇人民政府造成了不应有的损失,考虑到张威是为了农业生产,决定依据《公路安全保护条例》第64条的规定,由张威赔偿镇政府损失800元和罚款800元的处罚。张威不服,向县人民政府提起了行政复议。

思考:本案涉及两个问题,一是,复议案件中申请人提出的复议申请,复议机关无正当理由不予受理,申请人能否向上一级复议机关提出申请?二是,乡道的处罚主体是哪个部门,管理权和处罚权是否一致?

结合《公路法》《公路安全保护条例》《中华人民共和国行政复议法》等相关司法解释,分析上述两个问题。

相关知识

1994 年 4 月 29 日中华人民共和国第九届全国人民代表大会常务委员会第九次会议通过《中华人民共和国行政复议法》(以下简称《行政复议法》),自 1999 年 10 月 1 日起施行。2000年 6 月 27 日交通部发布并施行《交通行政复议规定》,2015 年 9 月 9 日修正,重新发布,并于2015 年 9 月 9 日起施行。

一、交通行政复议的概念

交通行政复议是指公民、法人或者其他组织认为交通管理部门作出的具体行政行为侵犯其合法权益,在法定期限内向上一级交通管理部门或者法律、法规规定的其他机关提出行政复议申请,依法作出交通行政复议决定的一种法律制度。对于交通行政机关来说,行政复议是行政机关系统内部自我监督的一种重要形式;对于行政相对人来说,行政复议是对其被侵犯的权益的一种救济手段或途径。

行政机关作出的行政行为可以分为具体行政行为,如行政处罚、行政强制等,以及抽象行政行为。我国行政复议以具体行政行为为审查对象,附带审查抽象行政行为中的其他规范性文件,但不审查行政法规和规章。

二、交通行政复议的特点

(1)交通行政复议是行政机关的行政行为。交通行政复议的主体是交通行政机关,交通行政复议是行政管理的相对人认为交通行政主体的具体行政复议的行为侵犯其合法权益,依法向法定的机关提出申请,由受理机关根据法定程序对其具体交通行政行为的合法性和适当性进行审查并作出相应决定的活动。它的前提是交通行政管理部门作出具体行政行为和存在交通行政管理相对人对具体行政行为不服而产生的行政争议。

(2)交通行政复议是由行政相对人启动的。交通行政复议是行政管理相对人主动提出申请的当事人,即为申请人;交通管理部门为被动的当事人,即为被申请人。交通行政复议的提起,只能由认为自己的合法权益受到侵害的行政相对人主动向交通行政复议机关提出申请。没有交通行政相对人的申请,行政机关不能主动进行复议活动。

(3)交通行政复议必须按照法定的程序进行。管理相对人提出复议申请必须在法律、法规规定的期限内提出,交通行政复议机关受理复议申请,进行调查取证,组织审理都须依法进行,并在法定期限内做出复议决定。

(4)交通行政复议的程序是法定的安排。《行政复议法》第 10 条、17 条、23 条、28 条、32条、33 条规定了行政复议的程序。行政复议程序要依次序连贯进行,它包括复议申请、复议受理、复议审理、复议决定和执行。

三、交通行政复议的受案范围和管辖

1. 交通行政复议的管辖

交通行政复议管辖是指行政复议机关受理复议申请的权限和分工,即某一行政争议发生后,应由哪一个行政机关来行使行政复议权。

依照《行政复议法》和《交通行政复议规定》规定,履行交通运输行政复议职责的交通运输行政机关是交通运输行政复议机关,交通运输行政复议机关设置的法制工作机构,具体办理交通运输行政复议事项,履行《行政复议法》第 3 条规定的职责。行政复议机关的职责如下:受理

行政复议申请;向有关组织和人员调查取证,查阅文件和资料;审查申请行政复议的具体行政行为是否合法与适当,拟订行政复议决定;处理或者转送对《行政复议法》第7条所列有关规定的审查申请;对行政机关违反《行政复议法》规定的行为依照规定的权限和程序提出处理建议;办理因不服行政复议决定提起行政诉讼的应诉事项;法律、法规规定的其他职责。

交通行政复议机关,即有交通行政复议管辖权的机关分为以下五种情况:

(1)作出具体行政行为的交通管理部门的本级人民政府或其上一级交通管理部门,即交通行政复议机关。《交通行政复议规定》第4条规定:"对县级以上地方人民政府交通运输主管部门的具体行政行为不服的,可以向本级人民政府申请行政复议,也可以向其上一级人民政府交通运输主管部门申请行政复议。"

(2)设立派出机构的交通运输主管部门或者该交通运输主管部门的本级地方人民政府。《交通行政复议规定》第5条规定:"对县级以上地方人民政府交通运输主管部门依法设立的交通运输管理派出机构依照法律、法规或者规章规定,以自己的名义作出的具体行政行为不服的,向设立该派出机构的交通运输主管部门或者该交通运输主管部门的本级地方人民政府申请行政复议。"

(3)设立交通运输管理机构的交通运输主管部门。《交通行政复议规定》第6条规定:"对县级以上地方人民政府交通运输主管部门依法设立的交通运输管理机构,依照法律、法规授权,以自己的名义作出的具体行政行为不服的,向设立该管理机构的交通运输主管部门申请行政复议。"

(4)交通运输部。《交通行政复议规定》第7条规定,对下列具体行政行为不服的,可以向交通运输部申请行政复议:省级人民政府交通运输主管部门的具体行政行为;交通运输部海事局的具体行政行为;长江航务管理局、珠江航务管理局的具体行政行为;交通运输部的具体行政行为。

(5)交通运输部海事局。对交通运输部直属海事管理机构的具体行政行为不服的,应当向交通运输部海事局申请行政复议。

2. 交通行政复议的受案范围

《行政复议法》第6条对申请行政复议范围作了规定,交通行政复议受案范围,依据所作出的具体行政行为,主要有以下几个方面:

(1)交通行政处罚案件。行政处罚在交通行政处罚过程中运用得较为广泛。交通管理部门依据法律、法规、规章制定的处罚形式主要有警告、罚款、没收非法所得、暂扣或者吊销执照及责令停产停业等。

(2)交通行政强制措施案件。行政强制措施主要指限制人身自由或者查封、扣押、冻结财产等强制措施。在交通行政管理活动中采取的强制措施主要限于财产方面。

(3)交通行政机关侵犯法定经营自主权案件。行政机关侵犯合法经营自主权是指公民、法人和其他组织依据法律、法规赋予的在生产经营活动中依法享有自主支配和使用自己的人力、财力和物力以及决定产、供、销环节中自主决定不受干涉的权利,受到行政机关的干预或剥夺的行为。法律允许对这些具体的行政行为提起行政复议。

(4)交通行政管理机关许可证管理案件。行政许可案件是指公民、法人或者其他组织认为符合法定条件,申请行政机关颁发许可证、执照、资质证、资格证等证书,行政机关没有依法办理而提起的行政复议。此类案件中,对公民要求颁发有关证照的申请,行政机关的行为主要表现为两种:一是拒绝颁发,二是不予答复。拒绝颁发是行政机关对公民的申请明示不予同意或不予办理。不予答复是行政机关对公民的申请不理睬、推诿或无故拖延不办等。

(5)交通行政管理机关违法要求履行义务的案件。交通行政管理相对人的义务必须由法律事先规定。任何超越法律、法规、规章的规定所设定的义务,都是违法行为,主要包括行政机关乱摊派、乱收费、违法集资、违法征收等。

(6)交通行政管理机关不履行保护人身权、财产权的案件。

四、交通行政复议程序

交通行政复议程序是交通行政复议申请人向交通行政复议机关申请行政复议至交通行政复议机关作出行政复议决定的各项步骤、形式、顺序和时限的总和。行政复议程序一般依次为:行政复议的申请、行政复议的受理、行政复议的审理、行政复议决定、行政复议的送达。

1. 交通行政复议的申请

根据《行政复议法》的规定,行政复议的申请要由有权提出行政复议申请的申请人在法定申请期限内申请复议,申请复议应符合法定的条件,申请复议应符合法定的形式。

交通行政复议的申请,依照《行政复议法》制定《交通行政复议规定》,并作了具体的规定:

(1)申请交通行政复议应当在法律规定的时限内提出。《交通行政复议规定》第8条规定:"公民、法人或者其他组织向交通运输行政复议机关申请交通运输行政复议,应当自知道该具体行政行为之日起60日内提出行政复议申请;但是法律规定的申请期限超过60日的除外。因不可抗力或者其他正当理由耽误法定申请期限的,申请人应当在交通运输行政复议申请书中注明,或者向交通运输行政复议机关说明,并由交通运输行政复议机关记录在《交通运输行政复议申请笔录》中,经交通运输行政复议机关依法确认的,申请期限自障碍消除之日起继续计算。"

(2)申请人应符合法定资格。公民、法人和其他社会组织认为交通行政管理机构的具体行政行为侵犯其合法权益,才有权提出行政复议。

(3)属于行政复议范围和复议机关管辖。

(4)有明确的被申请人。被申请人是交通行政管理部门对交通行政管理相对人作出的具体的行政处罚行为的组织。

(5)有具体的请求事项和事实根据。

(6)交通行政复议申请书要符合法定要求。应写明申请人、被申请人、复议事项、事实和理由以及签署等。

(7)交通行政复议申请书应符合法定的形式。《交通行政复议规定》第9条规定:"申请人申请交通行政复议,可以书面申请,也可以口头申请。申请人口头申请的,交通运输行政复议机关应当当场记录申请人、被申请人的基本情况,行政复议请求,主要事实、理由和时间;申请人应当在行政复议申请笔录上签名或者署印。"

(8)《交通行政复议规定》第10条规定,如果申请人向人民法院提起行政诉讼或者向本级人民政府申请行政复议,并被其一受理的,不得再向交通行政复议机关申请行政复议。

2. 交通行政复议的受理

(1)受理期限及对受理要求。《交通行政复议规定》第11条规定,交通运输行政复议机关收到交通运输行政复议申请后,应当在5日内进行审查。对符合《行政复议法》规定的行政复议申请,应当决定予以受理,并制作《交通运输行政复议申请受理通知书》送达申请人、被申请人;对不符合《行政复议法》规定的行政复议申请,决定不予受理,并制作《交通运输行政复议申请不予受理决定书》送达申请人;对符合《行政复议法》规定,但是不属于本机关受理的行政复议申请,应当告知申请人向有关行政复议机关提出。除上述规定外,交通运输行政复议申请自交通运输行政复议机关设置的法制工作机构收到之日起即为受理。

(2)对无正当理由不予受理的处理规定。《交通行政复议规定》第12条规定,公民、法人或者其他组织依法提出交通运输行政复议申请,交通运输行政复议机关无正当理由不予受理的,上级交通运输行政机关应当制作《责令受理通知书》责令其受理;必要时,上级交通运输行政机关可以直接受理。

(3)对申请人要求调查的规定。《交通行政复议规定》第13条规定,交通运输行政复议原则上采取书面审查的办法,但是申请人提出要求或者交通运输行政复议机关设置的法制工作机构认为有必要时,可以向有关组织和个人调查情况,听取申请人、被申请人和第三人(同申请行政复议的具体行政行为有利害关系的其他公民、法人或者其他组织)的意见。

复议人员调查情况、听取意见,应当制作《交通运输行政复议调查笔录》。

(4)送达受理通知的规定。《交通行政复议规定》第14条规定,交通运输行政复议机关设置的法制工作机构应当自行政复议申请受理之日起7日内,将交通运输行政复议申请书副本或者《交通运输行政复议申请笔录》复印件及《交通运输行政复议申请受理通知书》送达被申请人。

3. 交通行政复议的审理

(1)审理前的准备。交通运输行政复议机关将《交通行政复议规定》第14条规定的相关通知送达被申请人。被申请人应当自收到受理通知之日起10日内向交通运输行政复议机关提交《交通运输行政复议答复意见书》,并提交作出具体行政行为的证据、依据和其他有关材料。复议机关向有关组织调查情况、收集证据、查阅文件和资料等。

(2)审理的内容。一是对具体行政行为申请行政复议,二是对行政行为所依据的规定申请复议。按照《交通行政复议规定》第16条规定,申请人在申请交通运输行政复议时,对《行政复议法》第7条所列有关规定提出审查申请的,交通运输行政复议机关对该规定有权处理的,应当在30日内依法处理;无权处理的,应当在7日内制作《规范性文件转送处理函》,按照法定程序转送有权处理的行政机关依法处理。

《行政复议法》第7条规定:"公民、法人或者其他组织认为行政机关的具体行政行为所依据的下列规定不合法,在对具体行政行为申请行政复议时,可以一并向行政复议机关提出对该规定的审查申请:国务院部门的规定;县级以上地方各级人民政府及其工作部门的规定;乡、镇人民政府的规定。前款所列规定不含国务院部、委员会规章和地方人民政府规章。"

(3)审理的期限。《交通行政复议规定》第20条规定,交通行政复议机关应当自受理交通行政复议申请之日起60日内作出交通行政复议决定;但是法律规定的行政复议期限少于60日的除外。情况复杂,不能在规定期限内作出交通行政复议的,经交通行政复议机关的负责人批准,可以适当延长,并告知申请人、被申请人,但是延长期限最长不超过30日。

(4)审理的方式。《交通行政复议规定》第13条规定,交通运输行政复议原则上采取书面审查的办法,但是申请人提出要求或者交通运输行政复议机关设置的法制工作机构认为有必要时,可以向有关组织和个人调查情况,听取申请人、被申请人和第三人的意见。

复议人员调查情况、听取意见,应当制作《交通运输行政复议调查笔录》。

(5)审理中的其他问题。

①审理期间可以撤回行政复议申请。《交通行政复议规定》第 15 条规定,交通行政复议决定作出前,申请人要求撤回行政复议申请的,经说明理由并由复议机关记录在案,可以撤回,撤回行政复议申请的,交通行政复议终止。

②行政复议期间具体行政行为一般不停止执行。《行政复议法》第 21 条规定,行政复议期间具体行政行为不停止执行;但是,有下列情形之一的,可以停止执行:被申请人认为需要停止执行的;行政复议机关认为需要停止执行的;申请人申请停止执行,行政复议机关认为其要求合理,决定停止执行的;法律规定停止执行的。

③《行政复议法》第 24 条规定,在行政复议过程中,被申请人不得自行向申请人和其他有关组织或者个人收集证据。

4. **交通行政复议决定**

(1)交通行政复议决定的期限。依据《行政复议法》第 31 条和《交通行政复议规定》第 20 条的规定,交通运输行政复议机关应当自受理交通运输行政复议申请之日起 60 日内作出交通运输行政复议决定;但是法律规定的行政复议期限少于 60 日的除外。情况复杂,不能在规定期限内作出交通运输行政复议决定的,经交通运输行政复议机关的负责人批准,可以适当延长,并告知申请人、被申请人、第三人,但是延长期限最多不超过 30 日。

交通运输行政复议机关延长复议期限的,应当制作《延长交通运输行政复议期限通知书》送达申请人、被申请人、第三人。

(2)交通行政复议决定的分类。交通运输行政复议机关设置的法制工作机构应当对被申请人作出的具体行政行为进行审查,提出意见,经交通运输行政复议机关的负责人同意或者集体讨论通过后,按照下列规定作出交通运输行政复议决定:

①维持决定。具体行政行为认定事实清楚,证据确凿,适用依据正确,程序合法,内容适当的,决定维持。

②被申请人不履行法定职责的,责令其在一定期限内履行。

③具体行政行为有下列情形之一的,决定撤销、变更或者确认该具体行政行为违法;决定撤销或者确认该具体行政行为违法的,可以责令被申请人在一定期限内重新作出具体行政行为:主要事实不清、证据不足的;适用依据错误的;违反法定程序的;超越或者滥用职权的;具体行政行为明显不当的。

《交通行政复议规定》第 18 条第 4 款规定:被申请人不按照《行政复议法》第 23 条的规定提出书面答复、提交当初作出具体行政行为的证据、依据和其他有关材料的,视为该具体行政行为没有证据、依据,决定撤销该具体行政行为。

交通运输行政复议机关责令被申请人重新作出具体行政行为的,被申请人不得以同一的事实和理由作出与原具体行政行为相同或者基本相同的具体行政行为。

《交通行政复议规定》第 22 条规定,交通运输行政复议机关设置的法制工作机构发现有《行政复议法》第 38 条规定的违法行为的,应当制作《交通运输行政复议违法行为处理建议书》向有关行政机关提出建议,有关行政机关应当依照《行政复议法》和有关法律、行政法规的规定作出处理。

④赔偿决定。《行政复议法》第 29 条规定,申请人在申请行政复议时可以一并提出行政赔偿请求,行政复议机关对符合国家赔偿法的有关规定应当给予赔偿的,在决定撤销、变更具体

行政行为或者确认具体行政行为违法时,应当同时决定被申请人依法给予赔偿。

申请人在申请行政复议时没有提出行政赔偿请求的,行政复议机关在依法决定撤销或者变更罚款,撤销违法集资、没收财物、征收财物、摊派费用以及对财产的查封、扣押、冻结等具体行政行为时,应当同时责令被申请人返还财产,解除对财产的查封、扣押、冻结措施,或者赔偿相应的价款。

5. 行政决定书的送达

《交通行政复议规定》第19条规定,交通运输行政复议机关作出交通运输行政复议决定,应当制作《交通运输行政复议决定书》,加盖交通运输行政复议机关印章,分别送达申请人、被申请人和第三人;交通运输行政复议决定书一经送达即发生法律效力。申请人如果不服行政复议决定,可以依法向法院提起行政诉讼。

交通运输行政复议机关向当事人送达《交通运输行政复议决定书》及其他交通运输行政复议文书(除邮寄、公告送达外)应当使用《送达回证》,受送达人应当在送达回证上注明收到日期,并签名或者署印。

《交通行政复议规定》第21条规定,被申请人不履行或者无正当理由拖延履行交通运输行政复议决定的,交通运输行政复议机关或者有关上级交通运输行政机关应当责令其限期履行。

> **思考**
>
> 根据《行政复议法》和《交通行政复议规定》,交通行政复议的裁决结果有哪几种情况?

知识拓展

《行政复议法》相关规定

第3条　(1)不服县级以上地方政府交通主管部门的具体行政行为的复议申请管辖。由申请人选择既可以向本级人民政府申请行政复议,也可以向其上一级人民政府交通主管部门申请行政复议。

(2)不服县级以上地方人民政府交通主管部门依法设立的交通管理派出机构,依照法律、法规或者规章规定,以自己的名义作出的具体行政行为的管辖。申请人选择既可以向设立该派出机构的交通主管部门申请行政复议,也可以向该交通主管部门的本级地方人民政府申请行政复议。

(3)不服县级以上地方人民政府交通主管部门依法设立的交通管理机构,依照法律、法规授权,以自己的名义作出的具体行政行为的管辖。由申请人向设立该管理机构的交通主管部门申请行政复议。

(4)不服下列具体行政行为的,向交通部申请行政复议:

①省级人民政府交通主管部门的具体行政行为。

②交通部直属海事管理机构的具体行政行为。

③长江航务管理局、珠江航务管理局的具体行政行为。

④交通部的具体行政行为。

第17条　行政复议机关收到行政复议申请后,应当在五日内进行审查,对不符合本法规定的行政复议申请,决定不予受理,并书面告知申请人;对符合本法规定,但是不属于本机关受理的行政复议申请,应当告知申请人向有关行政复议机关提出。

除前款规定外,行政复议申请自行政复议机关负责法制工作的机构收到之日起即为受理。

第38条　行政复议机关负责法制工作的机构发现有无正当理由不予受理行政复议申请、不按照规定期限作出行政复议决定、徇私舞弊、对申请人打击报复或者不履行行政复议决定等情形的,应当向有关行政机关提出建议,有关行政机关应当依照本法和有关法律、行政法规的规定作出处理。

《交通行政复议规定》相关条款

第7条　对下列具体行政行为不服的,可以向交通运输部申请行政复议:

(1)省级人民政府交通运输主管部门的具体行政行为;

(2)交通运输部海事局的具体行政行为;

(3)长江航务管理局、珠江航务管理局的具体行政行为;

(4)交通运输部的具体行政行为。

对交通运输部直属海事管理机构的具体行政行为不服的,应当向交通运输部海事局申请行政复议。

第23条　交通运输行政复议机关受理交通运输行政复议申请,不得向申请人收取任何费用。

案例分析

1. 课堂任务操作

针对导入案例,进行分组讨论:

(1)分析案情;

(2)找出适用的法律法规条款;

(3)根据法律法规条款的规定分析案例。

2. 课外任务

查阅《行政复议法》《公路法》《交通行政复议规定》等法律法规的相关规定。

思考讨论

1. 简述交通行政复议各环节的期限规定。

2.《行政复议法》的受案范围大体分为哪几个类型?

3. 行政复议决定几种情况?

任务3　交通行政诉讼规定

案例导入

原告罗伦富因不服被告四川省泸州市公安局交通警察支队三大队(以下简称交警队)对其子康忠华(已亡)作出的道路交通事故责任认定,向四川省泸州市龙马潭区人民法院提起交通行政诉讼。

原告诉称:被告交警队未将事故路面施工单位追加为交通事故的责任人,就以第2000－279号《道路交通事故责任认定书》认定驾驶员康忠华负交通事故全部责任。这个责任认定与被告的现场勘查笔录、询问笔录中载明的事故路面施工现场上无任何标志牌、防围设施、值勤人员提前下班等事实相矛盾,该认定书事实不清,证据不足,是违法的具体行政行为。请求撤销被告的交通事故责任认定,判令被告重新认定此次道路交通事故的责任。

被告辩称:原告对道路交通事故责任认定不服,只能在法定的 15 日内向上一级交警部门申请重新认定。原告不申请重新认定,而且还同意被告就该事故的损害赔偿进行调解,并达成了调解协议。原告现在向法院提起交通行政诉讼,不服的只能是"调解协议"。根据自 2000 年 3 月 10 日起施行的最高人民法院法释〔2000〕8 号《关于执行〈中华人民共和国行政诉讼法〉若干问题的解释》(以下简称《行诉法解释》)第 1 条第 2 款第(3)项的规定,调解行为不属于交通行政诉讼受案范围。因此,应当驳回原告的起诉。

对此,一审法院泸州市龙马潭区人民法院依照《中华人民共和国行政诉讼法》作出维持交警队《道路交通事故责任认定书》中对康忠华的责任认定的判决。原告罗伦富不服一审判决,向四川省泸州市中级人民法院提起上诉。

二审泸州市中级人民法院经审理认为:对道路交通事故进行责任认定,是公安机关根据行政法规的授权实施的一种行政确认行为。该行为直接关系到发生道路交通事故后,当事人是否构成犯罪以及应否被追究刑事责任、是否违法以及应否被行政处罚、是否承担民事赔偿责任或者能否得到民事赔偿的问题,因此它涉及当事人的权利和义务,认为本案不属于交通行政诉讼。

思考:结合《中华人民共和国行政诉讼法》、《道路交通安全法》及 2000 年《行诉法解释》等,分析评述交警队作出的交通事故责任认定结论是否属于交通行政诉讼受案范围。

相关知识

《中华人民共和国行政诉讼法》(以下简称《行政诉讼法》)于 1989 年 4 月 4 日经第七届全国人民代表大会第二次会议通过,1990 年 10 月 1 日起施行,2014 年 11 月 1 日进行修订并于 2015 年 5 月 1 日起施行。

行政诉讼是一种法律诉讼程序,因为目前尚未有专门的交通行政诉讼法规,《行政诉讼法》便是确定交通诉讼参与人的法律地位和相互关系的法律规范。

一、行政诉讼的概念及特征

1.行政诉讼的概念

行政诉讼是指公民、法人或者其他组织认为行政机关和法律、法规授权组织的行政行为侵犯其合法权益,依法向法院起诉,法院在当事人及其他诉讼参与人的参加下,对行政行为进行审理并作出裁决的活动。

2.行政诉讼的特征

与其他诉讼制度相比较,行政诉讼具有以下特征:

(1)行政诉讼是解决一定范围内的行政争议的活动。交通行政诉讼的行政争议是政府交通管理部门作为行政主体在行使行政职权的过程中与行政相对人和其他法律利害关系人发生的权利和义务纠纷。行政诉讼就是解决行政争议的诉讼,这是行政诉讼在受理、裁判的案件上与其他诉讼的区别。刑事诉讼解决的是被追诉者刑事责任的问题;民事诉讼解决的是民商事权益纠纷的问题,而行政诉讼解决是行政争议,即行政机关或法律、法规授权的组织与公民、法人或者其他组织在行政管理过程中发生的争议。

(2)行政诉讼的核心是法院只审查行政行为的合法性,不审查其合理性,但交通行政处罚显失公正的,人民法院可以判决变更。法院审查的根本目的是保障公民、法人或者其他组织的合法权益不受违法行政行为的侵害。这就决定了行政诉讼与刑事诉讼和民事诉讼在审理形式和裁判形式上有所不同。如行政诉讼案件不得以调解方式结案;证明具体行政行为合法性的举证责任由被告承担;行政诉讼的裁判以撤销、维持判决为主要形式等。

(3)行政诉讼中原告、被告具有恒定性。交通行政诉讼是公民(法人、组织)与政府交通管理部门打"官司",公民(法人、组织)是原告,作出行政处罚行为的交通管理部门是被告。法院的司法活动主要体现为对政府交通管理部门权力的监督。在行政诉讼中,只有在行政管理中受行政行为拘束或法律上权益受行政行为影响的公民、法人和其他组织能够成为原告、享有起诉权,作出行政行为的行政主体只能作为被告应诉。

3. 行政诉讼案件的构成要件

(1)原告是认为行政机关及被授权组织作出的行政行为侵犯其合法权益的公民、法人或者其他组织。

(2)被告是作出被原告认为侵犯其合法权益的行政行为的行政机关及被授权组织。

(3)原告提起行政诉讼必须是在法律、法规规定属于法院受案范围内及属于受诉法院管辖的行政争议。

(4)原告必须是在法定期限内起诉。

(5)法律、法规规定起诉前必须经过行政复议的,已进行了行政复议;自行选择行政复议的,复议机关已作出复议决定或者逾期未作出复议决定。

二、行政诉讼立法原则

行政诉讼的基本原则,是指由宪法和法律规定的,反映行政诉讼的基本特点,对行政诉讼具有普遍指导意义,体现并反映着行政诉讼的客观规律和法律的精神实质的基本规则。

1. 人民法院依法独立审判原则

《行政诉讼法》第4条第1款的规定:"人民法院依法对行政案件独立行使审判权,不受行政机关、社会团体和个人的干涉。"《行政诉讼法》的上述规定,确立了人民法院对行政案件的依法独立行使审判权的原则。这一规定,也是《宪法》第126条、《人民法院组织法》第4条有关规定在交通行政诉讼中的具体化,行政诉讼活动必须遵循。

2. 以事实为根据,以法律为准绳原则

《行政诉讼法》第5条规定:"人民法院审理行政案件,以事实为根据,以法律为准绳"。这一原则要求人民法院在审理行政案件过程中,要查明案件事实真相,以法律为尺度,作出公正的裁判。

3. 对具体行政行为合法性审查原则

《行政诉讼法》第6条规定:"人民法院审理行政案件,对行政行为是否合法进行审查。"由此确立人民法院通过行政审判对行政行为进行合法性审查的特有原则,简称合法性审查原则或司法审查原则。合法性审查包括程序意义上的审查和实体意义上的审查两层涵义。程序意义上的合法性审查,是指人民法院依法受理行政案件,有权对被诉行政行为是否合法进行审理并作出裁判。实体意义上的审查,是指人民法院只对行政行为是否合法进行审查,不审查抽象行政行为,一般也不对行政行为是否合理进行审查。就是说,这是一种有限的审查。

4.当事人法律地位平等原则

《行政诉讼法》第8条规定:"当事人在行政诉讼中的法律地位平等。"这一规定是法律面前人人平等的社会主义法制原则,在行政诉讼中的具体体现。在行政诉讼的双方当事人中,一方是行政主体,它在行政管理活动中代表国家行使行政权力,处于管理者的主导地位;另一方是公民、法人或者其他组织,他们在行政管理活动中处于被管理者的地位。两者之间的关系是管理者与被管理者之间从属性行政管理关系。但是,双方发生行政争议依法进入行政诉讼程序后,他们之间就由原来的从属性行政管理关系,转变为平等性的行政诉讼关系,成为行政诉讼的双方当事人,在整个诉讼过程中,原告与被告的诉讼法律地位是平等的。

5.使用民族语文文字进行诉讼的原则

《行政诉讼法》第9条规定:"各民族公民都有用本民族语言、文字进行行政诉讼的权利。在少数民族聚居或者多民族共同居住的地区,人民法院应当用当地民族通用的语言、文字进行审理和发布法律文书。人民法院应对不通晓当地民族通用语言、文字的诉讼参与人提供翻译。"中国的三大诉讼法都把使用本民族语言文字进行诉讼作为基本原则予以规定。

6.辩论原则

《行政诉讼法》第10条规定:"当事人在行政诉讼中有权进行辩论。"所谓辩论,是指当事人在法院主持下,就案件的事实和争议的问题,充分陈述各自的主张和意见,互相进行反驳的答辩,以维护自己的合法权益。辩论原则具体体现了交通行政诉讼当事人在诉讼中平等的法律地位,是现代民主诉讼制度的象征。

7.合议、回避、公开审判和两审终审原则

《行政诉讼法》第7条规定:"人民法院审理行政案件,依法实行合议、回避、公开审判和两审终审制度。"《行政诉讼法》第七章又将这一规定具体化,使之成为行政审判中的四项基本制度。

8.人民检察院实行法律监督原则

《行政诉讼法》第11条规定:"人民检察院有权对行政诉讼实行法律监督。"人民检察院在行政诉讼中的法律监督,主要体现在对人民法院作出的错误的生效裁判,可以依法提起抗诉。

三、行政诉讼的基本制度

1.合议

审理行政案件都要组成合议庭,依靠集体智慧,保证案件得到正确审理。合议制度的主要内容是:

(1)在不同的审判阶段应当分别组成合议庭。第一审案件由审判员或者审判员、陪审员组成合议庭;第二审案件一般由审判员组成合议庭;再审案件要区分由第一审法院或者由第二审法院再审的情况,按照第一审或者第二审合议庭组成的规定,组织合议庭。

(2)不论在哪个审判阶段,合议庭的组成人数应当是三人以上的单数。

(3)合议庭成员享有平等的权利,合议庭评议案件,实行少数服从多数的原则,对评议中不同意见,必须如实记入笔录。

(4)合议庭应当接受和服从审判委员会的领导和监督。

2.回避

回避有当事人申请回避和审判人员申请回避两种。一种是当事人如认为审判人员与本案有利害关系或者其他关系不能公正审判,有权申请审判人员回避。另一种是审判人员如果认为自己与本案有利害关系或者其他关系,应当申请回避。这两种情形同样适用于书记员、翻译人员、鉴定人、勘验人。

3. 公开审判

公开审判是指人民法院审理案件,除法律规定的特别情况外,一律公开进行。人民法院开庭审理时的各种诉讼活动,除合议庭评议案件以外,要对群众公开,对社会公开,允许群众旁听,允许记者采访报道案情和审判情况。行政诉讼中贯彻公开审判原则的具体要求是:第一审案件,除涉及国家秘密、个人隐私或者法律另有规定以外,一律公开进行。第二审案件,除人民法院认为事实清楚的,可以实行书面审理以外,应当按照第一审的办法进行。

4. 两审终审

两审终审是指行政案件经过第一审、第二审两级人民法院审判,就宣告终结的制度。当事人不服第一审法院的判决、裁定,可以向上一级人民法院(即第二审法院)提起上诉。第二审法院对上诉案件所作的判决、裁定是终审的判决、裁定,当事人不得再提起上诉。当事人如果在法定上诉期间不提起上诉,那么第一审法院的判决、裁定在上诉期满后即发生法律效力。由于最高人民法院是国家最高审判机关,它对第一审行政案件作出的判决、裁定是终审的判决、裁定,当事人不得提起上诉。

四、行政诉讼受案范围和管辖

1. 行政诉讼受案范围

行政诉讼受案范围,又称"行政审判权范围"或者"可诉行为范围",它是指法院受理行政争议案件的界限,即可以受理什么样的案件,不能受理什么样的案件,哪些行政活动应当由法院审查,哪些不能被审查。

(1)法院可受理的行政诉讼案件。《行政诉讼法》规定了法院受理行政案件的范围。

《行政诉讼法》第12条规定,人民法院受理公民、法人或者其他组织提起的下列诉讼:

①对行政拘留、暂扣或者吊销许可证和执照、责令停产停业、没收违法所得、没收非法财物、罚款、警告等行政处罚不服的;

②对限制人身自由或者对财产的查封、扣押、冻结等行政强制措施和行政强制执行不服的;

③申请行政许可,行政机关拒绝或者在法定期限内不予答复,或者对行政机关作出的有关行政许可的其他决定不服的;

④对行政机关作出的关于确认土地、矿藏、水流、森林、山岭、草原、荒地、滩涂、海域等自然资源的所有权或者使用权的决定不服的;

⑤对征收、征用决定及其补偿决定不服的;

⑥申请行政机关履行保护人身权、财产权等合法权益的法定职责,行政机关拒绝履行或者不予答复的;

⑦认为行政机关侵犯其经营自主权或者农村土地承包经营权、农村土地经营权的;

⑧认为行政机关滥用行政权力排除或者限制竞争的;

⑨认为行政机关违法集资、摊派费用或者违法要求履行其他义务的;

⑩认为行政机关没有依法支付抚恤金、最低生活保障待遇或者社会保险待遇的;

⑪认为行政机关不依法履行、未按照约定履行或者违法变更、解除政府特许经营协议、土地房屋征收补偿协议等协议的;

⑫认为行政机关侵犯其他人身权、财产权等合法权益的。

（2）法院不予受理的行政诉讼案件。根据《行政诉讼法》第13条的有关条文规定，人民法院不受理公民、法人或者其他组织对下列事项提起的诉讼：①国防、外交等国家行为；②行政法规、规章或者行政机关制定、发布的具有普遍约束力的决定、命令；③行政机关对行政机关工作人员的奖惩、任免等决定；④法律规定由行政机关最终裁决的行政行为。

2.行政诉讼的管辖

行政诉讼的管辖属于人民法院之间受理第一审行政案件的分工。

（1）级别管辖。级别管辖是指按照法院的组织系统来划分上下级人民法院之间受理第一审案件的分工和权限。《行政诉讼法》第14条至第17条对级别管辖作了明确具体的规定。

①基层人民法院管辖第一审行政案件。

②中级人民法院管辖下列第一审行政案件：对国务院各部门或者县级以上地方人民政府所作的行政行为提起诉讼的案件；海关处理的案件；本辖区内重大、复杂的案件；其他法律规定由中级人民法院管辖的案件。

③高级人民法院管辖本辖区内重大、复杂的第一审行政案件。

④最高人民法院管辖中国范围内重大、复杂的第一审行政案件。

（2）地域管辖。地域管辖又称区域管辖，是指同级法院之间在各自辖区内受理第一审案件的分工和权限。

①一般地域管辖。一般地域管辖适用于没有法定特殊因素的一般行政案件。如果一个案件兼具两种性质，应当优先适用特殊地域管辖规定。例如，复议机关改变原行政行为的不动产案件，在管辖上应适用有关不动产的特殊管辖规定。根据《行政诉讼法》第18条规定："行政案件由最初作出行政行为的行政机关所在地人民法院管辖。经复议的案件，也可以由复议机关所在地人民法院管辖。"一般地域管辖采取了"原告就被告"原则。行政案件原则上由最初作出行政行为的行政机关所在地法院管辖，这是为了：便利当事人诉讼；便于法院通知、调查取证与执行；尊重法规、规章及其他规范性文件效力的区域性；由被告行政机关所在地法院管辖，能保证行政机关的依据与审判机关审查的依据的一致性，避免出现区域规范冲突；防止滥诉。

②特殊地域管辖。《行政诉讼法》规定的特殊地域管辖有两种情况：

a.对限制人身自由的行政强制措施不服提起的诉讼，由被告所在地或者原告所在地人民法院管辖。"原告所在地"，包括原告的户籍所在地、经常居住地和被限制人身自由地。所谓经常居住地，是指公民离开住所地连续居住满1年以上的地方。所谓被限制人身自由所在地，是指公民被羁押、限制人身自由的场所的所在地。

b.因不动产提起的行政诉讼，由不动产所在地人民法院管辖。

行政诉讼法做这种规定的主要目的是方便公民起诉，防止行政机关规避法律。

③共同地域管辖。共同管辖是指两个以上的法院对同一个诉讼案件都有合法的管辖权的情况。《行政诉讼法》规定的共同管辖情况有：

a.行政复议决定改变原行政行为的案件，行政复议机关和原行政机关所在地的人民法院都有权管辖。

b.采取限制人身自由的行政强制措施案件，被告所在地的法院与原告户籍地、住所地、被限制人身自由地的法院都有权管辖。

五、行政诉讼参加人与参与人

(1)行政诉讼参加人是指依法参加行政活动,享有诉讼权利、承担诉讼义务的当事人和与当事人诉讼地位相似的诉讼代理人,包括原告、被告、共同诉讼人、第三人和诉讼代理人。

(2)行政诉讼参与人是指除审判人员、书记员、执行人员以外的参与行政诉讼的人,包括当事人、诉讼代理人、证人、鉴定人和翻译人员等。他们在诉讼中所处的地位不同,享有的诉讼权利和担负的诉讼义务也不同。

行政诉讼参与人的范围比行政诉讼参加人的范围更大,前者包括了后者;行政诉讼参加人以外的诉讼参与人在诉讼中的地位和重要性要次于行政诉讼参加人。

《行政诉讼法》第25条规定:"行政行为的相对人以及其他与行政行为有利害关系的公民、法人或者其他组织,有权提起诉讼。有权提起诉讼的公民死亡,其近亲属可以提起诉讼。有权提起诉讼的法人或者其他组织终止,承受其权利的法人或者其他组织可以提起诉讼。"

《行政诉讼法》第26条规定,公民、法人或者其他组织直接向人民法院提起诉讼的,作出行政行为的行政机关是被告。

经复议的案件,复议机关决定维持原行政行为的,作出原行政行为的行政机关和复议机关是共同被告;复议机关改变原行政行为的,复议机关是被告。

复议机关在法定期限内未作出复议决定,公民、法人或者其他组织起诉原行政行为的,作出原行政行为的行政机关是被告;起诉复议机关不作为的,复议机关是被告。

两个以上行政机关作出同一行政行为的,共同作出行政行为的行政机关是共同被告。

行政机关委托的组织所作的行政行为,委托的行政机关是被告。

行政机关被撤销或者职权变更的,继续行使其职权的行政机关是被告。

六、行政诉讼证据与法律适用

1. 行政诉讼证据

《行政诉讼法》第33条规定的证据包括:书证、物证、视听资料、电子数据、证人证言、当事人的陈述、鉴定意见、勘验笔录、现场笔录。以上证据经法庭审查属实,才能作为认定案件事实的根据。

2. 被告举证与法院取证

(1)被告的举证责任。根据《行政诉讼法》第34条规定,被告对作出的行政行为负有举证责任,应当提供作出该行政行为的证据和所依据的规范性文件。被告不提供或者无正当理由逾期提供证据,视为没有相应证据。但是,被诉行政行为涉及第三人合法权益,第三人提供证据的除外。

(2)被告的举证规则。《行政诉讼法》第35条规定:"在诉讼过程中,被告及其诉讼代理人不得自行向原告、第三人和证人收集证据。"这是因为,被告及其代理人"自行"向原告收集证据,说明被告作出行政行为时没有证据或者证据不足,这本身说明被告所作出的行政行为是违法的。

《行政诉讼法》第36条规定:"被告在作出行政行为时已经收集了证据,但因不可抗力等正当事由不能提供的,经人民法院准许,可以延期提供。原告或者第三人提出了其在行政处理程序中没有提出的理由或者证据的,经人民法院准许,被告可以补充证据。"

《行政诉讼法》第37条规定:"原告可以提供证明行政行为违法的证据。原告提供的证据不成立的,不免除被告的举证责任。"

(3)举证期限。

①原告或第三人应当在开庭审理前或者法院指定的交换证据之日提供证据。

②原告或第三人在第一审程序中无正当事由未提供证据而在第二审程序中提供的证据,法院不予采纳。

(4)法院的调查取证。

①《行政诉讼法》第40条规定:"人民法院有权向有关行政机关以及其他组织、公民调取证据。但是,不得为证明行政行为的合法性调取被告作出行政行为时未收集的证据。"

②《行政诉讼法》第41条规定:"与本案有关的下列证据,原告或者第三人不能自行收集的,可以申请人民法院调取:由国家机关保存而须由人民法院调取的证据;涉及国家秘密、商业秘密和个人隐私的证据;确因客观原因不能自行收集的其他证据。"

(5)证据保全。《行政诉讼法》第42条规定:"在证据可能灭失或者以后难以取得的情况下,诉讼参加人可以向人民法院申请保全证据,人民法院也可以主动采取保全措施。"

(6)质证。证据的对质辨认和核实,是指在法官的主持下,当事人就有关证据进行辨认和对质,围绕证据的真实性、关联性、合法性,证据的说明力和说明力大小进行辩论的活动。根据《行政诉讼法》第43条规定,证据应当在法庭上出示,并由当事人互相质证。对涉及国家秘密、商业秘密和个人隐私的证据,不得在公开开庭时出示。

(7)法院对证据的审核认定。人民法院应当按照法定程序,全面、客观地审查核实证据。对未采纳的证据应当在裁判文书中说明理由。以非法手段取得的证据,不得作为认定案件事实的根据。

2.行政诉讼的法律适用

《行政诉讼法》第63条规定,人民法院审理行政案件,以法律和行政法规、地方性法规为依据。地方性法规适用于本行政区域内发生的行政案件。

人民法院审理民族自治地方的行政案件,并以该民族自治地方的自治条例和单行条例为依据。

人民法院审理行政案件,参照规章。

七、行政诉讼的程序

行政诉讼程序包括起诉和受理、第一审程序、第二审程序、审判监督程序和执行程序。本书只简单介绍行政诉讼的起诉和受理、第一审程序、第二审程序。

(一)起诉和受理

1.起诉

(1)起诉的种类和期限。行政诉讼的起诉有两种:

①直接向人民法院起诉。只要法律没有明确规定必须经过复议的,公民、法人或其他组织对行政行为不服的,都可以直接向人民法院起诉。行政相对人直接向法院起诉的,应当在知道作出行政行为之日起6个月内提出,法律另有规定的除外。

②经复议后向人民法院起诉。有关法律法规规定,公民、法人或其他组织对行政行为不服必须先由复议机关处理,对复议决定仍然不服才可起诉的,公民、法人或其他组织必须先申请行政复议,然后向人民法院起诉。大多数情况下,法律法规没有规定必须经过复议的,但公民、法人或其他组织自愿选择,先申请复议,对复议决定不服的,可以再向人民法院起诉。相对人

向行政机关申请复议的,复议机关应当在收到申请之日起 2 个月内作出决定,法律法规另有规定的除外。申请人不服复议决定的,可以在收到复议决定书之日起 15 日内向法院起诉。复议机关逾期不作决定的,申请人可以在复议期满之日起 15 日内向法院起诉。法律另有规定的除外。

(2)起诉的条件。《行政诉讼法》第 49 条规定:"提起诉讼应当符合下列条件:①原告是符合本法第 25 条规定的公民、法人或者其他组织;②有明确的被告;③有具体的诉讼请求和事实根据;④属于人民法院受案范围和受诉人民法院管辖。"

2.受理和立案

受理是指人民法院对公民、法人或者其他组织的起诉进行审查后,对符合法律规定的起诉条件决定立案审理,从而引起诉讼程序开始的诉讼行为。

人民法院在接到公民、法人或者其他组织起诉状后,应当组成合议庭,对起诉的内容和形式进行审查,并根据审查结果作出受理或者不予受理的裁定。认为符合条件的,应当在 7 日内立案;不符合条件的,应当在 7 日内裁定不予受理。7 日内不能决定是否受理的,应当先予受理;受理后经审查不符合起诉条件的,裁定驳回起诉。

《行政诉讼法》第 51 条规定:"人民法院在接到起诉状时对符合本法规定的起诉条件的,应当登记立案。对当场不能判定是否符合本法规定的起诉条件的,应当接收起诉状,出具注明收到日期的书面凭证,并在 7 日内决定是否立案。不符合起诉条件的,作出不予立案的裁定。裁定书应当载明不予立案的理由。原告对裁定不服的,可以提起上诉。"

起诉状内容欠缺或者有其他错误的,应当给予指导和释明,并一次性告知当事人需要补正的内容。不得未经指导和释明即以起诉不符合条件为由不接收起诉状。

对于不接收起诉状、接收起诉状后不出具书面凭证,以及不一次性告知当事人需要补正的起诉状内容的,当事人可以向上级人民法院投诉,上级人民法院应当责令改正,并对直接负责的主管人员和其他直接责任人员依法给予处分。

《行政诉讼法》第 52 条规定:"人民法院既不立案,又不作出不予立案裁定的,当事人可以向上一级人民法院起诉。上一级人民法院认为符合起诉条件的,应当立案、审理,也可以指定其他下级人民法院立案、审理。"

复议和诉讼的受理流程,如表 5-1 所示。

表 5-1 受理流程表

	诉讼	复议
审查期限	接到诉讼 7 日内,存在先于受理的情况	接到申请后 5 日内
符合条件	受理	受理
不符合条件	裁定不予受理,对该裁定 10 日内可上诉	决定不予受理
无理拒绝受理	向上一级法院申诉或起诉,后者可指令其立案受理或继续审理	上一级机关责令受理或直接受理
受理的转移	①无管辖权法院移送至有权法院,后者不得再次移送;②上下级法院存在移转管辖	县级政府无权处理的应在 7 日内转送有权机关处理并告知申请人

(二)第一审普通程序

行政诉讼的第一审程序是指人民法院自立案至作出第一审判决的诉讼程序。

1. 审理前的准备

(1)交换诉状。交换诉状主要是人民法院向被告和原告发送有关文书。《行政诉讼法》第67条规定,人民法院应当在立案之日起5日内,将起诉状副本发送被告。被告应当在收到起诉状副本之日起15日内向人民法院提交作出行政行为的证据和所依据的规范性文件,并提出答辩状。人民法院应当在收到答辩状之日起5日内,将答辩状副本发送原告。被告不提出答辩状的,不影响人民法院审理。

(2)组成合议庭。《行政诉讼法》第68条规定,人民法院审理行政案件,由审判员组成合议庭,或者由审判员、陪审员组成合议庭。合议庭的成员,应当是三人以上的单数。

(3)审查诉讼文书和调查收集证据。

(4)处理管辖异议。当事人对受诉人民法院的管辖,有权提出异议。当事人提出管辖异议,应在收到人民法院应诉通知书之日起10日内以书面形式提出。

(5)审查其他内容。

2. 庭审方式和庭审程序

(1)庭审方式:公开审理。《行政诉讼法》第54条规定:"人民法院公开审理行政案件,但涉及国家秘密、个人隐私和法律另有规定的除外。涉及商业秘密的案件,当事人申请不公开审理的,可以不公开审理。"

开庭审理应遵循以下原则:

①采取言词方式审理。言词审理是相对书面审理而言,是指在开放审理的整个过程中,人民法院的所有职权行为和当事人以及其他诉讼参与人的一切诉讼行为,皆须直接以言词方式进行。

②审理行政案件一般不适用调解。《行政诉讼法》第60条第1款规定,人民法院审理行政案件,不适用调解。但是,行政赔偿、补偿以及行政机关行使法律、法规规定的自由裁量权的案件可以调解。

(2)庭审程序。

①开庭准备。人民法院应在开庭前3日传唤、通知当事人、诉讼参与人按时出庭参加诉讼。对公开审理的案件,应当张贴公告,载明开庭时间、地点、案由等。

②法庭调查。法庭调查是指在抗辩双方和其他诉讼参与人参加下,在审判人员支持下,当庭对案件事实、证据进行调查核实的活动。法庭调查内容包括讯问、陈述、举证、质证、认证等。法庭调查的基本顺序为:a. 公诉人宣读起诉书。在公诉人宣读起诉书之后,被告人、被害人可以分别就起诉书所指控的犯罪进行陈述,在此期间公诉人和原告可询问被告人;b. 通知证人到庭作证,告知证人权利义务,询问评价,听取证人证言;c. 通知鉴定人到庭,告知其权利义务,询问鉴定人,宣读鉴定结论;d. 出示证据;e. 通知勘验人到庭,告知其权利义务,宣读勘验笔录。

③法庭辩论。

④合议庭评议。法庭辩论结束后,合议庭休庭,由全体成员对案件进行评议。评议不对外公开,采取少数服从多数的原则。

⑤宣读判决。根据《行政诉讼法》第69至78条的规定,有如下几种判决:

a. 驳回诉求。《行政诉讼法》第69条规定:"行政行为证据确凿,适用法律、法规正确,符合法定程序的,或者原告申请被告履行法定职责或者给付义务理由不成立的,人民法院判决驳回原告的诉讼请求。"

b.判决撤销或者部分撤销,并可判决重新作出行政行为。《行政诉讼法》第70条规定:"行政行为有下列情形之一的,人民法院判决撤销或者部分撤销,并可以判决被告重新作出行政行为:主要证据不足的;适用法律、法规错误的;违反法定程序的;超越职权的;滥用职权的;明显不当的。"

人民法院判决被告重新作出行政行为的,被告不得以同一的事实和理由作出与原行政行为基本相同的行政行为。

c.判决一定期限内履行职责或义务。《行政诉讼法》第72条规定:"人民法院经过审理,查明被告不履行法定职责的,判决被告在一定期限内履行。"《行政诉讼法》第73条规定:"人民法院经过审理,查明被告依法负有给付义务的,判决被告履行给付义务。"

d.判决确认违法。《行政诉讼法》第74条规定:"行政行为有下列情形之一的,人民法院判决确认违法,但不撤销行政行为:行政行为依法应当撤销,但撤销会给国家利益、社会公共利益造成重大损害的;行政行为程序轻微违法,但对原告权利不产生实际影响的。行政行为有下列情形之一,不需要撤销或者判决履行的,人民法院判决确认违法:行政行为违法,但不具有可撤销内容的;被告改变原违法行政行为,原告仍要求确认原行政行为违法的;被告不履行或者拖延履行法定职责,判决履行没有意义的。"

e.确认行政行为无效。《行政诉讼法》第75条规定:"行政行为有实施主体不具有行政主体资格或者没有依据等重大且明显违法情形,原告申请确认行政行为无效的,人民法院判决确认无效。"人民法院判决确认违法或者无效的,可以同时判决责令被告采取补救措施;给原告造成损失的,依法判决被告承担赔偿责任。

f.判决变更。《行政诉讼法》第77条规定:"行政处罚明显不当,或者其他行政行为涉及对款额的确定、认定确有错误的,人民法院可以判决变更。人民法院判决变更,不得加重原告的义务或者减损原告的权益。但利害关系人同为原告,且诉讼请求相反的除外。"

g.判决被告承担继续履行、采取补救措施或者赔偿损失等责任。《行政诉讼法》第78条规定:"被告不依法履行、未按照约定履行或者违法变更、解除本法第12条第1款第11项规定的协议的,人民法院判决被告承担继续履行、采取补救措施或者赔偿损失等责任。被告变更、解除本法第12条第1款第11项规定的协议合法,但未依法给予补偿的,人民法院判决给予补偿。"

(3)判决规则。《行政诉讼法》规定了如下判决规则:

①公开宣判。《行政诉讼法》第80条规定:"人民法院对公开审理和不公开审理的案件,一律公开宣告判决。当庭宣判的,应当在10日内发送判决书;定期宣判的,宣判后立即发给判决书。"

②宣告判决时,必须告知当事人上诉权利、上诉期限和上诉的人民法院。

③《行政诉讼法》第58条规定,经人民法院传票传唤,原告无正当理由拒不到庭,或者未经法庭许可中途退庭的,可以按照撤诉处理;被告无正当理由拒不到庭,或者未经法庭许可中途退庭的,可以缺席判决。

(4)审理期限。《行政诉讼法》第81条规定:"人民法院应当在立案之日起6个月内作出第一审判决。有特殊情况需要延长的,由高级人民法院批准,高级人民法院审理第一审案件需要延长的,由最高人民法院批准。"

(5)案件的移送和司法建议。《行政诉讼法》第66条规定,人民法院在审理行政案件中,认为行政机关的主管人员、直接责任人员违法违纪的,应当将有关材料移送监察机关、该行政机关或者其上一级行政机关;认为有犯罪行为的,应当将有关材料移送公安、检察机关处理。

人民法院对被告经传票传唤无正当理由拒不到庭,或者未经法庭许可中途退庭的,可以将被告拒不到庭或者中途退庭的情况予以公告,并可以向监察机关或者被告的上一级行政机关提出依法给予其主要负责人或者直接责任人员处分的司法建议。

(三)第一审简易程序

《行政诉讼法》第82条规定,人民法院审理下列第一审行政案件,认为事实清楚、权利义务关系明确、争议不大的,可以适用简易程序:①被诉行政行为是依法当场作出的;②案件涉及款额2000元以下的;③属于政府信息公开案件的。

《行政诉讼法》第83条规定:"适用简易程序审理的行政案件,由审判员一人独任审理,并应当在立案之日起45日内审结。"

(四)第二审程序

第二审程序,又称上诉审程序或终审程序,是指上级人民法院对行政诉讼当事人不服其下级人民法院第一审未生效的判决、裁定而提起的上诉案件进行审判的程序。人民法院对第二审行政案件作出的判决、裁定是终审的判决、裁定,当事人不得再行上诉。

1.提起上诉

《行政诉讼法》第85条规定,当事人不服人民法院第一审判决的,有权在判决书送达之日起15日内向上一级人民法院提起上诉。当事人不服人民法院第一审裁定的,有权在裁定书送达之日起10日内向上一级人民法院提起上诉。逾期不提起上诉的,人民法院的第一审判决或者裁定发生法律效力。

2.上诉的受理

二审法院收到上诉状后,经审查认为诉讼主体合格,未超过法定的上诉期限,应当予以受理,并在5日内将上诉状副本送达被上诉人,被上诉人应在收到上诉状副本后10日内提出答辩状。

3.上诉的撤回

二审法院自受理上诉案件至作出二审裁判之前,上述人可以向二审法院申请撤回上诉。撤回上诉应提交撤诉状。撤回上诉是否准许,应由二审法院决定。经审查,法院认为上诉人撤回上诉没有规避法律和损害国家、社会、集体和他人利益,符合撤诉条件的,应当准许撤诉。

不准许撤回上诉的情形有:①发现行政机关对上诉人有胁迫的情况或者行政机关为了息事宁人,对上诉人做了违法让步的;②第二审程序中,行政机关改变原行政行为,而上诉人因行政机关改变原行政行为而申请撤回上诉的;③双方当事人都提出上诉,而只有一方当事人提出撤回上诉的;④原审人民法院的裁判确有错误,应予以纠正或发回重审的。

4.二审的审理

(1)组成合议庭。《行政诉讼法》第86条规定,人民法院对上诉案件,应当组成合议庭,开庭审理。经过阅卷、调查和询问当事人,对没有提出新的事实、证据或者理由,合议庭认为不需要开庭审理的,也可以不开庭审理。

(2)审查案件。《行政诉讼法》第87条规定,人民法院审理上诉案件,应当对原审人民法院的判决、裁定和被诉行政行为进行全面审查。

(3)作出判决。《行政诉讼法》第88条规定,人民法院审理上诉案件,应当在收到上诉状之日起3个月内作出终审判决。有特殊情况需要延长的,由高级人民法院批准,高级人民法院审理上诉案件需要延长的,由最高人民法院批准。

5.二审的裁决

《行政诉讼法》第89规定,人民法院审上诉案件,按照下列情形,分别处理:

(1)维持原判。原判决、裁定认定事实清楚,适用法律、法规正确的,判决或者裁定驳回上诉,维持原判决、裁定。

(2)改判、撤销或者变更。原判决、裁定认定事实错误或者适用法律、法规错误的,依法改判、撤销或者变更。

(3)发回重审或改判。原判决认定基本事实不清、证据不足的,发回原审人民法院重审,或者查清事实后改判。

(4)撤销原判,发回重审。原判决遗漏当事人或者违法缺席判决等严重违反法定程序的,裁定撤销原判决,发回原审人民法院重审。

原审人民法院对发回重审的案件作出判决后,当事人提起上诉的,第二审人民法院不得再次发回重审。

人民法院审理上诉案件,需要改变原审判决的,应当同时对被诉行政行为作出判决。

行政诉讼的一审、二审、再审具体解释如表5-2所示。

表5-2 一审、二审、再审具体解释表

	一审	二审	再审
提起人	具备原告资格的人	原告,被告,第三人及其代理人	法院,检察院,当事人
对象	具体行政行为	(1)未生效的一审判决; (2)驳回起诉,不予受理,管辖权议的裁定	(1)生效判决或裁定; (2)特定情况下的赔偿调解书
提出期限	知道作出行政行为之日起6个月内	判决15日,裁定10日	(1)当事人申请应在判决、裁定或者调解书发生法律效力后6个月内提出; (2)自知道或者应当知道之日起6个月内
审理方式	(1)开庭审理,原则上应公开; (2)发回重审的须另组合议庭	事实清楚的可以书面审理;发回重审的须另组合议庭	按原审方式;可发回重审也可直接提审,重审须另组合议庭
审理期限	3个月需延长报高院批准,高院报最高院批准	2个月,需延长报高院批准,高院报最高院批准	一审再审3个月;二审再审2个月
特殊问题	(1)发现违纪的移送被告或其上一级机关、监察、人事机关; (2)发现犯罪的移送公安、检察机关	(1)漏判赔偿请求二审调解不成就赔偿部分发回重审; (2)新提赔偿请求二审调解不成告知当事人另行起诉	(1)抗诉由上级检察院对下级法院的裁判提出; (2)一审重审仍可上诉,二审重审最后生效,再审由上级提审的视为二审重审

知识拓展

《最高人民法院关于适用〈中华人民共和国行政诉讼法〉若干问题的解释》相关规定

第24条　当事人向上一级人民法院申请再审,应当在判决、裁定或者调解书发生法律效力后6个月内提出。有下列情形之一的,自知道或者应当知道之日起6个月内提出:①有新的证据,足以推翻原判决、裁定的;②原判决、裁定认定事实的主要证据是伪造的;③据以作出原判决、裁定的法律文书被撤销或者变更的;④审判人员审理该案件时有贪污受贿、徇私舞弊、枉法裁判行为的。

第25条　有下列情形之一的,当事人可以向人民检察院申请抗诉或者检察建议:①人民法院驳回再审申请的;②人民法院逾期未对再审申请作出裁定的;③再审判决、裁定有明显错误的。人民法院基于抗诉或者检察建议作出再审判决、裁定后,当事人申请再审的,人民法院不予立案。

《行政诉讼法》相关规定

第90条　当事人对已经发生法律效力的判决、裁定,认为确有错误的,可以向上一级人民法院申请再审,但判决、裁定不停止执行。

第91条　当事人的申请符合下列情形之一的,人民法院应当再审:①不予立案或者驳回起诉确有错误的;②有新的证据,足以推翻原判决、裁定的;③原判决、裁定认定事实的主要证据不足、未经质证或者系伪造的;④原判决、裁定适用法律、法规确有错误的;⑤违反法律规定的诉讼程序,可能影响公正审判的;⑥原判决、裁定遗漏诉讼请求的;⑦据以作出原判决、裁定的法律文书被撤销或者变更的;⑧审判人员在审理该案件时有贪污受贿、徇私舞弊、枉法裁判行为的。

第92条　各级人民法院院长对本院已经发生法律效力的判决、裁定,发现有本法第91条规定情形之一,或者发现调解违反自愿原则或者调解书内容违法,认为需要再审的,应当提交审判委员会讨论决定。

案例分析

1. 课堂任务操作

针对导入案例,进行分组讨论:

(1)分析案情;

(2)找出适用的法律法规条款;

(3)根据法律法规条款的规定分析案例。

2. 课外任务

查阅《行政诉讼法》相关规定。

思考讨论

1. 简述行政诉讼程序。

2. 简述行政诉讼所要具备的基本条件。

实训操作

案情1

上诉人张×因道路交通行政处罚一案,不服沈阳市 A 人民法院〔2008〕沈河行初字第26号行政判决,向本院提起上诉。本院依法组成合议庭,公开开庭审理了本案。上诉人张×,被上诉人 B 公安局交通警察支队沈河区大队的委托代理人姜×到庭参加了诉讼。

原审经庭审质证,对原审被告提交的证据予以采信。

经庭审质证,本院认定,原审对证据的认证基本正确。

法院根据本案有效的证据认定事实与原审认定的事实基本一致。

本院认为,根据《道路交通安全法》第 5 条的规定,被告具有对辖区内的道路交通安全进行管理的法定职责,原审认定正确。本案中,被上诉人认定上诉人在青年大街市府门前实施违反禁止标线指示通行的违法行为,对其处以 200 元罚款并记 2 分,符合《道路交通安全法》第 38 条、第 90 条及《机动车驾驶证申领和使用规定》附件(3)规定的法定条件,在程序上适用简单程序,当场作出处罚决定、送达,并交待诉权,也符合《道路交通安全违法行为处理程序规定》第 7 条、第 8 条的规定。故原审对被诉具体行政行为予以维持符合法律规定,同时,因上诉人提出的赔偿请求没有事实和法律依据,原审予以驳回也是正确的。关于上诉人提出被上诉人对其处罚显示公正的问题,经核实,与上诉人在同时间段被处罚的其他人员,在违法事实及处罚依据等方面均与上诉人不相同,故上诉人主张被诉具体行政行为显示公正不能成立。

综上,原审认定事实清楚,证据充分,适用法律正确,审判程序合法。

思考:法院应该依照什么法律条文来作出判决呢?

案情 2

2016 年 7 月 3 日上午 10 时,某市承包人王某雇佣某运输场司机张某,在没有易燃易爆化学危险物品运输许可证的情况下擅自违章驾驶东风罐槽车拉载 10 吨硝酸。某市交通运输管理处 3 名执法人员在执法检查中发现司机张某无危险物品运输许可证运输易燃易爆化学物品,当场处以 3500 元的罚款后结案。

思考:

1. 你认为这一行政处罚行为存在哪些问题?

2. 对本案所涉及违法事实应如何依法处罚?

案情 3

2011 年 10 月 5 日 9 时,出租车司机甲载客乙到丙地,途中甲以找朋友去办事为由,让乙下车。当天下午乙向交通运输管理处举报,并说明了拒载的经过,事件发生的时间、地点及出租车的车牌号。10 月 6 日,交通运输管理处向甲发出交通违法行为通知书,并暂扣其行驶证,要求甲在三日内前往交通运输管理处接受行政处罚。当天下午交通运输管理处向甲发出交通行政处罚决定书,以甲拒载乘客,违反了《某市出租汽车、客运管理办法》规定,给予甲停业整顿的行政处罚。甲不服,于 10 月 8 日向当地有管辖权的人民法院提起行政诉讼。人民法院经审理判决,根据《行政诉讼法》的规定及参照《某市出租汽车、客运管理办法》规定,判决维持交通运输管理处作出的行政处罚决定书,甲不服,提起上诉。

思考:

1. 某市交通运输管理处对甲的处罚是否适当?

2. 一审人民法院判决是否正确?

3. 二审人民法院将会如何处理本案?

项目六 物流主体法规

知识目标

1.了解物流主体法规的组成；

2.熟悉物流主体的法规类别；

3.掌握物流企业准入、设立、变更及解散的规定。

能力目标

1.能描述物流主体法规的构成要素；

2.具备辨析和应用物流企业准入、设立、变更及解散规则的能力。

任务1 物流企业市场准入规定

案例导入

据原告范先生称,2016年8月15日,他委托武汉某物流公司,将自己的衣物和一些保健品运到江苏常州。物流公司工作人员提货后,开具了托运单,双方约定运费为15元,大约一周后到货。一星期后,范先生在江苏常州没有等到包裹。又等了几天,还是没有来。范先生打电话去物流公司询问,才得知货物已经丢失。范先生找到物流公司,要求对方赔偿遭到拒绝。2016年10月,范先生向武汉市洪山区法院提起诉讼,要求物流公司赔偿丢失的物品共8000余元。

法庭上,物流公司出示双方当初填写的托运单,其中有这样的约定:托运物品应办理货物运输保险,如在运输过程中丢失、损坏的按保价赔偿,没有保价的最高赔偿不高于运费的5倍。物流公司称,范先生没有申请保价,只能按运费的5倍赔偿,也就是只赔75元。范先生则认为,是否选择保价运输,他有选择权。而且这种规定是物流公司的单方要求,是"霸王条款",不符合国家法律的规定。原告走访了多家物流公司,发现每家物流公司出示的托运单上都有"未保价物品如若丢失,赔偿不超过托运费的5倍(最多10倍)"的格式条款。当询问"保价"与不保价的区别时,一位刘姓经理说,保价了,损失最终由保险公司赔,一般额度是灭失货值的80%。

思考:如果你是法官,你该如何判决?

相关知识

一、内资物流企业市场准入规定

1.一般物流企业市场准入规定

从事通常的物流行业(如批发业、道路运输、货物仓储等行业),其市场准入是没有特殊限制的,只要在设立相应企业时有与拟经营的物流范围相适应的、固定的生产经营场所和必要的生产经营条件,以及与所提供的物流服务相适应的人员、技术等,就可以到工商登记机关申请设立登记。

由于一般的物流企业创办资源有限,其规模往往属于中小型,故《商务部关于促进中小流通企业改革发展指导意见》中还特别指出:"支持创办中小流通企业,放宽市场准入限制。坚持发展流通领域大公司、大集团与扶持中小流通企业并举。鼓励创办中小流通企业,积极开发新的工作岗位。在市场准入、专营商品和服务的指定经营、土地使用等方面,应给予中小流通企业更多的支持,除国家法规有特殊规定外,各地给予外资企业和大企业的优惠政策,应同样适用中小流通企业。应从鼓励开办、方便注册的角度出发,简化中小流通企业设立审批程序,除法律、行政法规有特殊规定外,不得设置前置审批。"这无形为中小型物流企业的创办提供了良好的准入条件。

一般物流企业市场准入的法律规范,主要有以下几项:公路运输方面,有国务院颁布的《道路运输条例》以及交通部运输颁布的《道路货物运输及站场管理规定》;地方出台的管理条例和办法等,例如《广东省道路运输管理条例》《广东省道路运输服务业管理办法》,规定物流企业经营道路货物运输业、道路货物运输服务业、道路货物运输站场必须符合规定的条件并取得交通部门颁发的许可证。水路运输方面,有《国内水路运输管理条例》《国内水路运输管理规定》《水路运输服务业管理规定》等。

2. 特殊物流企业市场准入规定

从事特殊物流服务的企业(如国际海上运输业务、空运销售代理业务、经营航空快递业务等),必须经过主管机关的审批才能进入市场,从事物流经营活动。如从事国际海上运输业务的物流企业,必须经交通运输部审批;从事空运销售代理业务、经营航空快递业务的物流企业必须经民航行政主管部门审查批准,才能办理工商注册登记。目前,我国大部分物流企业都必须经过相应的行业主管部门审核批准才可以设立。对于涉及从事国家经济命脉的一些特殊物流企业(如铁路运输、航空运输),必须经国务院特许才能设立。此类物流企业由于对国家经济、军事、政治等各个方面都有很大影响,甚至涉及国家领土、领空主权的完整等,因此,其市场准入的条件必然十分严格。

特殊物流企业市场准入,除了要遵循一般物流企业市场准入的规定外,还要有以下几项规定:①物流企业经营水路货物运输业、水路货物运输服务业必须符合规定的条件并取得交通部门颁发的许可证;②海运方面,有《中华人民共和国国际海运条例》《中华人民共和国国际海运条例实施细则》,规定物流企业经营国际船舶运输业务必须符合规定条件并取得国际船舶运输经营许可证,经营无船承运业务及海运辅助业务也必须符合规定的条件;③航空运输方面,有《中华人民共和国民用航空法》《定期国际航空运输管理规定》《公共航空运输企业经营许可规定》《中国民用航空快递业管理规定》,规定物流企业经营公共航空运输、航空快递、国际航空货物运输、航空运输销售代理业务必须符合规定条件并取得民航部门颁发的许可证;④国际货物运输代理业务方面,有《国际货物运输代理业管理规定》《国际货物运输代理业管理规定实施细则》,规定物流企业经营国际货物运输代理必须符合规定条件并取得许可;⑤物流配送方面,有《商品代理配送制行业管理若干规定》,规定物流企业经营物流配送业务必须符合规定条件并取得经营许可;⑥危险品运输方面,有《危险化学品安全管理条例》《道路危险货物运输管理规定》,规定物流企业经营危险化学品储存、运输业务必须符合规定条件并取得经营许可。

二、外资物流企业市场准入规定

外商投资物流类企业是指以为其他企业提供物流及其他相关服务为主要经营活动的外商投资企业,包括外商投资道路运输企业、外商投资水路运输企业、外商投资航空运输企业、外商投资货运代理企业、外商投资商业企业、外商投资第三方物流企业及从事其他物流或物流相关业务的外商投资企业。

外国投资者可以根据《外商投资道路运输业管理规定》、《外商投资国际海运业管理规定》、《外商投资民用航空业规定》、《外商投资国际货物运输代理企业管理办法》、《外商投资商业领域管理办法》及其他外商投资法律法规,申请设立外商投资物流类企业,从事一项或多项物流业务。其中申请从事多项物流业务的,应符合分别从事所申请的各项物流业务的资格条件要求中的最高条件。

关于外资物流企业市场准入的法律规范,主要有以下几项:①《关于开展试点设立外商投资物流企业工作有关问题的通知》规定了申请设立外商投资物流企业的投资者必须具备的条件。②《外商投资道路运输业管理规定》和《〈外商投资道路运输业管理规定〉的补充规定》,规定外商投资设立经营道路运输企业必须符合规定条件并取得交通运输部门批准。③《中华人民共和国国际海运条例》《中华人民共和国国际海运条例实施细则》,规定外商可以设立中外合作经营企业或中外合资经营企业经营国际船舶运输、国际海运货物装卸、仓储、集装箱和堆场业务,必须符合规定条件并取得许可。④《外商投资民用航空业规定》。⑤《外商投资国际货物运输代理企业管理办法》,规定外商可以中外合资、中外合作、外商独资的形式设立国际货运代理企业,最低注册资本限额 100 万美元,并且必须取得商务部门批准。⑥《国内水路运输管理条例》《国内水路运输管理规定》规定国内沿海、内河、湖泊及其他通航水域的货物运输只能由内资企业经营,禁止外商投资企业经营。

> **思考**
> 1. 我国物流企业的准入规定分为哪几种?
> 2. 我国内资和外资物流企业的准入规定有何差异?

案例分析

1. 课堂任务操作

针对导入案例,进行讨论:

(1)分析案情;

(2)找出适用的法律法规条款;

(3)根据法律法规条款的规定分析案例。

2. 课外任务

查阅《道路运输条例》和《外商投资道路运输业管理规定》等法律法规。

思考讨论

1. 特殊物流企业的准入法规有什么特点?请举出例子。

2. 说明物流准入法规的作用。

任务 2　物流企业设立规定

案例导入

作为某服装品牌北京区域总经理,职业经理人林华最近正为是否自建物流体系闹心。因为总是有订货的加盟商反映,物流公司不按时送货。而且,经常收到货物时外包装都破了,衣服脏兮兮的,全是褶。此外,物流人员素质与仓储管理水平都不高,货物丢失严重,库存信息与货物型号对不上号,财务难以对账。如果物流管理无法规范,大量利润可能被侵蚀。林华也曾尝试把成衣物流外包,但遍寻市场找不到一家最合适的第三方物流企业。物流公司虽多,但是缺少针对服装这种多批次、小批量、价值高的专业物流公司。更让林华担心的是,成衣单品价值很高,把物流完全分包出去,对于一年过手上百万件衣服的企业来说,相当于把数十亿资金放入别人手中,风险太大。于是,林华想由服装公司出面,建立一个专业的区域物流公司。

思考:你认为物流企业应以什么方式设立?

相关知识

一、物流企业设立的概念及具备的要件

物流企业设立是指物流企业的创立人为使企业具备从事物流活动的能力,取得合法的主体资格,依照法律规定的条件和程序所实施的一系列行为。设立物流企业必须同时具备实质要件和形式要件。

物流企业设立的实质要件是设立物流企业时必须具备的条件,即要有与物流经营活动相适应的财产和必要的生产经营条件;有物流企业运营的组织机构;有固定的生产经营场所以及与生产相适应的人员等。实质要件与物流企业的市场准入相关联。

物流企业设立的形式要件是指创立人在设立物流企业时依照法律规定的程序履行申报、审批和登记手续,依法取得从事物流经营活动主体资格的过程。

二、我国物流企业设立的方式

(1)核准设立:又称"许可设立",即企业设立时,除需要具备法律规定的各项条件外,还需要主管行政机关审核批准后,才能申请登记注册的一种设立方式。

(2)登记设立:又称"准则设立",即设立企业不需要经有关主管行政机关批准,只要企业在设立时符合法律规定的有关成立条件,即可到主管机关申请登记,经登记机关审查合格后予以登记注册,企业即告成立的一种设立方式。

(3)特许设立:又称"特批设立",即企业必须通过国家的特别许可才能设立的一种方式,它通常适用于特定企业的设立。

(4)自由设立:是指法律对企业的设立不予强制规范,企业的设立完全由当事人自由进行的设立方式。

目前,我国物流企业的设立和普通公司的设立相同,主要是核准设立和登记设立。

三、物流企业设立的相应规定

物流企业的设立包括一般物流企业的设立和特殊物流主体企业的设立。其中,一般物流

企业的设立主要包含有限责任公司型物流企业和股份有限公司型物流企业;特殊物流主体企业是指依托某些特殊行业设立的企业,这类企业设立时不仅需要具备一般物流主体的基本设立条件,还需要经过相应的行业主管部门批准,甚至国务院批准。

1.一般物流企业设立规定

《中华人民共和国公司法》(以下简称《公司法》)对有限责任公司或者股份有限公司的设定有基本的规范条款,此类基本规范条款适用于一般物流企业的设立。其中,第6条规定:"设立公司,应当依法向公司登记机关申请设立登记。符合本法规定的设立条件的,由公司登记机关分别登记为有限责任公司或者股份有限公司;不符合本法规定的设立条件的,不得登记为有限责任公司或者股份有限公司。法律、行政法规规定设立公司必须报经批准的,应当在公司登记前依法办理批准手续。"第7条规定:"依法设立的公司,由公司登记机关发给公司营业执照。公司营业执照签发日期为公司成立日期。公司营业执照应当载明公司的名称、住所、注册资本、经营范围、法定代表人姓名等事项。公司营业执照记载的事项发生变更的,公司应当依法办理变更登记,由公司登记机关换发营业执照。"第9条规定:"有限责任公司变更为股份有限公司,应当符合本法规定的股份有限公司的条件。股份有限公司变更为有限责任公司,应当符合本法规定的有限责任公司的条件。有限责任公司变更为股份有限公司的,或者股份有限公司变更为有限责任公司的,公司变更前的债权、债务由变更后的公司承继。"第14条规定:"公司可以设立分公司。设立分公司,应当向公司登记机关申请登记,领取营业执照。分公司不具有法人资格,其民事责任由公司承担。公司可以设立子公司,子公司具有法人资格,依法独立承担民事责任。"

《公司法》中对设立公司的基本法律规定,是一般型物流企业设立的基础参照,也是普通物流公司成立的重要法律依据。一般物流企业的设立主要包含有限责任公司型物流企业和股份有限公司型物流企业,因此以下《公司法》对两种类型公司的设立规定条件也适用于两类物流企业。

(1)有限责任公司型物流企业的设立条件。《公司法》第23条对有限责任公司设立提出了条件:股东符合法定人数;有符合公司章程规定的全体股东认缴的出资额;股东共同制定公司的章程;有公司名称,建立符合有限责任公司要求的组织机构;有公司住所。

①有限责任公司股东人数规定。《公司法》第24条规定:"有限责任公司由50个以下股东出资设立。"该条款限定了有限责任型物流公司的出资股东上限。

②有限责任公司章程编写规定。公司章程应明晰。《公司法》第25条规定:"有限责任公司章程应当载明以下事项:公司名称和住所;公司经营范围;公司注册资本;股东的姓名或者名称;股东的出资方式、出资额和出资时间;公司的机构及其产生办法、职权、议事规则;公司法定代表人;股东会会议认为需要规定的其他事项。股东应当在公司章程上签名、盖章。"该条款为有限责任型物流公司设立公司章程提供了基本的法律范围依据。

③有限责任公司注册资本及出资规定。

a.注资出资有限额。《公司法》第26条规定:"有限责任公司的注册资本为在公司登记机关登记的全体股东认缴的出资额。法律、行政法规以及国务院决定对有限责任公司注册资本实缴、注册资本最低限额另有规定的,从其规定。"

b.股东可非货币出资。《公司法》第27条规定:"股东可以用货币出资,也可以用实物、知识产权、土地使用权等可以用货币估价并可以依法转让的非货币财产作价出资;但是,法律、行政法规规定不得作为出资的财产除外。对作为出资的非货币财产应当评估作价,核实财产,不得高估或者低估作价。法律、行政法规对评估作价有规定的,从其规定。"

c. 股东入资需足额。《公司法》第 28 条规定:"股东应当按期足额缴纳公司章程中规定的各自所认缴的出资额。股东以货币出资的,应当将货币出资足额存入有限责任公司在银行开设的账户;以非货币财产出资的,应当依法办理其财产权的转移手续。股东不按照前款规定缴纳出资的,除应当向公司足额缴纳外,还应当向已按期足额缴纳出资的股东承担违约责任。"

d. 股东出资后设立登记。《公司法》第 29 条规定:"股东认足公司章程规定的出资后,由全体股东指定的代表或者共同委托的代理人向公司登记机关报送公司登记申请书、公司章程等文件,申请设立登记。"

e. 公司成立后发现注资差额需补差担责。《公司法》第 30 条规定:"有限责任公司成立后,发现作为设立公司出资的非货币财产的实际价额显著低于公司章程所定价额的,应当由交付该出资的股东补足其差额;公司设立时的其他股东承担连带责任。"

f. 公司成立后,应当向股东签发出资证明书。《公司法》第 31 条规定:"有限责任公司成立后,应当向股东签发出资证明书。出资证明书应当载明下列事项:公司名称;公司成立日期;公司注册资本;股东的姓名或者名称、缴纳的出资额和出资日期;出资证明书的编号和核发日期。出资证明书由公司盖章。"

g. 公司应当置备股东名册。《公司法》第 32 条规定:"有限责任公司应当置备股东名册,记载下列事项:股东的姓名或者名称及住所;股东的出资额;出资证明书编号。记载于股东名册的股东,可以依股东名册主张行使股东权利。公司应当将股东的姓名或者名称向公司登记机关登记;登记事项发生变更的,应当办理变更登记。未经登记或者变更登记的,不得对抗第三人。"

h. 股东有权查阅、复制公司章程、股东会会议记录、董事会会议决议、监事会会议决议和财务会计报告。《公司法》第 33 条规定:"股东有权查阅、复制公司章程、股东会会议记录、董事会会议决议、监事会会议决议和财务会计报告。股东可以要求查阅公司会计账簿。股东要求查阅公司会计账簿的,应当向公司提出书面请求,说明目的。公司有合理根据认为股东查阅会计账簿有不正当目的,可能损害公司合法利益的,可以拒绝提供查阅,并应当自股东提出书面请求之日起 15 日内书面答复股东并说明理由。公司拒绝提供查阅的,股东可以请求人民法院要求公司提供查阅。"

i. 股东按照出资比例分取红利。《公司法》第 34 条规定:"股东按照实缴的出资比例分取红利;公司新增资本时,股东有权优先按照实缴的出资比例认缴出资。但是,全体股东约定不按照出资比例分取红利或者不按照出资比例优先认缴出资的除外。"

j. 公司成立后股东不得抽逃出资。《公司法》第 35 条规定:"公司成立后,股东不得抽逃出资。"

以上条款对有限责任型物流公司股东注册资本及流程、比例、权利和责任等要求作了详细解释。

④有限责任公司设立董事会规定。

a. 公司设立董事会有主持人规定。《公司法》第 40 条规定:"有限责任公司设立董事会的,股东会会议由董事会召集,董事长主持;董事长不能履行职务或者不履行职务的,由副董事长主持;副董事长不能履行职务或者不履行职务的,由半数以上董事共同推举一名董事主持。"

　　b.公司设董事会有人数及范围限定。《公司法》第44条规定:"有限责任公司设董事会,其成员为三人至十三人。本法第50条另有规定的除外。两个以上的国有企业或者其他两个以上的国有投资主体投资设立的有限责任公司,其董事会成员中应当有公司职工代表;其他有限责任公司董事会成员中也可以有公司职工代表。董事会中的职工代表由公司职工通过职工代表大会、职工大会或者其他形式民主选举产生。董事会设董事长一人,可以设副董事长。董事长、副董事长的产生办法由公司章程规定。"

　　c.小规模公司可以设一名执行董事。《公司法》第50条规定:"股东人数较少或者规模较小的有限责任公司,可以设一名执行董事,不设立董事会。执行董事可以兼任公司经理。执行董事的职权由公司章程规定。"

　　以上条款对有限责任型物流公司的董事会设立作了规定。

　　⑤有限责任公司设立监事会规定。公司设立监事会有人数及范围限制。《公司法》第51条规定:"有限责任公司设立监事会,其成员不得少于三人。股东人数较少或者规模较小的有限责任公司,可以设一至二名监事,不设立监事会。监事会应当包括股东代表和适当比例的公司职工代表,其中职工代表的比例不得低于三分之一,具体比例由公司章程规定。监事会中的职工代表由公司职工通过职工代表大会、职工大会或者其他形式民主选举产生。监事会设主席一人,由全体监事过半数选举产生。监事会主席召集和主持监事会会议;监事会主席不能履行职务或者不履行职务的,由半数以上监事共同推举一名监事召集和主持监事会会议。董事、高级管理人员不得兼任监事。"

　　(2)股份有限公司型物流企业的设立条件。《公司法》第76条对设立股份有限公司应当具备的基本条件作了如下规定:发起人符合法定人数;有符合公司章程规定的全体发起人认购的股本总额或者募集的实收股本总额;股份发行、筹办事项符合法律规定;发起人制订公司章程,采用募集方式设立的经创立大会通过;有公司名称,建立符合股份有限公司要求的组织机构;有公司住所。

　　①股份有限公司型物流企业的设立方式规定。股份型物流企业可发起设立或募集设立。《公司法》第77条规定:"股份有限公司的设立,可以采取发起设立或者募集设立的方式。发起设立,是指由发起人认购公司应发行的全部股份而设立公司。募集设立,是指由发起人认购公司应发行股份的一部分,其余股份向社会公开募集或者向特定对象募集而设立公司。"

　　②股份有限公司型物流企业的发起规定。作为一般的物流公司,股份有限公司型物流企业的发起要遵循《公司法》对股份有限公司设立的相关条款要求。

　　a.股份有限公司型物流企业的发起人数及住所有限制。《公司法》第78条规定:"设立股份有限公司,应当有二人以上二百人以下为发起人,其中须有半数以上的发起人在中国境内有住所。"

　　b.公司发起人应当签订协议并明确权利义务。《公司法》第79条规定:"股份有限公司发起人承担公司筹办事务。发起人应当签订发起人协议,明确各自在公司设立过程中的权利和义务。"

　　c.发起人的出资方式及数额有规定。《公司法》第82条规定:"发起人的出资方式,适用本法第26条的规定。"《公司法》第83条规定:"以发起设立方式设立股份有限公司的,发起人应当书面认足公司章程规定其认购的股份,并按照公司章程规定缴纳出资。以非货币财产出资的,应当依法办理其财产权的转移手续。发起人不按照前款规定缴纳出资的,应当按照发起人协议约定承担违约责任。"

③股份有限公司型物流企业的注册资本规定。发起人的出资需按时缴纳足额。《公司法》第80条规定："股份有限公司采取发起设立方式设立的,注册资本为在公司登记机关登记的全体发起人认购的股本总额。在发起人认购的股份缴足前,不得向他人募集股份。股份有限公司采取募集方式设立的,注册资本为在公司登记机关登记的实收股本总额。法律、行政法规以及国务院决定对股份有限公司注册资本实缴、注册资本最低限额另有规定的,从其规定。"

④股份有限公司型物流企业的章程规定。股份有限公司章程应明晰。《公司法》第81条规定："股份有限公司章程应当载明下列事项:公司名称和住所;公司经营范围;公司设立方式;公司股份总数、每股金额和注册资本;发起人的姓名或者名称、认购的股份数、出资方式和出资时间;董事会的组成、职权和议事规则;公司法定代表人;监事会的组成、职权和议事规则;公司利润分配办法;公司的解散事由与清算办法;公司的通知和公告办法;股东大会会议认为需要规定的其他事项。"

⑤股份有限公司型物流企业董事会和监事会选举规定。

a. 发起人认足公司章程规定的出资后,应当选举董事会和监事会,由董事会向公司登记机关报送公司章程以及法律、行政法规规定的其他文件,申请设立登记。

b. 召开创立大会。具体如《公司法》第90条规定："发起人应当在创立大会召开15日前将会议日期通知各认股人或者予以公告。创立大会应有代表股份总数过半数的发起人、认股人出席,方可举行。创立大会行使下列职权:审议发起人关于公司筹办情况的报告;通过公司章程;选举董事会成员;选举监事会成员;对公司的设立费用进行审核;对发起人用于抵作股款的财产的作价进行审核;发生不可抗力或者经营条件发生重大变化直接影响公司设立的,可以作出不设立公司的决议。创立大会对前款所列事项作出决议,必须经出席会议的认股人所持表决权过半数通过。"

c. 董事会应按时登记核准。《公司法》第92条规定："董事会应于创立大会结束后30日内,向公司登记机关报送下列文件,申请设立登记:公司登记申请书;创立大会的会议记录;公司章程;验资证明;法定代表人、董事、监事的任职文件及其身份证明;发起人的法人资格证明或者自然人身份证明;公司住所证明。以募集方式设立股份有限公司公开发行股票的,还应当向公司登记机关报送国务院证券监督管理机构的核准文件。"

⑥股份有限公司型物流企业募集规定。

a. 募集设立方式设立股份有限公司的,发起人认购的股份比例有限制。《公司法》第84条规定："以募集设立方式设立股份有限公司的,发起人认购的股份不得少于公司股份总数的百分之三十五;但是,法律、行政法规另有规定的,从其规定。"

b. 发起人必须公告招股说明书,并制作认股书。《公司法》第85条规定："发起人向社会公开募集股份,必须公告招股说明书,并制作认股书。认股书应当载明本法第86条所列事项,由认股人填写认购股数、金额、住所,并签名、盖章。认股人按照所认购股数缴纳股款。"

c. 招股说明书应附有公司章程,说明认购股份数、股票信息、资金用途、认股人的权利和义务及募股周期等信息。《公司法》第86条规定："招股说明书应当附有发起人制订的公司章程,并载明下列事项:发起人认购的股份数;每股的票面金额和发行价格;无记名股票的发行总数;募集资金的用途;认股人的权利、义务;本次募股的起止期限及逾期未募足时认股人可以撤回所认股份的说明。"

d. 公开募集股份的公司应由证券公司承销。《公司法》第 87 条规定："发起人向社会公开募集股份,应当由依法设立的证券公司承销,签订承销协议。"

e. 公开募集股份的公司应同银行签订代收股款协议。《公司法》第 88 条规定:"发起人向社会公开募集股份,应当同银行签订代收股款协议。代收股款的银行应当按照协议代收和保存股款,向缴纳股款的认股人出具收款单据,并负有向有关部门出具收款证明的义务。"

f. 股款缴足后需验资。《公司法》第 89 条规定:"发行股份的股款缴足后,必须经依法设立的验资机构验资并出具证明。发起人应当自股款缴足之日起 30 日内主持召开公司创立大会。创立大会由发起人、认股人组成。发行的股份超过招股说明书规定的截止期限尚未募足的,或者发行股份的股款缴足后,发起人在 30 日内未召开创立大会的,认股人可以按照所缴股款并加算银行同期存款利息,要求发起人返还。"

g. 不得抽回股本。《公司法》第 91 条规定:"发起人、认股人缴纳股款或者交付抵作股款的出资后,除未按期募足股份、发起人未按期召开创立大会或者创立大会决议不设立公司的情形外,不得抽回其股本。"

以上条款对股份有限公司型物流企业的募集事由、金额、流程及募集结果说明方式作了规定。

⑦股份有限公司型物流企业成立过程责任规定。

a. 公司成立后发起人未按照公司章程的规定缴足出资或价额不符的,应补差担责。《公司法》第 93 条规定:"股份有限公司成立后,发起人未按照公司章程的规定缴足出资的,应当补缴;其他发起人承担连带责任。股份有限公司成立后,发现作为设立公司出资的非货币财产的实际价额显著低于公司章程所定价额的,应当由交付该出资的发起人补足其差额;其他发起人承担连带责任。"

b. 发起人担责要区分情况。《公司法》第 94 条规定:"股份有限公司的发起人应当承担下列责任:公司不能成立时,对设立行为所产生的债务和费用负连带责任;公司不能成立时,对认股人已缴纳的股款,负返还股款并加算银行同期存款利息的连带责任;在公司设立过程中,由于发起人的过失致使公司利益受到损害的,应当对公司承担赔偿责任。"

c. 变更时有关股本、股份的规定。《公司法》第 95 条规定:"有限责任公司变更为股份有限公司时,折合的实收股本总额不得高于公司净资产额。有限责任公司变更为股份有限公司,为增加资本公开发行股份时,应当依法办理。"

d. 公司应当将公司章程、股东名册、会议记录、报告等置备于公司。《公司法》第 96 条规定:"股份有限公司应当将公司章程、股东名册、公司债券存根、股东大会会议记录、董事会会议记录、监事会会议记录、财务会计报告置备于本公司。"

e. 股东有权查阅、质询公司章程、股东名册、存根、会议记录、报告、决议等。《公司法》第 97 条规定:"股东有权查阅公司章程、股东名册、公司债券存根、股东大会会议记录、董事会会议决议、监事会会议决议、财务会计报告,对公司的经营提出建议或者质询。"

以上条款对股份有限公司型物流企业的成立过程中遇到的出资责任或其他过失等意外方式作了法律规范。

2. 特殊物流企业设立规定

(1)水路运输物流企业设立的法律规定。水路运输物流企业的设立除了要符合一般物流企业的设立法律规定外,还需要符合《国内水路运输管理条例》和《国内水路运输管理规定》等对经营申请者提出的专项管理规定。

中华人民共和国国务院于 2016 年 2 月 6 日修订的《国内水路运输管理条例》和中华人民共和国交通部于 2015 年 5 月修订的《国内水路运输管理规定》,为水路运输经营申请和设立企业提供了准确法律依据。

《国内水路运输管理条例》第 6 条规定:"申请经营水路运输业务,除本条例第 7 条规定的情形外,申请人还应当符合下列条件:①取得企业法人资格;②有符合本条例第 13 条规定的船舶,并且自有船舶运力符合国务院交通运输主管部门的规定;③有明确的经营范围,其中申请经营水路旅客班轮运输业务的,还应当有可行的航线营运计划;④有与其申请的经营范围和船舶运力相适应的海务、机务管理人员;⑤与其直接订立劳动合同的高级船员占全部船员的比例符合国务院交通运输主管部门的规定;⑥有健全的安全管理制度;⑦法律、行政法规规定的其他条件。"第 7 条规定:"个人可以申请经营内河普通货物运输业务。申请经营内河普通货物运输业务的个人,应当有符合本条例第 13 条规定且船舶吨位不超过国务院交通运输主管部门规定的自有船舶,并应当符合本条例第 6 条第 6 项、第 7 项规定的条件。"

船舶代理、水路旅客运输代理业务的经营者应限时备案。《国内水路运输管理条例》第 30 条规定:"船舶代理、水路旅客运输代理业务的经营者应当自企业设立登记之日起 15 个工作日内,向所在地设区的市级人民政府负责水路运输管理的部门备案。"

个人只能申请经营内河普通货物运输业务,且有限制条款。《国内水路运输管理规定》第 6 条还规定:"个人只能申请经营内河普通货物运输业务,并应当符合下列条件:①经工商行政管理部门登记的个体工商户;②有符合本规定要求的船舶,且自有船舶运力不超过 600 总吨;③有安全管理责任制度、安全监督检查制度、事故应急处置制度、岗位安全操作规程等安全管理制度。"

《国内水路运输管理条例》和《国内水路运输管理规定》明确了水路运输管理机构的行政执法主体资格,直接授予各级水路运输管理机构在行政许可、行政处罚等方面的执法权限,有力地保证了水路运输市场监管的全面性和有效性。县级以上地方人民政府交通运输主管部门设立水路运输管理机构的,水路运输管理机构可以负责具体实施水路运输管理工作。

《国内水路运输管理条例》体现了《中华人民共和国立法法》《中华人民共和国行政许可法》等法律精神,通过明确行政许可程序、确立水路运输管理机构的执法主体资格、设立水路运输管理部门进行市场监测及定期公告等义务,强化了水路运输管理部门提供公共服务的法定职责,进一步规范了行政管理行为,贯彻了高效、便民的管理原则。

(2)粮食流通类物流企业设立的法律规定。粮食流通类物流企业的设立除了要符合一般物流企业的设立法律规定外,还需要符合《粮食流通管理条例》和《中华人民共和国公司登记管理条例》等对经营申请者提出的专项管理规定。

①粮食收购活动经营者有限定条件。《粮食流通管理条例》第 8 条规定:"从事粮食收购活动的经营者,应当具备下列条件:具备经营资金筹措能力;拥有或者通过租借具有必要的粮食仓储设施;具备相应的粮食质量检验和保管能力。前款规定的具体条件,由省、自治区、直辖市人民政府规定、公布。"

②粮食收购活动经营者需经营资格。《粮食流通管理条例》第 9 条规定:"取得粮食收购资格,并依照《中华人民共和国公司登记管理条例》等规定办理登记的经营者,方可从事粮食收购活动。申请从事粮食收购活动,应当向办理工商登记的部门同级的粮食行政管理部门提交书

面申请,并提供资金、仓储设施、质量检验和保管能力等证明材料。粮食行政管理部门应当自受理之日起15个工作日内完成审核,对符合本条例第8条规定具体条件的申请者作出许可决定并公示。"

粮食流通类物流企业经营者的资格限定规定,体现了《粮食流通管理条例》对粮食流通型物流企业设立主体的基本要求,以经营者资质作为监管粮食流通物流企业的限制条款。

(3)危险品运输类物流企业设立的法律规定。危险品运输类物流企业的设立除了要符合一般物流企业的设立法律规定外,还需要符合《危险化学品安全管理条例》和《道路危险货物运输管理规定》等对经营申请者提出的专项管理规定。

以下危险品运输类物流企业经营者的资格限定规定,体现了法律法规对危险品运输物流企业设立主体的基本要求,以经营者资质作为监管危险品运输物流企业的限制条款。

《危险化学品安全管理条例》第43条规定:"从事危险化学品道路运输、水路运输的,应当分别依照有关道路运输、水路运输的法律、行政法规的规定,取得危险货物道路运输许可、危险货物水路运输许可,并向工商行政部门办理登记手续。危险化学品道路运输企业、水路运输企业应当配备专职安全管理人员。"

《道路危险货物运输管理规定》第10条规定:"申请从事道路危险货物运输经营的企业,应当依法向工商行政管理机关办理有关登记手续后,向所在地设区的市级道路运输管理机构提出申请,并提交以下材料:①道路危险货物运输经营申请表,包括申请人基本信息、申请运输的危险货物范围(类别、项别或品名,如果为剧毒化学品应当标注"剧毒")等内容。②拟担任企业法定代表人的投资人或者负责人的身份证明及其复印件,经办人身份证明及其复印件和书面委托书。③企业章程文本。④证明专用车辆、设备情况的材料。⑤拟聘用专职安全管理人员、驾驶人员、装卸管理人员、押运人员的,应当提交拟聘用承诺书,承诺期限不得超过1年;已聘用的应当提交从业资格证及其复印件以及驾驶证及其复印件。⑥停车场地的土地使用证、租借合同、场地平面图等材料。⑦相关安全防护、环境保护、消防设施设备的配备情况清单。⑧有关安全生产管理制度文本。"

道路危险货物运输企业设立子公司需申请许可。《道路危险货物运输管理规定》第18条提出:"道路危险货物运输企业设立子公司从事道路危险货物运输的,应当向子公司注册地设区的市级道路运输管理机构申请运输许可。设立分公司的,应当向分公司注册地设区的市级道路运输管理机构备案。"

3.外商投资的物流企业设立规定

(1)外资物流企业设立规定概述。外资物流企业设立需按规定提出申请核准。《民法通则》第41条中指出:"在中华人民共和国领域内设立的中外合资经营企业、中外合作经营企业和外资企业,具备法人条件的,依法经工商行政管理机关核准登记,取得中国法人资格。"《公司法》第191条规定:"本法所称外国公司是指依照外国法律在中国境外设立的公司。"根据《公司法》第192条规定,外国公司在中国境内设立分支机构,必须向中国主管机关提出申请,并提交其公司章程、所属国的公司登记证书等有关文件,经批准后,向公司登记机关依法办理登记,领取营业执照。

根据《关于开展试点设立外商投资物流企业工作有关问题的通知》,申请设立外商投资物流企业的投资者必须具备如下条件:

①拟设立从事国际流通物流业务的外商投资物流企业的投资者应至少有一方具有经营国

际贸易或国际货物运输或国际货物运输代理的良好业绩和运营经验,符合上述条件的投资者应为中方投资者或外方投资者中的第一大股东。

②拟设立从事第三方物流业务外商投资物流企业的投资者应至少有一方具有经营交通运输或物流的良好业绩和运营经验,符合上述条件的投资者应为中方投资者或外方投资者中的第一大股东。

(2)外资物流企业需要的法律条件。设立的外商投资物流企业必须符合如下要求:①注册资本符合相关外商投资法律法规规定的最低注册资本要求;②从事国际流通物流业务的外商投资物流企业中境外投资者股份比例不得超过50%;③有固定的营业场所;④有从事所经营业务所必须的营业设施。

(3)外资物流企业可经营的业务范围。经批准,外资物流企业可经营下列部分或全部业务:

①国际流通物流业务:进出口业务及相关服务,包括自营或代理货物的进口、出口业务,接受委托为出口加工企业提供代理进出口业务;提供海运、空运、陆运进出口货物的国际货物运输代理业务。

②第三方物流业务:道路普通货物的运输、仓储、装卸、加工、包装、配送及相关信息处理服务和有关咨询业务;国内货运代理业务;利用计算机网络管理与运作物流业务。

外商投资物流企业拟从事道路普通货物的运输业务及利用计算机网络管理与运作物流业务的,需经有关部门依据现行法律规定批准。

(4)外资物流企业需提交的材料。设立外商投资物流企业,应向拟设立企业所在地的省、自治区、直辖市、计划单列市商务主管部门提出申请,并提交以下材料:

①申请书;

②可行性研究报告;

③《关于开展试点设立外商投资物流企业工作有关问题的通知》第4条规定的合营各方投资者的资格证明或者有关说明文件;

④中外方投资者的法律证明文件及资信证明;

⑤合同、章程;

⑥董事会或联合管理机构成员及主要管理人员名单及简历;

⑦工商行政管理部门出具的企业名称预核准通知书;

⑧企业营业场所证明;

⑨商务主管部门要求的其他材料。

(5)设立外资物流企业的程序。设立外商投资物流企业应按照下列程序进行:

①省、自治区、直辖市、计划单列市商务主管部门自收到申请材料之日起10个工作日内,提出初审意见,并将初审意见报商务部批准;

②商务部收到申请材料后,在30个工作日内作出是否批准的书面决定,符合规定的,颁发外商投资企业批准证书;不符合规定的,退回申请,书面通知申请人并说明理由。

从事国际流通物流业务的外商投资物流企业应在外商投资企业批准证书颁发之日起10日内到商务部办理《中华人民共和国国际货物运输代理企业批准证书》。

外商投资物流企业的经营期限一般不得超过20年。经原批准机关批准,外商投资物流企业可以延长经营期限。外商投资物流企业可按现行有关规定申请在国内其他地方设立分公司。分公司的经营范围不应超出外商投资物流企业的经营范围。外商投资物流企业应严格遵守国家外商投资方面的有关法律、法规以及按照其经营范围遵守交通运输、国际货物运输代理及电信方面的有关行业管理的法律规定,对其违法、违规行为将依照相应法律、法规予以相应处罚。

根据《公司法》第193条规定,外国公司在中国境内设立分支机构,必须在中国境内指定负责该分支机构的代表人或者代理人,并向该分支机构拨付与其所从事的经营活动相适应的资金。对外国公司分支机构的经营资金需要规定最低限额的,由国务院另行规定。

> **思考**
> 1. 我国内资物流企业的设立程序是什么?
> 2. 特殊物流企业的设立还应满足什么规定?

案例分析

1. 课堂任务操作

针对导入案例,进行讨论:

(1)分析案情;

(2)找出适用的法律法规条款;

(3)根据法律法规条款的规定分析案例。

2. 课外任务

查阅《公司法》《道路危险货物运输管理规定》等法律法规。

思考讨论

1. 一般物流企业的设立涉及的法规有哪些? 请列举出来。

2. 说明股份有限公司和有限责任公司的设立规则差别。

任务3　物流企业变更与解散清算规定

案例导入

王某为甲物流公司设在上海港的代理人。2015年春节期间,因事务过于繁忙,王某又恰逢身体不适,遂委托赵某代理其处理日常业务。代理中因赵某业务不熟,将一批业务错发他处,造成货主37万元直接损失,给物流公司的运营声誉造成恶劣影响,导致物流公司被货主追究赔偿责任。

思考:本案中,物流公司的经济损失应该由谁来承担? 为什么?

相关知识

一、物流企业的变更

物流企业的变更是指已经设立的物流企业在其存续期间,由于企业自身或者其他情况的变化,使得物流企业需要对其组织机构或者其他登记事项进行改变。物流企业变更主要包括合并、分立以及注册资本的变更等形式。

根据《公司法》第179条规定，公司合并或者分立，登记事项发生变更的，应当依法向公司登记机关办理变更登记；公司解散的，应当依法办理公司注销登记；设立新公司的，应当依法办理公司设立登记。公司增加或者减少注册资本，应当依法向公司登记机关办理变更登记。

1.合并

根据《公司法》第172条至174条规定，物流公司合并可以采取吸收合并和新设合并两种形式。一个公司吸收其他公司为吸收合并，被吸收的公司解散；两个以上公司合并设立一个新的公司为新设合并，合并各方解散。物流公司的合并，应当由合并各方签订合并协议，并编制资产负债表及财产清单。公司应当自作出合并决议之日起10日内通知债权人，并于30日内在报纸上公告。债权人自接到通知书之日起30日内，未接到通知书的自公告之日起45日内，可以要求公司清偿债务或者提供相应的担保。

物流公司合并时，合并各方的债权、债务，应当由合并后存续的公司或者新设的公司承继。

2.分立

物流公司分立，是指一个物流公司分为两个或两个以上公司的法律行为。

根据《公司法》第175条和176条规定，公司分立，其财产作相应的分割。公司分立时，应当编制资产负债表及财产清单。公司应当自作出分立决议之日起10日内通知债权人，并于30日内在报纸上公告。公司分立前的债务由分立后的公司承担连带责任。但是，公司在分立前与债权人就债务清偿达成的书面协议另有约定的除外。

3.增减资

物流企业变更后，注册资本可能也随之变化。根据《公司法》第177条规定，当物流公司需要减少注册资本时，必须编制资产负债表及财产清单。公司应当自作出减少注册资本决议之日起10日内通知债权人，并于30日内在报纸上公告。债权人自接到通知书之日起30日内，未接到通知书的自公告之日起45日内，有权要求公司清偿债务或者提供相应的担保。

根据《公司法》第178条规定，有限责任公司增加注册资本时，股东认缴新增资本的出资，按照《公司法》设立有限责任公司缴纳出资的有关规定执行。股份有限公司为增加注册资本发行新股时，股东认购新股，应当按照《公司法》设立股份有限公司缴纳股款的有关规定执行。

二、物流企业的解散

1.对以公司形式设立的物流企业的清算程序

市场经济优胜劣汰，物流企业与其他企业一样，成立以后，也面临解散问题。根据《公司法》第180条规定，可能导致物流企业解散的原因如下：企业依法被吊销营业执照、责令关闭或者被撤销；按照企业章程规定的营业期限届满或者章程规定的其他解散事由的出现；股东会或者股东大会决议解散；因公司合并或者分立需要解散；由于企业经营不善，导致破产。因此，物流企业的解散要执行法律程序。

（1）清算时间规定。根据《公司法》第183条规定，可对以公司形式设立的物流企业进行清算。物流公司解散，应当在解散事由出现之日起15日内成立清算组，开始清算。有限责任公司的清算组由股东组成，股份有限公司的清算组由董事或者股东大会确定的人员组成。逾期不成立清算组进行清算的，债权人可以申请人民法院指定有关人员组成清算组进行清算。人民法院应当受理该申请，并及时组织清算组进行清算。

（2）清算职权规定。根据《公司法》第184条规定，清算组在清算期间行使下列职权：①清理公司财产,分别编制资产负债表和财产清单;②通知、公告债权人;③处理与清算有关的公司未了结的业务;④清缴所欠税款以及清算过程中产生的税款;⑤清理债权、债务;⑥处理公司清偿债务后的剩余财产;⑦代表公司参与民事诉讼活动。

根据《公司法》第185条规定,清算组应当自成立之日起10日内通知债权人,并于60日内在报纸上公告。债权人应当自接到通知书之日起30日内,未接到通知书的自公告之日起45日内,向清算组申报其债权。债权人申报债权,应当说明债权的有关事项,并提供证明材料。清算组应当对债权进行登记。在申报债权期间,清算组不得对债权人进行清偿。

(3)清算财产分配规定。根据《公司法》第186条规定,清算组在清理公司财产、编制资产负债表和财产清单后,应当制定清算方案,并报股东会、股东大会或者人民法院确认。公司财产在分别支付清算费用、职工的工资、社会保险费用和法定补偿金,缴纳所欠税款,清偿公司债务后的剩余财产,有限责任公司按照股东的出资比例分配,股份有限公司按照股东持有的股份比例分配。清算期间,公司存续,但不得开展与清算无关的经营活动。公司财产在未依照上述规定清偿前,不得分配给股东。

根据《公司法》第187条规定,清算组在清理公司财产、编制资产负债表和财产清单后,发现公司财产不足清偿债务的,应当依法向人民法院申请宣告破产。公司经人民法院裁定宣告破产后,清算组应当将清算事务移交给人民法院。

(4)清算程序规定。根据《公司法》第188条规定,公司清算结束后,清算组应当制作清算报告,报股东会、股东大会或者人民法院确认,并报送公司登记机关,申请注销公司登记,公告公司终止。

2. 对以合伙形式设立的物流企业的清算程序

物流合伙企业解散,清算人由全体合伙人担任;未能由全体合伙人担任清算人的,经全体合伙人过半数同意,可以自合伙企业解散后15日内指定一名或者数名合伙人,或者委托第三人,担任清算人。

自合伙企业解散事由出现之日起,15日内未确定清算人的,合伙人或者其他利害关系人可以申请人民法院指定清算人。清算人在清算期间执行下列事务:①清理合伙企业财产,分别编制资产负债表和财产清单;②处理与清算有关的合伙企业未了结的事务;③清缴所欠税款;④清理债权、债务;⑤处理合伙企业清偿债务后的剩余财产;⑥代表合伙企业参与民事诉讼活动。

合伙企业财产在支付清算费用后,按下列顺序清偿:合伙企业所欠职工工资和劳动保险费用、法定补偿金;合伙企业所欠税款;合伙企业的债务;返还合伙人的出资。合伙企业财产按上述顺序清偿后仍有剩余的,按合伙协议约定的比例进行分配。

清算结束,清算人应当编制清算报告,经全体合伙人签名、盖章后,在15日内向企业登记机关报送清算报告,申请办理合伙企业注销登记。

合伙企业注销后,原合伙人对合伙企业存续期间的债务仍应承担无限连带责任。

> **思考**
> 1. 物流企业的变更形式有哪些?
> 2. 物流企业变更过程中对应的法律规范体现了什么特征?

案例分析

1. 课堂任务操作

针对导入案例,进行讨论:

(1)分析案情;

(2)找出适用的法律法规条款;

(3)根据法律法规条款的规定分析案例。

2. 课外任务

查阅《公司法》中关于公司变更的法律条文。

思考讨论

1. 公司变更法规对公司责任的变换有哪些影响?请举出例子。

2. 说明公司清算程序规定的作用。

实训操作

案情简介

2005年3月,A公司与B公司共同出资组建荣云轴承有限公司,同年5月公司成立。2007年7月,荣云公司与C钢铁公司签订了一份钢材购买合同。合同约定,C公司向荣云公司出售钢材,价格总计375万元,应于2008年4月向荣云公司交货;在交付钢材的同时,荣云公司向C公司支付货款。2008年4月,C公司按约将货物运送至荣云公司指定交货地点,并要求荣云公司同时支付货款。但此时荣云公司由于管理不善等原因,已经造成严重亏损,无充足现金支付C公司的货款,因此荣云公司向C公司表示其目前无力支付上述货款。由于,荣云公司无法同时履行合同,C公司本想将所有钢材重新装回,而不向荣云公司交付。但考虑到荣云公司的股东A公司系信誉良好的知名企业,遂同意将钢材先交付荣云公司生产。此后,荣云公司一直无力偿还其所欠的375万元债务,C公司在多次催讨未果的情况下,将荣云公司与A公司列为共同被告向法院起诉,要求清偿上述欠款。法院立案审查后不予受理,并建议C公司只将荣云公司列为被告后再行起诉。

思考:有限责任公司的股东是否在其出资之外对公司的债务承担连带清偿责任?

项目七　物流职能法规

知识目标
1. 了解物流各职能法规的概念；
2. 熟悉仓储、运输、配送、包装、装卸搬运、流通加工和物流信息管理等职能下的物流法律规范及适用条件。

能力目标
1. 能根据相应物流职能法律条款分析物流活动过程的违法违规现象；
2. 具备利用物流职能法律规范指导物流活动的能力。

任务1　物资仓储管理法规

案例导入

甲公司为化工厂，乙公司为化工原料专业仓储公司，并为甲公司长期提供化工原料仓储服务。2015年11月，甲公司将其购回的化工原料存入乙公司仓库。2016年1月，甲公司在乙公司储存的化工原料因供应紧张而价格飞涨，乙公司为牟取暴利而擅自将甲公司所存放的货物出售给丙公司。甲公司得知此事后，于2016年2月5日要求乙公司承担责任。乙公司答应按甲公司2015年的进价予以赔偿，甲公司拒绝接受，遂起纠纷。

思考：本案中，乙公司应该向甲公司承担什么责任？

相关知识

一、仓储管理法规概述

物流仓储管理的主要法律依据是《合同法》中关于仓储合同的规定，如经营保税仓库必须符合《中华人民共和国海关对保税仓库及所存货物的管理规定》，另外仓储业务还必须符合有关规章，如《仓库防火安全管理规则》等。

二、仓储合同

1. 仓储合同的概念及特征

（1）仓储合同的概念。仓储业是随着商品经济的发展，从保管业中发展、壮大起来的特殊营业。近代以来，仓储业日渐发达，原因就是随着国际及地区贸易的扩大，仓储业能为大批量货物提供便利、安全、价格合理的保管服务。因此仓储合同不再作为一般的保管合同来对待，而是作为一种独立的有名合同在合同法中加以规定。因此《合同法》第381条专门提出了仓储合同的概念："仓储合同是保管人储存存货人交付的仓储物，存货人支付仓储费的合同。"

（2）仓储合同的特征。仓储合同具有以下特征：

①保管人必须是具有仓库营业资质的人，即具有仓储设施、仓储设备，专事仓储保管业务的人。这是仓储合同主体上的重要特征。

②仓储合同的对象仅为动产，不动产不可能成为仓储合同的对象。

③仓储合同为诺成合同。仓储合同自成立时起生效。

④仓储合同为不要式合同，可以是书面形式，也可以是口头形式。

⑤仓储合同为双务、有偿合同。保管人提供储存、保管的义务，存货人承担支付仓储费的义务。

⑥仓单是仓储合同的重要特征。

2.仓储合同规定

（1）仓储合同主要条款。关于仓储合同的主要条款，除可参照《合同法》总则第12条规定的合同一般包括的条款外，双方当事人还可以对仓储合同特殊要求的一些条款进行约定。仓储保管合同的主要条款一般有：货物的品名或品类；货物的数量、质量、包装；货物验收的内容、标准、方法、时间；货物保管条件和保管要求；货物进出库手续、时间、地点、运输方式；货物损耗标准和损耗的处理；计费项目、标准和结算方式、银行、账号、时间；责任划分和违约处理；合同的有效期限；变更和解除合同的期限。

（2）仓储合同物品说明。仓储合同应对特殊物品作出说明。《合同法》第383条第1款规定："储存易燃、易爆、有毒、有腐蚀性、有放射性等危险物品或者易变质物品，存货人应当向保管人说明该物品的性质。"所谓"说明"，应当是在合同订立时予以说明，并在合同中注明。这是诚实信用原则的必然要求。如果存货人在订立合同后或者在交付仓储物时才予以说明，那么保管人根据自身的保管条件和技术能力，如果不能保管的，则可以拒收仓储物或者解除合同。

（3）仓储合同验收规定。入库仓储物应按规定进行验收。《合同法》第384条规定："保管人应当按照约定对入库仓储物进行验收。保管人验收时发现入库仓储物与约定不符合的，应当及时通知存货人。保管人验收后，发生仓储物的品种、数量、质量不符合约定的，保管人应当承担损害赔偿责任。"

保管人和存货人应当在合同中对入库货物的验收问题作出约定。验收问题的主要内容有三项：一是验收项目，二是验收方法，三是验收期限。

①保管人的正常验收项目：货物的品名、规格、数量、外包装状况，以及无需开箱拆捆直观可见可辨的质量情况。包装内的货物品名、规格、数量，以外包装或货物上的标记为准；外包装或货物上无标记的，以供货方提供的验收资料为准。散装货物按国家有关规定或合同规定验收。

②验收方法：全部验收和按比例验收。

③验收期限：自货物和验收资料全部送达保管人之日起，至验收报告送出之日止。

保管人应当按照合同约定的验收项目、验收方法和验收期限进行验收。保管人验收时发现入库的仓储物与约定不符的，如发现入库的仓储物的品名、规格、数量、外包装状况与合同中的约定不一致的，应当及时通知存货人。由存货人作出解释，或者修改合同，或者将不符合约定的货物予以退回。

保管人验收后发生仓储物的品种、数量、质量不符合约定的，保管人应当承担损害赔偿责任。在理解本条保管人的赔偿责任时，品种、数量不符合约定，应当承担损害赔偿责任较为明

确;质量问题的赔偿责任,要注意两点:

第一,这是讲的是质量不符合约定。对不同条件、不同性质的仓储物的质量,可以按照交易习惯和当事人的特别约定来确定质量问题。

第二,如果约定不明确,发生质量问题是否由保管人承担赔偿责任,依照《合同法》第394条的规定,因仓储物的性质、包装不符合约定等造成灭失、损坏的,保管人不承担赔偿责任。

(4)仓储保管人给付仓单义务。《合同法》第385条规定:"存货人交付仓储物的,保管人应当给付仓单。"仓单是保管人收到仓储物后给存货人开付的提取仓储物的凭证,以便存货人取回或处分其仓储物。仓单的作用表现在以下几点:

①仓单可以证明保管人已收到仓储物,以及保管人和存货人之间仓储关系的存在。

②仓单是有价证券的一种,其性质为记名的物权证券,存货人可以在仓单上背书并经保管人签字或者盖章,可以转让提取仓储物的权利。

③仓单是提取仓储物的凭证。存货人或者仓单持有人应当凭仓单提取仓储物。

仓单不能代替仓储合同。无论当事人采用书面形式还是采用口头形式,当事人订立合同后即受合同约束。存货人交付仓储物是履行合同,而保管人给付仓单也是履行合同。尽管仓单中记载了仓储合同中的主要内容,但仓单不是仓储合同,只是作为仓储合同的凭证。仓单与仓储合同的关系如同提单与海上货物运输合同的关系一样,依《中华人民共和国海商法》第44条规定,提单是作为海上货物运输合同的凭证。

仓单作为一种有价证券,有的国家的立法采取两券主义,即保管人在收到仓储物后应同时填发两张仓单,一为提取仓单,用来提取仓储物和通过背书转让仓储物;另一为出质仓单,以供仓储物出质之用。我国合同法采取一券主义,即保管人只填发一张仓单,该仓单除作为已收取仓储物的凭证和提取仓储物的凭证外,既可以通过背书转让仓单项下货物的所有权,也可以用于出质。《中华人民共和国担保法》第75条明确规定,仓单可以出质;第76条中规定,以仓单出质的,质押合同自仓单交付之日起生效。

(5)仓单记载事项规定。《合同法》第386条规定:"保管人应当在仓单上签字或者盖章。仓单包括下列事项:存货人的名称或者姓名和住所;仓储物的品种、数量、质量、包装、件数和标记;仓储物的损耗标准;储存场所;储存期间;仓储费;仓储物已经办理保险的,其保险金额、期间以及保险人的名称;填发人、填发地和填发日期。"

仓单是收取仓储物的凭证和提取仓储物的凭证,仓单还可以通过背书转让或出质,因此仓单应当具备一定的形式。无论仓单是转让还是出质,受让人和质权人并不了解存货人和保管人之间的合同的具体内容,因此法律规定了仓单应当记载的事项,以便受让人或质权人明确自己的权利和行使自己的权利。

①仓单上必须有保管人的签字或者盖章,否则不生仓单应有之效力。

②仓单是记名证券,因此仓单上应当记载存货人的名称或者姓名及住所,否则不符合记名证券的本质特征。

③仓单可经背书而生物权移转之效力,因此对仓储物详细情况的记载是必需的,仓单上应明确记载仓储物的品种、数量、质量、包装、件数和标记。

④仓单上应记载仓储物的损耗标准。这对提取仓储物和转让仓储物是至关重要的,可以避免发生很多纠纷。

⑤仓单上应记载储存场所。如果仓单经背书转让,则仓单持有人就可以明确仓储物的储

存场所。

⑥仓单上应记载储存期间。如果仓单经背书转让，则仓单持有人就可以明确应在多长时间内提取仓储物。

⑦仓单上应记载仓储费。如果仓单经背书而转让，则仓单持有人在提取仓储物时应支付仓储费。

⑧仓储物已经办理保险的，其保险金额、期间以及保险公司的名称应在仓单上注明。仓储物已经办理保险的，如果存货人转让仓储物，则保险费可以计入成本。转让以后，受让人享受保险利益，一旦发生保险合同中约定的保险事故，受让人可以找保险公司索赔。因此仓单上记载上述事项是非常必要的。

⑨仓单上应记载填发人、填发地和填发日期。这是任何物权证券的基本要求，提单也是如此。

(6)仓单转让和出质规定。《合同法》第387条规定："仓单是提取仓储物的凭证。存货人或者仓单持有人在仓单上背书并经保管人签字或者盖章的，可以转让提取仓储物的权利。"我国合同法对仓单采取一券主义，仓单既可以依法转让，也可以依法出质。仓单作为有价证券，所以可以流通。流通的形式有两种：一是转让仓单，即转让仓单项下仓储物的所有权；二是以仓单出质，质权人即享有提取仓单项下仓储物的权利。仓单转让的，仓单持有人即成为所有权人，可以依法提取仓储物。以仓单出质的，适用担保法的规定。依我国《中华人民共和国担保法》第77条规定，仓单上载明提货日期的，如果提货日期先于债务履行期的，质权人可以在债务履行期届满前提货，并与出质人协议将提取的货物用于提前清偿所担保的债权或者向与出质人约定的第三人提存。

无论是仓单转让还是仓单出质，都应当通过法定的形式才能生效。

存货人转让仓单应当在仓单上背书并经保管人签字或者盖章始生效力。如果只在仓单上背书但未经保管人签字或者盖章，即使交付了仓单，转让行为也不生效力。所谓"背书"，是指存货人在仓单的背面或者粘单上记载被背书人（受让人）的名称或姓名、住所等有关事项的行为。为什么要经保管人签字或者盖章呢？因为保管人是仓储物的合法占有人，而仓储物的所有权仍归存货人，为保护存货人的所有权，防止其他人以不法途径获得仓单，从而损害存货人的利益，也使保管人自己免于承担不应有的责任，因此存货人转让仓单的，除存货人应当在仓单上背书外，还应当由保管人在仓单上签字或者盖章，仓单转让的行为才发生效力。

存货人以仓单出质的，应当与质权人签订质押合同，在仓单上背书并经保管人签字或者盖章，并将仓单交付质权人，质押合同始生效力。因为一旦债务人不能在债务履行期间届满前履行债务，质权人就享有提取仓储物的权利。因此，如果没有存货人（出质人）在仓单上背书和保管人在仓单上签字或者盖章，质权人就不能提取仓储物，同样，也只有存货人（出质人）在仓单上背书和保管人的签字或者盖章，才有助于保护存货人的所有权和保管人的合法占有权。

(7)检查仓储物或提取样品规定。保管人应准许检查仓储物或提取样品。《合同法》第388条规定："保管人根据存货人或者仓单持有人的要求，应当同意其检查仓储物或者提取样品。"存货人将货物存置于仓库，存货人为了了解仓库堆藏及保管的安全程度与保管行为，保管人因存货人的请求，应允许其进入仓库检查仓储物或者提取样品。

由于仓单是物权证券，存货人可以转让仓单项下仓储物的所有权，也可以对仓单项下的仓储物设定担保物权，即出质。仓单经背书并经保管人签字或者盖章而转让或出质的，仓单受让人或质权人即成为仓单持有人。无论是转让仓单还是出质仓单,仓单持有人与存货人一样,都有检查仓储物或者提取样品的权利。

(8)仓储物变质损坏时通知义务。仓储合同保管人在仓储物变质或其他损坏情况下有通知存货人或者仓单持有人的义务。《合同法》第389条规定:"保管人对入库仓储物发现有变质或者其他损坏的,应当及时通知存货人或者仓单持有人。"

保管人对仓储物有妥善保管的义务,保管人应当按照保管合同中约定的保管条件和保管要求妥善进行保管。保管人因保管不善造成仓储物变质或者其他损坏的,应当承担赔偿责任。例如保管条件已不符合原来的约定,如合同约定用冷藏库储存水果,但冷藏库的制冷设施发生故障,保管人不采取及时修理等补救措施,致使水果腐烂变质的,保管人应承担赔偿责任。

保管人在符合合同约定的保管条件和保管要求进行保管的情况下,因仓储物的性质、包装不符合约定或者超过有效储存期,造成仓储物变质、损坏的,尽管保管人不承担责任,但是保管人应当及时将此种情况通知存货人或者仓单持有人。即使仓储物没有变质或其他损坏,但有发生变质或其他损坏的危险时,存货人也应当及时通知存货人或者仓单持有人。这是对保管人的更进一步要求。

《合同法》第60条规定:"当事人应当按照约定全面履行自己的义务。当事人应当遵循诚实信用原则,根据合同的性质、目的和交易习惯履行通知、协助、保密等义务。"这一条就是说,当事人除按合同约定履行自己的合同义务以外,还应当按照诚实信用原则及合同的性质、目的和交易习惯履行合同中没有约定的通知、协助、保密等义务。《合同法》第389条的规定就是《合同法》第60条规定的精神的具体化。保管人应当按照诚实信用原则,根据仓储合同的性质、目的及交易习惯,在仓储物有变质、损坏或者有变质、损坏的危险时,负有及时通知存货人或者仓单持有人的义务。

(9)对变质或损坏仓储物处理规定。仓储合同保管人对有变质或者其他损坏的仓储物应作及时处理。《合同法》第390条规定:"保管人对入库仓储物发现有变质或者其他损坏,危及其他仓储物的安全和正常保管的,应当催告存货人或者仓单持有人作出必要的处置。因情况紧急,保管人可以作出必要的处置,但事后应当将该情况及时通知存货人或者仓单持有人。"

保管人对入库仓储物发现有变质或者其他损坏,这种变质或损坏是非可归责于保管人的原因造成的,例如是因仓储物的性质、包装不符合约定造成仓储物本身的变质或损坏,保管人除及时通知存货人或者仓单持有人外,如果该仓储物已经危及其他仓储物的安全和正常保管的,那就不只是通知的问题了,还应当催告存货人或者仓单持有人作出必要的处置。因情况紧急,保管人可以作出必要的处置,但事后应当将该情况及时通知存货人或者仓单持有人。

存货人或者仓单持有人在接到保管人的通知或催告后,应当及时对变质的仓储物进行处置,这是存货人应尽的义务。因为变质或损坏的仓储物已经危及其他仓储物的安全和正常保管。如果存货人不尽此义务,由此给其他仓储物或者保管人的财产造成损害的,存货人应当承担损害赔偿责任。

保管人对变质货物的紧急处置权,类似于对危险货物的紧急处置权。存货人储存危险货物没有向保管人说明并提供有关资料,保管人在接收后发现的,可以对该仓储物进行紧急处置,由此产生的费用由存货人承担。因此,保管人紧急处置变质的仓储物,由此产生的费用也应该由存货人承担。无论是危险货物还是变质货物,都是在危及其他仓储物的安全和正常保管,保管人已来不及通知存货人或者仓单持有人进行处置的情况下,或者存货人对保管人的通知置之不理的情况下,保管人才可以对该仓储物进行紧急处置。并且在事后应当将该情况及时通知存货人或者仓单持有人。因此保管人的紧急处置权不是随意行使的,而是为了其他仓储物的安全和正常的保管秩序,在不得已的情况下才能行使。

(10)储存期间不明确时提取仓储物规定。《合同法》第391条规定:"当事人对储存期间没有约定或者约定不明确的,存货人或者仓单持有人可以随时提取仓储物,保管人也可以随时要求存货人或者仓单持有人提取仓储物,但应当给予必要的准备时间。"

所谓"给予必要的准备时间",是指保管人预先通知提货,然后确定一个合理的期限,以给存货人或者仓单持有人留出必要的准备时间,在期限截止前提货即可。并不是在通知的当时就必须提取仓储物。例如保管人甲和存货人乙没有约定储存期间,但约定每天收取仓储费100元。在这种情况下,乙可以随时提取仓储物,仓储费按实际的储存日期确定。甲也可以随时请求乙提取仓储物,但应当给乙必要的准备时间,仓储费也是按实际的储存日期计算。

(11)储存期间有明确约定时提取仓储物规定。《合同法》第392条规定:"储存期间届满,存货人或者仓单持有人应当凭仓单提取仓储物。存货人或者仓单持有人逾期提取的,应当加收仓储费;提前提取的,不减收仓储费。"

仓单的主要特征或重要职能之一就是作为提取仓储物的凭证。因此存货人或者仓单持有人应当凭仓单提出仓储物。

当事人在合同中约定储存期间的,存货人或者仓单持有人应当在储存期间届满凭仓单提取仓储物,并按约定支付仓储费;存货人或者仓单持有人也可以提前提取仓储物,但是不减收仓储费;存货人或者仓单持有人逾期提取仓储物的,应当加收仓储费。

当事人在仓储合同中明确约定储存期间的,在储存期间届满前,保管人不得要求存货人或者仓单持有人提取仓储物,法律另有规定或者当事人另有约定的除外。例如依《合同法》第383条的规定,存货人存放危险品而未将危险品的性质如实告知保管人,保管人可以在储存期间届满前要求存货人提取仓储物,而终止合同。

(12)仓单持有人不提取仓储物时处理规定。《合同法》第393条规定:"储存期间届满,存货人或者仓单持有人不提取仓储物的,保管人可以催告其在合理期限内提取,逾期不提取的,保管人可以提存仓储物。"

储存期间届满,存货人或者仓单持有人提取仓储物,既是存货人或者仓单持有人的权利,也是存货人或者仓单持有人的义务。如果在储存期间届满,存货人或者仓单持有人不能或者拒绝提取仓储物,保管人可以确定一个合理的期限,催告存货人或者仓单持有人在此期限内提取。如果逾期仍不提取的,保管人可以依照《合同法》第101条的规定将仓储物提存。保管人将仓储物提存后,如果存货人或者仓单持有人来支付仓储费的,依照《合同法》第109条的规定,可以请求其支付仓储费。存货人或者仓单持有人迟延给付的,还可以按照约定要求存货人或者仓单持有人给付违约金。没有约定违约金的,可以要求支付迟延给付的逾期利息。

(13)保管不善造成毁损、灭失时承担责任规定。《合同法》第394条规定:"储存期间,因保管人保管不善造成仓储物毁损、灭失的,保管人应当承担损害赔偿责任。因仓储物的性质、包装不符合约定或者超过有效储存期造成仓储物变质、损坏的,保管人不承担损害赔偿责任。"

储存期间,保管人负有妥善保管仓储物的义务。所谓"妥善保管",主要应当是按照仓储合同中约定的保管条件和保管要求进行保管。保管条件和保管要求是双方约定的,大多数情况下是存货人根据货物的性质、状况提出保管的条件和要求。只要是双方约定的,保管人就应当按照约定的保管条件和保管要求进行保管。保管人没有按照约定的保管条件和保管要求进行保管,造成仓储物毁损、灭失的,保管人应当承担损害赔偿责任。

保管人除应当按照约定的保管条件和保管要求进行保管外,还应当尽到善良管理人的责任。因为保管人的保管行为是有偿的,所以保管仓储物应当比保管自己的货物给予更多的注意。保管人应当经常对储存设施和储存设备进行维修和保养。还应当经常对仓储物进行巡视和检查,注意防火防盗。此外,为了存货人的利益,保管人在符合约定的保管条件和保管要求的情况下,发现仓储物变质、损坏,或者有变质、损坏的危险时,及时通知存货人或者仓单持有人,这其中包括对临近失效期的仓储物,也应当及时通知存货人或者仓单持有人作出处置。这是诚实信用原则的要求。

仓储物在毁损、灭失的情况下,保管人就应当承担赔偿责任,但是保管人能够证明仓储物的毁损、灭失是因仓储物本身性质的原因,或者因包装不符合约定,或者因仓储物超过有效储存期而造成的,保管人不承担赔偿责任。

(14)仓储合同生效时间规定。《合同法》第382条规定:"仓储合同自成立时生效。"因为仓储合同是诺成合同,又称为不要物合同,即双方当事人意思表示一致就可成立、生效的合同。作为不要式合同,仓储合同既可以采用书面形式,又可以采用口头形式。无论采用何种形式,只要符合《合同法》中关于合同成立的要求,合同即告成立,而无须以交付仓储物为合同成立的要件。这就意味着,双方当事人意思表示一致即受合同约束,任何一方不按合同约定履行义务,都要承担违约责任。

三、其他仓储管理规定

1. 仓储产品质量管理规定

(1)普通产品仓储质量管理规定。《民法通则》第122条规定:"因产品质量不合格造成他人财产、人身损害的,产品制造者、销售者应当依法承担民事责任。运输者、仓储者对此负有责任的,产品制造者、销售者有权要求赔偿损失。"作为仓储管理行为,仓管员对于产品质量的控制是实施物资时间管理效力的最重要行为,因此,如果仓储管理物资的质量出现问题,将极大影响产品的时间价值。

(2)粮食仓储质量管理规定。《粮食流通管理条例》第14条规定:"粮食经营者使用的粮食仓储设施,应当符合粮食储存有关标准和技术规范的要求。粮食不得与可能对粮食产生污染的有害物质混存,储存粮食不得使用国家禁止使用的化学药剂或者超量使用化学药剂。"

(3)危险品仓储质量管理规定。《合同法》第383条规定:"储存易燃、易爆、有毒、有腐蚀性、有放射性等危险物品或者易变质物品,存货人应当说明该物品的性质,提供有关资料。存货人违反前款规定的,保管人可以拒收仓储物,也可以采取相应措施以避免损失的发生,因此产生的费用由存货人负担。保管人储存易燃、易爆、有毒、有腐蚀性、有放射性等危险物品的,应当具备相应的保管条件。"以上条款是关于储存危险物品和易变质物品的规定。

存货人除应当对需要储存的危险物品及易变质物品的性质作出说明外,还应当提供有关资料,以便保管人进一步了解该危险物品的性质,为储存该危险物品作必要的准备。存货人没有说明所储存的货物是危险物品或易变质物品,也没有提供有关资料,保管人在入库验收时,发现是危险物品或易变质物品的,保管人可以拒收仓储物。保管人在接收仓储物后发现是危险物品或易变质物品的,除及时通知存货人外,也可以采取相应措施,以避免损害的发生,因此产生的费用由存货人承担。例如将危险物品搬出仓库转移至安全地带,由此产生的费用由存货人承担。如果存货人没有对危险物品的性质作出说明并提供有关资料,从而给保管人的财产或者其他存货人的货物造成损害的,存货人应当承担损害赔偿责任。如果存货人未说明所存货物是易变质物品而导致该物品变质损坏的,保管人不承担赔偿责任。保管人储存易燃、易爆、有毒、有腐蚀性、有放射性等危险物品的,应当具备相应的保管条件。如果保管人不具备相应的保管条件,就对上述危险物品予以储存,对自身造成的损害,存货人不负赔偿责任。

2.仓储安全管理规定

(1)粮油仓储安全管理规定。

中华人民共和国国家发展和改革委员会为了规范粮油仓储单位的粮油仓储活动,维护粮食流通秩序,保障国家粮食安全,根据《粮食流通管理条例》、《中央储备粮管理条例》和相关法律法规,制定了《粮油仓储管理办法》。

《粮油仓储管理办法》第 15 条第 1 款规定:"粮油仓储单位负责人对全部库存粮油的数量真实、质量良好、储存安全负责。"

《粮油仓储管理办法》第 16 条规定:"粮油储存区应当保持清洁,并与办公区、生活区进行有效隔离。在粮油储存区内开展的活动和存放的物品不得对粮油造成污染或者对粮油储存安全构成威胁。"

《粮油仓储管理办法》第 19 条第 2 款规定:"现有仓储设施不足,确有必要露天储存粮油的,应当具备以下条件:打囤做垛应当确保结构安全,规格一致;囤垛应当满足防水、防潮、防火、防风、防虫鼠雀害的要求,并采取测温、通风等必要的仓储措施;用于堆放粮油的地坪和打囤做垛的器材不得对粮油造成污染。"

《粮油仓储管理办法》第 24 条规定:"粮油仓储单位应当建立安全生产检查制度,定期对生产状况进行检查评估,及时消除安全隐患。"

《粮油仓储管理办法》第 27 条规定:"发生安全生产事故的,粮油仓储单位应当依法及时进行处理,并立即向所在地粮食行政管理部门报告。"

《粮油仓储管理办法》第 31 条规定:"粮油仓储单位违反本办法有关粮油出入库、储存等管理规定的,由所在地粮食行政管理部门责令改正,给予警告;情节严重的,可以并处 3 万元以下罚款;造成粮油储存事故或者安全生产事故的,按照有关法律规定和国家有关规定给予处罚。"

(2)医药仓储安全管理规定。

《医药仓库管理规定》是为了确保具有高价值、高保存需求的医药类产品能以保障产品价值和安全,避免遭受污染而颁布的管理规定。

企业和仓库必须有安全管理组织。《医药仓库管理规定》第 27 条指出:"企业和仓库必须有领导干部主管安全工作,把安全工作列入议事日程。要建立健全治保、消防等安全组织。经常开展活动。切实做好防火、防盗、防破坏、防工伤事故、防自然灾害、防霉变残损等工作,确保人身、商品物资和设备安全。"

仓库要制订安全工作的各项规章制度。《医药仓库管理规定》第 28 条规定:"仓库要制订安全工作的各项规章制度,制订生产作业的操作规程。经常开展安全思想教育和安全知识教育,使职工保持高度的警惕性和政治责任心。严格照章办事,杜绝违章作业。掌握各种安全知识和技能。"

仓库必须严格执行相关安全管理条例。《医药仓库管理规定》第 29 条指出:"仓库严格执行《中华人民共和国消防条例》、《仓库防火安全管理规则》和《化学危险品安全管理条例》。仓库的防火工作要实行分区管理、分级负责的制度。按区、按级指定防火负责人,防火负责人对本责任区的安全负全部责任。仓库的存货区要和办公室、生活区、汽车库、油库等严格分开。不得紧靠库房、货场收购和销售商品,规模很小的基层仓库也要根据具体条件尽量分开,以保安全。新建、扩建、改建仓库,应按《建筑设计防火规范》有关规定办理,面积过大的库房要设防火墙。"

仓库必须严格管理易燃品和相关区域。《医药仓库管理规定》第 30 条规定:"仓库必须严格管理火种、火源、电源、水源。严禁携带火种、危险品进入存货区;存货区禁止吸烟、用火、临时性特殊用火必须经企业领导批准,并备好消防器材,派人现场监护。机动车辆进入存货区要加戴防火'安全帽'。仓库电器设备必须符合安全用电要求,老旧电线要及时更新,库房照明线和路灯线须分别设置。每次作业完毕要将库房、货场的电源切断。仓库的消防用水要经常备足,冬季要有防冻措施。"

仓库必须实行逐级负责安全检查制度。《医药仓库管理规定》第 32 条规定:"仓库实行逐级负责的安全检查制度。保管员每天上下班前后要对本人负责区检查一次;货区负责人、仓库主任、企业领导要定期检查。遇有灾害性天气或有特殊情况,仓库工作人员要及时检查,加强防范。各级医药主管部门和企业领导,在汛期、梅雨、夏防、冬防等时期和重大节日前都要组织力量对仓库进行安全检查。"

案例分析

1. 课堂任务操作

针对导入案例,进行讨论:

(1)分析案情;

(2)找出适用的法律法规条款;

(3)根据法律法规条款的规定分析案例。

2. 课外任务

请查阅《合同法》及地方法规等法律文件中关于仓储管理的规定。

思考讨论

1. 行业类仓储管理规定都有哪些方面相关的法律条文?请举出例子。

2. 说明粮油仓储管理规定的内容和作用。

任务 2 物资运输管理法规

案例导入

山西省大同市某公司与内蒙古自治区某公司通过函件订立了一个买卖合同。因货物采取铁路运输的方式,而内蒙古公司作为卖方将到达栏内的"大同县站"写成"大同站"。因此导致货物运错了车站,造成了双方的合同纠纷。

思考:该纠纷属于谁的责任?

相关知识

一、物资运输管理法规概述

作为规范物资运输活动的法律规范,运输管理法规首先要适用《合同法》《民法通则》等民事法律规范中关于运输合同的规定,但如《中华人民共和国海商法》《中华人民共和国铁路法》《中华人民共和国民用航空法》另有规定的,则按照特别法优于普通法的原则优先适用。同时国务院及有关部委也颁布了一系列运输方面的法规、规章,物流企业在相关的物流运输业务中也可能会与铁路、水陆、航空运输企业发生业务关系,在活动当事人没有约定的情况下法院也可能引用这些行政法规和规章来确定运输活动当事人的权利义务关系,因此对有关铁路、水陆、航空运输的有关法律也应该有一定的了解,熟悉有关运输规则,例如《铁路超限超重货物运输规则》等特殊的运输规定。

二、运输管理法规分类

由于运输管理是政府参与度较高的管理行为,运输依托的资源也主要是国家不同级别的公路、铁路、水路、航空线路甚至管道资源,因此运输管理对应的规章制度多为国家或地方出台的规则、办法、规定、细则等。根据不同的运输方式可以对运输法规具体归类如下:

1. 公路运输法规

公路运输相关法规主要有:《道路运输条例》《道路大型物件运输管理办法》《道路危险货物运输管理规定》《超限运输车辆行驶公路管理规定》《汽车运价规则》《道路运输价格管理规定》等。

2. 铁路运输法规

铁路运输相关法规主要有:《铁路货物运输合同实施细则》《铁路货物运输规程》《铁路货物运价规则》《铁路超限超重货物运输规则》《铁路货物保价运输管理办法》《铁路危险货物运输规则》《铁路货物运输管理规则》《铁路零担货物运输包装管理办法》等。

3. 水路运输法规

水路运输相关法规主要有《水路货物运输合同实施细则》《中华人民共和国海商法》《中华人民共和国国际海运条例》《中华人民共和国国际海运条例实施细则》等。

4. 航空运输法规

航空运输相关法规主要有:《中国民用航空货物国内运输规则》《中国民用航空货物国际运输规则》《航空货物运输合同实施细则》等。

5. 集装箱运输及多式联运法规

集装箱运输相关法规主要有《铁路集装箱运输规则》等。

三、运输经营活动具体规定

运输管理是一个比较宽泛的管理行为。特别当企业主体采用不同的运输工具走不同的运输路线时,参与监管和执行的主体除了运输企业本身,还有对应的路政部门、物资管理部门、物价监管部门等地方甚至国家政府机构。因此,经营过程的规定,在不同的运输方式和运输路线下有比较典型的差异。依托不同的运输资源划分的规定、办法、细则等标准,对专项的运输管理也非常有针对性和执行性。公路运输经营活动相关规定在项目三中已有讲述,此处不再赘述。不同的运输方式下运输经营活动的具体规定如下:

(一)铁路运输规定

铁路运输相关规则在执行过程中,限定了包括运输合同签订、物资、规程、价格、工具、过程、责任等诸多事项。对物流从业人员来说,铁路运输监管经营过程,是物流从业者重点需要关注的内容。以下部分重点列举了铁路运输经营活动的部分有关规则。

1.铁路运输经营合同签订规定

铁路运输经营合同的签订规定主要依托《铁路货物运输合同实施细则》,其中第二章货物运输合同的签订重点作了规定。

(1)大宗物资应按时签订运输合同。《铁路货物运输合同实施细则》第 4 条规定:"大宗物资的运输,有条件的可按年度、半年度或季度签订货物运输合同,也可以签订更长期限的运输合同;其他整车货物运输,应按月签订运输合同。按月度签订的运输合同,可以用月度要车计划表代替。零担货物和集装箱货物运输,以货物运单作为运输合同。"

(2)铁路运输合同的成立以签字或盖章为生效基准。《铁路货物运输合同实施细则》第 5 条规定:"按年度、半年度、季度或月度签订的货物运输合同,经双方在合同上签认后,合同即告成立。托运人在交运货物时,还应向承运人按批提出货物运单,作为运输合同的组成部分。零担货物和集装箱货物的运输合同,以承运人在托运人提出的货物运单上加盖车站日期戳后,合同即告成立。"

(3)铁路运输合同有基本包含项目。《铁路货物运输合同实施细则》第 6 条规定:"按年度、半年度、季度或月度签订的货物运输合同,应载明下列基本内容:①托运人和收货人名称;②发站和到站;③货物名称;④货物重量;⑤车种和车数;⑥违约责任;⑦双方约定的其他事项。"

(4)货物运单应载明的内容。《铁路货物运输合同实施细则》第 7 条规定:"货物运单应载明下列内容:①托运人、收货人名称及其详细地址;②发站、到站及到站的主管铁路局;③货物名称;④货物包装、标志;⑤件数和重量(包括货物包装重量);⑥承运日期;⑦运到期限;⑧运输费用;⑨货车类型和车号;⑩施封货车和集装箱的施封号码;⑪双方商定的其他事项。"

2.铁路运输经营托运规定

铁路运输经营托运规定主要依托《铁路货物运输规程》《铁路超限超重货物运输规则》《铁路货物运输管理规则》。

(1)物资规定。

①托运人托运特定货物只能按货物数量承运。《铁路货物运输规程》第 17 条规定:"铁路运输货物按件数和重量承运。但下列货物,按整车运输时,只按重量承运,不计算件数:散堆装货物;成件货物规格相同(规格在三种以内的视作规格相同),一批数量超过 2000 件;规格不同,一批数量超过 1600 件。下列整车货物,无论规格是否相同,按一批托运时,每件平均重量在 10 公斤以上,托运人能按件点交给车站的,承运人都按重量和件数承运:针、纺织品,衣、袜、鞋、帽,钟表、中西成药、卷烟、文具、乐器、工艺美术品;面粉、肥皂、糖果、橡胶、油漆、染料、轮胎、罐头食品、瓶装酒类、医疗器械、洗衣粉、缝纫机头、空钢瓶、化学试剂、玻璃仪器、214 升空铁桶;电视机、收音机、录音机、电唱机、电风扇、计算机、照相机。前款明定品名的货物与未明定品名的货物作为一批托运时,按本条第一款规定办理。托运人组织装车,到站由收货人组织卸车的货物,按托运人在货物运单上填记的件数承运。整车货物和使用集装箱运输的货物,由托运人确定重量;零担货物除标准重量、标记重量或有过秤清单以及一件重量超过车站衡器最大称量的货物外,由承运人确定重量,并核收过秤费。货物重量(包括货物包装重量)的确定,

必须准确。托运人确定重量的整车货物、集装箱货物和零担货物,承运人应进行抽查,重量不符,超过国家规定的衡器公差时,应向托运人或收货人核收过秤费。"

②托运人托运活动物、需要浇水运输的鲜活植物、生火加温运输的货物、挂运的机车和轨道起重机以及特殊规定货物时应派押运。《铁路货物运输规程》第18条规定:"活动物、需要浇水运输的鲜活植物、生火加温运输的货物、挂运的机车和轨道起重机以及特殊规定应派押运人的货物,托运人必须派人押运。押运人数,除特定者外,每批不应超过2人。托运人要求增派押运人或上述以外的货物,要求派人押运时,须经承运人承认。"

(2)保价规定。托运人托运的货物应区分选择保价运输或不保价运输。《铁路货物运输规程》第13条规定:"托运人托运的货物,分为保价运输和不保价运输两种,按哪种方式运输,由托运人确定,并在货物运单托运人记载事项栏内注明。"

(3)单据规定。

①托运人向承运人交运货物时应提出货物运单一份。《铁路货物运输规程》第11条规定:"托运人向承运人交运货物,应向车站按批提出货物运单一份。使用机械冷藏车运输的货物,同一到站,同一收货人可以数批合提一份运单。整车分卸货物,除提出基本货物运单一份外,每一分卸站应分别另增加分卸货物运单两份(分卸站、收货人各一份)。货物运单的填写,按《货物运单和货票填制办法》的规定办理。托运人按一批托运的货物品名过多,不能在运单内逐一填记或托运搬家货物以及同一包装内有两种以上的货物,须提出物品清单一式三份。加盖车站承运日期戳后,一份由发站存查;一份随同运输票据递交到站;一份退还托运人。除个人托运的物品外,可以使用具有物品清单内容的其他单据代替物品清单。托运人对其在货物运单和物品清单内所填记事项的真实性应负完全责任,匿报、错报货物品名、重量时还应按照规定支付违约金。"

②托运易腐货物、"短寿命"放射性货物时,应记明货物的容许运输期限。《铁路货物运输规程》第12条规定:"托运易腐货物、'短寿命'放射性货物时,应记明货物的容许运输期限。容许运输期限至少须大于货物运到期限三天。"

(4)包装标记规定。

①托运人托运货物应选择合适的包装。《铁路货物运输规程》第15条规定:"托运人托运货物,应根据货物的性质、重量、运输种类、运输距离、气候以及货车装载等条件,使用符合运输要求、便于装卸和保证货物安全的运输包装。"

②托运人托运零担货物,应做好清晰明显的标记。《铁路货物运输规程》第16条规定:"托运人托运零担货物,应在每件货物上标明清晰明显的标记(货签)。标记应用坚韧材料制作。在每件货物两端各粘贴或钉固一个,包装不适宜粘贴或钉固时,可使用拴挂的办法。不适宜用纸制标记的货物,应使用油漆在货件上书写标记或用金属、木质、布、塑料板等材料制成的标记。托运行李、搬家货物除使用布质、木质、金属等坚韧材料的货签或书写标记外,并应在货物包装内部放置标记(货签)。托运人应根据货物性质,按照国家标准,在货物包装上做好包装储运图示标志。货件上与本批货物无关的运输标记和包装储运图示标志,托运人必须撤除或抹消。"

(5)费用规定。

①对押运人应该核收押运人乘车费。《铁路货物运输规程》第18条规定:"派有押运人的货物,应由托运人在货物运单内注明押运人姓名和证明文件名称及号码,经发站审核后发给押

运人须知,并在货票甲联注明,由托运人签收。押运人应乘坐所押运的货车,如该货车不适宜乘坐时,可乘坐守车或车长、站长指定的车辆。押运人对押运的货物应负责采取保证货物安全的措施,如发现货物有腐烂、变质、病伤、损坏等现象,应立即向车长或站长提出声明,由车长或站长协助适当处理。押运人应遵守押运人须知中规定的事项和有关铁路货物运输的规定。承运人对押运人应宣传安全注意事项并提供工作和生活上的便利条件。押运人从承运人承运货物时起至交付完毕时止发生意外伤害时,比照《铁路旅客意外伤害强制保险条例》规定办理。"

②托运人承运货物应按时支付费用。《铁路货物运输规程》第 19 条规定:"货物运输费用,按照《铁路货物运价规则》的规定计算。托运人应在发站承运货物当日支付费用。对 18 点以后承运的货物,车站应在货票承运日期戳记下注明'翌'字,其运输费用,可以在次日支付。由于临时发生抢救、救灾、防疫等情况,在发站支付确有困难,经发送铁路局同意,可以后付或由收货人在到站支付。经常托运或领取货物的托运人或收货人,可按日汇总支付运输费用,其时间在不影响运输费用送交银行的前提下,由站长根据具体情况同托运人或收货人商定。托运人或收货人迟交运输费用时,应向承运人支付规定的运杂费迟交金。"

③托运人组织装车的货物,使用铁路货车篷布时应交货车篷布使用费。《铁路货物运输规程》第 27 条规定:"托运人组织装车的货物,使用铁路货车篷布时,对篷布的完整状态应进行检查,发现篷布破损或腰、边绳短少,应向车站更换。托运人使用自备篷布时,应在货物运单托运人记载事项栏内记明'自备篷布××张',到站应填写特价运输证明书连同篷布一并交给收货人,在 30 日内托运,不核收运费。专用线内装车使用的铁路货车篷布或到达专用线的铁路货车篷布,分别由托运人和收货人负责到车站取送。使用铁路货车篷布苫盖货车时,按使用张数向托运人核收货车篷布使用费。到达专用线或专用铁路的铁路货车篷布,收货人应于货车送到卸车地点或交接地点的次日起,2 日内送回车站。超过规定期间,对其超过的期间,核收篷布延期使用费。"

(6)货物超限、超重货物时的托运规定资料。《铁路超限超重货物运输规则》第 10 条规定:"托运人托运超限、超重货物时,除按一般货运手续办理外,并应提出下列资料:①超限超重货物托运说明书,货物外形的三视图。图中应标明货物的有关尺寸,支重面长度,并以"+"号标明重心位置。②自轮运转货物,应有自重、轴数、轴距、固定轴距、长度、转向架中心销间距离、制动机形式和运行限制条件。③申请使用的车种、车型及车数,计划装载加固方案。④其他规定的资料。托运人应在托运超限超重货物说明书、计划装载加固方案和所提供的资料上盖章或签字,并对内容的真实性负完全责任。"

3.铁路运输经营承运规定

铁路运输经营承运规定主要依托《铁路货物运输规程》《铁路超限超重货物运输规则》《铁路货物运输管理规则》。

(1)物资规定。

①承运棚车、冷藏车、罐车、集装箱运输的货物需要施封。《铁路货物运输规程》第 29 条规定:"使用棚车、冷藏车、罐车、集装箱运输的货物,由组织装车或装箱单位负责在货车或集装箱上施封。但派有押运人的货物,需要通风运输的货物以及组织装车单位认为不需施封的货物(集装箱运输的货物除外),可以不施封。托运人委托承运人代封时,托运人应在货物运单上注明'委托承运人施封'字样,由承运人以托运人责任施封,并核收施封作业费。施封的货车或集装箱,应在货物运单、票据封套和货车装载清单上记明。使用施封锁、施封环或带号码的封车

钳子施封的,应记明施封号码。施封及拆封的技术要求,应按《货车和集装箱施封拆封的规定》办理。"

②负责卸车的单位在卸车时,应将货物彻底卸净并扫干净。《铁路货物运输规程》第30条规定:"负责卸车的单位在卸车时,应将货物彻底卸净,卸空后的货车应清扫干净,车门、车窗、端侧板、冷藏车冰箱盖、罐车盖、阀等要关闭妥当。对装过活动物、鲜鱼介类、污秽品等货物的车辆,以及受易腐货物污染的冷藏车和《危险货物运输规则》中规定必须洗刷消毒的货车,同铁路负责洗刷并按规定或依照卫生(兽医)人员的要求进行消毒,费用由收货人负担。如收货人有洗刷、消毒设备时,也可由收货人自行洗刷、消毒。收货人组织卸车的货车,未进行清扫或清扫不干净时,车站应通知收货人补扫,如收货人未补扫或仍未清扫干净,车站应以收货人的责任组织人力代为补扫,向收货人核收规定的货车清扫费和货车延期使用费。"

③承运鲜活货物时的规定。《铁路货物运输管理规则》第8条规定:"承运易腐货物时,车站要按照《铁路鲜活货物运输规则》(以下简称《鲜规》)的有关规定办理。对《鲜规》未列品名而易于腐坏、变质的货物,车站应认真审定运输条件。易腐货物装车时,要检查装载方法是否符合规定要求。以冷藏车装运的,应检查装车单位填写的冷藏车作业单是否齐全、正确。使用加冰冷藏车的,应检查托运人是否加足冰盐,并将作业单附在运输票据中随车递送,途中加冰时,加冰站应认真填写加冰作业记录。使用机械冷藏车的,应将该作业单交机械冷藏车乘务组递交到站。到站应负责检查冷藏车情况,在作业单上填记到站作业记录,并妥善保存。"

④承运危险货物时的规定。《铁路货物运输管理规则》第9条规定:"承运危险货物时,车站要按照《铁路危险货物运输规则》的规定,对品名、编号、类项、包装、标志以及'托运人记载事项'栏的内容进行检查。对危险货物品名索引表中未列载的危险货物或改变危险货物包装时,应按铁路局、分局批准的运输条件办理。办理危险货物的车站,应根据具体情况,制定承运、交付、包装检查、内部交接、装卸作业及存放保管等安全措施和管理制度。"

⑤货物验收后,车站应予签证,及时办理承运。《铁路货物运输管理规则》第7条规定:"货物进齐验收后,车站应予签证,及时办理承运。承运的整车货物要登记'货物承运簿',集装箱货物登记'集装箱到发登记簿',零担货物根据业务量大小,可以使用货物承运簿,也可以由车站自行建立登记制度,并将登记资料装订成册,妥善保管。货物运单'承运人填写、部分和货票填制要符合《货物运单和货票填制办法》的规定,加盖的车站日期戳记要清晰、正确。"

(2)车辆及使用规定。

①承运人应按照运输合同约定车种配置适当车辆。《铁路货物运输规程》第24条规定:"承运人应按照运输合同约定的车种拨配适当的车辆。承运人如无适当货车拨配,在征得托运人同意、保证货物安全、货车完整和装卸作业方便的条件下可以代用。以长大货物车、冷藏车代替其他车辆及改变罐车使用范围时,应经铁道部承认;其他车辆代替棚车时,应经铁路分局承认。车辆代用必须符合《铁路货物装载加固规则》中'货车使用限制表'的规定。对保密物资、涉外物资、精密仪器、展览品,能用棚车装运的必须使用棚车装运,不得用其他货车代替。"

②承运人应拨配状态良好,清扫干净的货车装运货物。《铁路货物运输规程》第25条规定:"承运人应拨配状态良好,清扫干净的货车装运货物。装车前,装车单位应对车厢的完整和清洁状况进行检查。托运人组织装车的货车,在装车前,发现车内留有残货,应通知车站清扫或处理。如车站委托托运人代为清扫时,应向托运人支付规定的货车清扫费。托运人对承运人拨配的货车要求洗刷消毒,由铁路办理时,向托运人核收货车洗刷消毒费。"

③承运人和托运人装载货物时,可改进装载方法,不得超过货车容许载重量。《铁路货物运输规程》第26条规定:"承运人和托运人装载货物时,都应不断改进装载方法,充分利用货车的载重力或容积,但不得超过货车容许载重量。由于货物包装、防护物重量影响货物净重,或机械装载不易计算件数的货物装车后减吨确有困难时,可以多装,但不得超过货车标记载重量的2%;货物装载的高度和宽度,除超限货物和有特定者外,均不得超过机车车辆限界或特定区段装载限界。整车货物装载超过货车规定的容许载重量,除补收运费外,并按规定核收违约金。货物的装载加固应按《铁路货物装载加固规则》的规定办理。罐车装运的货物应装到空气包底部或规定高度,并由装车单位负责将排油阀关严。"

(3)运输规定。

①承运有规定时间起点和要求。《铁路货物运输规程》第20条规定:"零担和集装箱运输的货物,由发站接收完毕,整车货物装车完毕,发站在货物运单上加盖车站日期戳时起,即为承运。实行承运前保管的车站,对托运人已全批搬入车站的整车货物,从接收完时起,负承运前保管责任。车站在承运货物时,应将领货凭证及货票丙联交给托运人。托运人应将领货凭证及时交给收货人,凭以向到站联系领取货物。"

②装载整车货物所需的货车装备物品在到站连同货物一并交付收货人。《铁路货物运输规程》第28条规定:"装载整车货物所需的货车装备物品(禽畜架、篷布支架、粮谷挡板、饲养用具、防寒棉被、苫垫物品)和货物加固材料由托运人准备,并应在货物运单托运人记载事项栏内记明其名称和件数,在到站连同货物一并交付收货人。收货人需要将上述货车装备物品加固材料向指定的车站回送的,应在承运人交付货物的次日内填写特价运输证明书经到站签证,在30日内托运,不核收运费。准、米轨间整车货物直通运输,货物在换装站需要的加固材料由换装站备制,其费用应填发垫款通知书,通知到站向收货人核收。国际联运出口货物的装备物品和加固材料由驻国境站的外贸机构代替收货人回送。托运人自备的集装化用具、爆炸品保险箱符合《铁路货物运价规则》规定的特定运价范围的,收货人需要向指定的车站回送时,按本条第二款规定办理运输手续,并支付运费。"

(二)水路运输规定

水路运输相关规则在执行过程中,限定了包括运输合同签订、运输规则、安全管理规定等诸多事项。以下部分重点列举了水路运输经营活动的部分有关规则。

1. 水路运输经营合同签订规定

水路运输经营合同签订规定主要依托《水路货物运输合同实施细则》。

①水路货物运输合同有不同的签订方式。《水路货物运输合同实施细则》第4条规定:"水路货物运输合同,除短途驳运、摆渡零星货物,双方当事人可以即时清结者外,应当采用书面的形式。大宗物资运输,可按月签订货物运输合同。对其他按规定必须提送月度托运计划的货物,经托运人和承运人协商同意,可以按月签订货物运输合同或以货物运单作为运输合同。零星货物运输和计划外的整批货物运输,以货物运单作为运输合同。"

②水路运输合同的生效时期。《水路货物运输合同实施细则》第5条规定:"按月度签订的货物运输合同,经双方在合同上签认后,合同即告成立。如承、托运双方当事人无需商定特约事项的,可以用月度托运计划表代替运输合同,经双方在计划表上签认后,合同即告成立。在实际办理货物承托运手续时,托运人还应向承运人按批提出货物运单,作为运输合同的组成部分。以货物运单作为运输合同的,经承、托运双方商定货物的集中时间、地点,由双方认真验

收、交接，并经承运人在托运人提出的货物运单上加盖承运日期戳后，合同即告成立。货物运单的格式，江海干线和跨省运输的由交通部统一规定；省（自治区、直辖市）内运输的由省（自治区、直辖市）交通主管部门统一规定。"

③按月度签订的水路货物运输合同应具备的内容。《水路货物运输合同实施细则》第6条规定："按月度签订的货物运输合同，应具备下列基本内容：货物名称；托运人和收货人名称；起运港和到达港，海江河联运货物应载明换装港；货物重量，按体积计费的货物应载明体积；违约责任；特约条款。"

④水路货物运输合同中货物运单应具备的内容。《水路货物运输合同实施细则》第7条规定："货物运单应具备下列内容：货物名称；重量、件数，按体积计费的货物应载明体积；包装；运输标志；起运港和到达港，海江河联运货物应载明换装港；托运人、收货人名称及其详细地址；运费、港口费和有关的其他费用及其结算方式；承运日期；运到期限（规定期限或商定期限）；货物价值；双方商定的其他事项。"

2. 水路运输经营托运规定

水路运输经营托运规定主要依托《中华人民共和国海商法》《中华人民共和国国际海运条例》《中华人民共和国国际海运条例实施细则》。

(1) 时效性规定。托运人须及时办理各项手续和有关单证。《中华人民共和国海商法》第67条规定："托运人应当及时向港口、海关、检疫、检验和其他主管机关办理货物运输所需要的各项手续，并将已办理各项手续的单证送交承运人；因办理各项手续的有关单证送交不及时、不完备或者不正确，使承运人的利益受到损害的，托运人应当负赔偿责任。"

(2) 货物规定。

①托运人托运货物应当妥善包装并保证所提供货物的正确性。《中华人民共和国海商法》第66条规定："托运人托运货物，应当妥善包装，并向承运人保证，货物装船时所提供的货物的品名、标志、包数或者件数、重量或者体积的正确性；由于包装不良或者上述资料不正确，对承运人造成损失的，托运人应当负赔偿责任。承运人依照前款规定享有的受偿权利，不影响其根据货物运输合同对托运人以外的人所承担的责任。"

②托运人托运危险货物，应当妥善包装并书面通知承运人。《中华人民共和国海商法》第68条规定："托运人托运危险货物，应当依照有关海上危险货物运输的规定，妥善包装，作出危险品标志和标签，并将其正式名称和性质以及应当采取的预防危害措施书面通知承运人；托运人未通知或者通知有误的，承运人可以在任何时间、任何地点根据情况需要将货物卸下、销毁或者使之不能为害，而不负赔偿责任。托运人对承运人因运输此类货物所受到的损害，应当负赔偿责任。"

(3) 费用规定。《中华人民共和国海商法》第69条规定："托运人应当按照约定向承运人支付运费。托运人与承运人可以约定运费由收货人支付；但是，此项约定应当在运输单证中载明。"

3. 水路运输经营承运规定

水路运输经营承运规定主要依托《中华人民共和国海商法》《中华人民共和国国际海运条例》《中华人民共和国国际海运条例实施细则》。

(1) 责任期间规定。《中华人民共和国海商法》第46条规定："承运人对集装箱装运的货物的责任期间，是指从装货港接收货物时起至卸货港交付货物时止，货物处于承运人掌管之下的全部期间。承运人对非集装箱装运的货物的责任期间,是指从货物装上船时起至卸下船时止,货物处于承运人掌管之下的全部期间。在承运人的责任期间,货物发生灭失或者损坏,除本节另有规定外,承运人应当负赔偿责任。"

（2）工具及使用规定。《中华人民共和国海商法》第 47 条规定:"承运人在船舶开航前和开航当时,应当谨慎处理,使船舶处于适航状态,妥善配备船员、装备船舶和配备供应品,并使货舱、冷藏舱、冷气舱和其他载货处所适于并能安全收受、载运和保管货物。"

（3）运输规定。

《中华人民共和国海商法》第 48 条规定:"承运人应当妥善地、谨慎地装载、搬移、积载、运输、保管、照料和卸载所运货物。"

《中华人民共和国海商法》第 49 条规定:"承运人应当按照约定的或者习惯的或者地理上的航线将货物运往卸货港。船舶在海上为救助或者企图救助人命或者财产而发生的绕航或者其他合理绕航,不属于违反前款规定的行为。"

《中华人民共和国海商法》第 53 条规定:"承运人在舱面上装载货物,应当同托运人达成协议,或者符合航运惯例,或者符合有关法律、行政法规的规定。承运人依照前款规定将货物装载在舱面上,对由于此种装载的特殊风险造成的货物灭失或者损坏,不负赔偿责任。承运人违反本条第一款规定将货物装载在舱面上,致使货物遭受灭失或者损坏的,应当负赔偿责任。"

（4）责任规定。

《中华人民共和国海商法》第 50 条规定:"货物未能在明确约定的时间内,在约定的卸货港交付的,为迟延交付。除依照本章规定承运人不负赔偿责任的情形外,由于承运人的过失,致使货物因迟延交付而灭失或者损坏的,承运人应当负赔偿责任。除依照本章规定承运人不负赔偿责任的情形外,由于承运人的过失,致使货物因迟延交付而遭受经济损失的,即使货物没有灭失或者损坏,承运人仍然应当负赔偿责任。"

《中华人民共和国海商法》第 51 条规定:"在责任期间货物发生的灭失或者损坏是由于下列原因之一造成的,承运人不负赔偿责任:①船长、船员、引航员或者承运人的其他受雇人在驾驶船舶或者管理船舶中的过失;②火灾,但是由于承运人本人的过失所造成的除外;③天灾,海上或者其他可航水域的危险或者意外事故;④战争或者武装冲突;⑤政府或者主管部门的行为、检疫限制或者司法扣押;⑥罢工、停工或者劳动受到限制;⑦在海上救助或者企图救助人命或者财产;⑧托运人、货物所有人或者他们的代理人的行为;⑨货物的自然特性或者固有缺陷;⑩货物包装不良或者标志欠缺、不清;⑪经谨慎处理仍未发现的船舶潜在缺陷;⑫非由于承运人或者承运人的受雇人、代理人的过失造成的其他原因。承运人依照前款规定免除赔偿责任的,除第②项规定的原因外,应当负举证责任。"

《中华人民共和国海商法》第 52 条规定:"因运输活动物的固有的特殊风险造成活动物灭失或者损害的,承运人不负赔偿责任。但是,承运人应当证明业已履行托运人关于运输活动物的特别要求,并证明根据实际情况,灭失或者损害是由于此种固有的特殊风险造成的。"

《中华人民共和国海商法》第 54 条规定:"货物的灭失、损坏或者迟延交付是由于承运人或者承运人的受雇人、代理人的不能免除赔偿责任的原因和其他原因共同造成的,承运人仅在其不能免除赔偿责任的范围内负赔偿责任;但是,承运人对其他原因造成的灭失、损坏或者迟延交付应当负举证责任。"

(三)航空运输规定

航空运输相关规则主要有:《中国民用航空货物国内运输规则》《中国民用航空货物国际运输规则》《航空货物运输合同实施细则》。

1.航空运输经营合同签订规定

航空运输经营合同签订规定主要依托《航空货物运输合同实施细则》。

(1)托运人填交的货物托运单经承运人接受,并由承运人填发货运单后,航空货物运输合同即告成立。《航空货物运输合同实施细则》第 3 条规定:"托运人托运货物应向承运人填交货物托运单,并根据国家主管部门规定随附必要的有效证明文件。托运人应对托运单填写内容的真实性和正确性负责。托运人填交的货物托运单经承运人接受,并由承运人填发货运单后,航空货物运输合同即告成立。"

(2)托运人要求包用飞机运输货物,应填交包机申请书。承运人同意并签订协议书后,航空包机货物运输合同即告成立。《航空货物运输合同实施细则》第 4 条规定:"托运人要求包用飞机运输货物,应填交包机申请书,经承运人同意接受并签订包机运输协议书后,航空包机货物运输合同即告成立。签订协议书的当事人,均应遵守民航主管机关有关包机运输的规定。"

2.航空运输经营托运规定

航空运输经营托运规定主要依托《航空货物运输合同实施细则》《中国民用航空货物国内运输规则》《中国民用航空货物国际运输规则》。

(1)单据规定。《航空货物运输合同实施细则》第 3 条规定:"托运人托运货物应向承运人填交货物托运单,并根据国家主管部门规定随附必要的有效证明文件。托运人应对托运单填写内容的真实性和正确性负责。托运人填交的货物托运单经承运人接受,并由承运人填发货运单后,航空货物运输合同即告成立。"

(2)包装规定。《航空货物运输合同实施细则》第 5 条规定:"没有统一规定包装标准的,应当根据保证运输安全的原则,按货物的性质和承载飞机等条件包装。凡不符合上述包装要求的,承运人有权拒绝承运。"

(3)收发信息规定。托运人必须在托运的货件上标明发站收件信息。《航空货物运输合同实施细则》第 6 条规定:"托运人必须在托运的货件上标明发站、到站和托运人、收货人的单位、姓名和地址,按照国家规定标明包装储运指示标志。"

(4)投保规定。《航空货物运输合同实施细则》第 7 条规定:"国家规定必须保险的货物,托运人应在托运时投保货物运输险。对于每千克价值在十元以上的货物,实行保险与负责运输相结合的补偿制度,托运人可在托运时投保货物运输险,具体办法另行规定。"

(5)监护规定。《航空货物运输合同实施细则》第 9 条规定:"在运输过程中必须有专人照料、监护的货物,应由托运人指派押运员押运。押运员对货物的安全负责,并遵守民航主管机关的有关规定,承运人应协助押运员完成押运任务。"

(6)运输规定。

①托运货物内不得夹带国家禁止运输、限制运输物品和危险物品。《航空货物运输合同实施细则》第 10 条规定:"托运货物内不得夹带国家禁止运输、限制运输物品和危险物品。如发现托运人谎报品名,夹带上述物品,应按有关规定处理。"

②托运人托运货物,应按照民航主管机关规定率缴付运费。《航空货物运输合同实施细则》第 11 条规定:"托运人托运货物,应按照民航主管机关规定的费率缴付运费和其他费用。

除托运人和承运人另有协议外,运费及其他费用一律于承运人开具货运单时一次付清。"

③托运人在出具货运单托运人联,并以书面方式提出后,方可行使对货物的处置权。《中国民用航空货物国际运输规则》第33条规定:"托运人应当在出具货运单托运人联,并以书面方式提出后,方可行使对货物的处置权,并适用于一张货运单填列的全部货物。由于行使处置权而变更收货人的,变更后的新收货人,应当视为货运单上的收货人。货运单上已载明的声明价值不得变更。对已办妥声明价值的货物行使处置权的,已付的声明价值附加费不予退还。"

④托运人有权在出发地机场或者目的地机场将货物提回或停运。《中国民用航空货物国际运输规则》第34条规定:"托运人在履行航空货物运输合同规定的义务的条件下,有权在出发地机场或者目的地机场将货物提回,或者在途中经停时中止运输,或者在目的地点或者途中要求将货物交给非货运单上指定的收货人,或者要求将货物运回出发地机场;但是,托运人不得因行使此种权利而使承运人或者其他托运人遭受损失,并应当偿付由此产生的费用。"

⑤托运人要求处置货物的,应当符合中华人民共和国以及运输过程中有关国家的法律和规定。《中国民用航空货物国际运输规则》第35条规定:"托运人要求处置货物的,应当符合中华人民共和国以及运输过程中有关国家的法律和规定。对不符合规定的,承运人应当拒绝办理。托运人处置货物的指示不能执行的,承运人应当立即通知托运人。"

⑥托运人应当提供必需的资料和文件以便在货物交付收货人前完成法律、行政法规规定的有关手续。《中国民用航空货物国际运输规则》第26条规定:"托运人应当提供必需的资料和文件,以便在货物交付收货人前完成法律、行政法规规定的有关手续;因没有此种资料、文件,或者此种资料、文件不充足或者不符合规定造成的损失,除由于承运人或者其受雇人、代理人的过错造成的外,托运人应当对承运人承担责任。除法律、行政法规另有规定外,承运人没有对前款规定的资料或者文件进行检查的义务。"

⑦托运人收运特种货物,应当符合普通货物运输规定和符合特种货物运输规定。《中国民用航空货物国际运输规则》第45条规定:"托运人托运特种货物,除应当符合普通货物运输规定外,还应当符合特种货物运输规定。托运人因未遵守规定而给承运人造成损失的,托运人应当承担责任,并对承运人运输此种货物而造成的损失给予赔偿。托运人托运特种货物应当事先与承运人联系,经承运人同意后方可托运。托运人和收货人应当在承运人指定的地点办理托运和提取特种货物。"

3. 航空运输经营承运规定

航空运输经营承运规定主要依托《航空货物运输合同实施细则》《中国民用航空货物国内运输规则》《中国民用航空货物国际运输规则》。

(1)航空运输经营承运首先应符合国家运输的相关法律规定。《中国民用航空货物国际运输规则》第4条规定:"承运人办理货物国际航空运输,应当遵守中华人民共和国以及运输过程中有关国家的法律和规定。"

(2)物资规定。

①承运人收运特种货物,应当符合普通货物运输规定和符合特种货物运输规定。《中国民用航空货物国际运输规则》第46条规定:"承运人收运特种货物,除应当符合普通货物运输规定外,还应当符合特种货物运输规定。承运人因未遵守规定而给托运人造成损失的,承运人应当承担责任。承运人运输特种货物,应当建立机长通知单制度。承运人应当指定办理托运和提取特种货物的地点。"

②承运人不得擅自承运作战军火物资。《中国民用航空货物国际运输规则》第47条规定："承运人未经中国民用航空总局批准,不得运输作战军火、作战物资。"

③承运人承运货物时有权必要时会同托运人开箱进行安全检查。《航空货物运输合同实施细则》第8条规定："承运人承运货物时,应对托运人填交的托运单进行查核,并有权在必要时会同托运人开箱进行安全检查。"

(3)运输规定。

①货物由包机运输的,应当由包机人与承运人签订包机合同。《中国民用航空货物国际运输规则》第5条规定："货物由包机运输的,应当由包机人与承运人签订包机合同,并在包机合同中列明适用的运价及其条件;未列明的,应当明确所适用于该包机合同的有关条件。"

②承运人在班期时刻表上或者其他场所公布的时间不能作为货物运输开始、完成或者货物交付的时间。《中国民用航空货物国际运输规则》第27条规定："承运人在班期时刻表上或者其他场所公布的时间为预计时间,不构成运输合同的组成部分,也不能作为货物运输开始、完成或者货物交付的时间。经特别约定并在货运单上注明的,承运人应当按照约定的时间运输;没有特别约定的,承运人应当用合理的时间运输。"

③承运人应当合理安排运输货物。《中国民用航空货物国际运输规则》第28条规定："承运人应当合理安排运输货物。承运人可以不经通知改变货运单上注明的航班、路线、机型或者承运人。也可以在不经通知,但应适当考虑托运人利益的情况下,使用其他交通工具运输货物。"

④承运人收运货物后应当采取措施及时将货物运达。《中国民用航空货物国际运输规则》第29条规定："承运人收运货物后,应当采取措施及时将货物运至目的地,由于无法控制或者无法预测的原因,承运人可以不经通知,取消、终止、改变、推迟、延误或者提前航班飞行,或者继续航班飞行而不载运货物或者载运部分货物。除法律另有规定外,承运人对由此而造成的后果不承担责任。"

⑤承运人可以在货物之间,货物和邮件或者旅客之间做出优先运输的安排。《中国民用航空货物国际运输规则》第30条规定："根据适用的法律、行政法规,承运人可以在货物之间,货物和邮件或者旅客之间做出优先运输的安排。承运人也可以在任何时间、地点从一批货物中卸下部分货物后继续航班飞行。因优先运输导致货物未运输或者推迟、延误运输或者部分货物被卸下,承运人对由此而造成的后果不承担责任。承运人做出优先运输安排的,应当考虑托运人的实际利益,并对未及时运输的货物做出合理的运输安排。

⑥承运人应当建立监装、监卸制度并按其规定装卸货物。《中国民用航空货物国际运输规则》第31条规定："承运人应当建立监装、监卸制度并按其规定装卸货物。"

⑦承运人对无法续运的货物,应当做好记录和征求意见。《中国民用航空货物国际运输规则》第32条规定："承运人对无法续运的货物,应当做好记录,及时通知托运人或者收货人,并征求处理意见。"

⑧承运人应当因发生在航空运输期间的事件承担责任。《中国民用航空货物国际运输规则》第36条规定："因发生在航空运输期间的事件,造成货物毁灭、遗失或者损坏的,承运人应当承担责任,但法律规定免除责任的除外。"

(4)提取保管规定。

①承运人对收货人逾期提取,应按运输规则收保管费。《航空货物运输合同实施细则》第

13条规定："承运人应于货物运达到货地点后24小时内向收货人发出到货通知。收货人应及时凭提货证明到指定地点提取货物。货物从发出到货通知的次日起,免费保管3日。收货人逾期提取,应按运输规则缴付保管费。"

②承运人有权将通知未果的货物作为无法交付货物。《航空货物运输合同实施细则》第14条规定："货物从发出提货通知的次日起,经过30日无人提取时,承运人应及时与托运人联系征求处理意见;再经过30日,仍无人提取或托运人未提出处理意见,承运人有权将该货物作为无法交付货物,按运输规则处理。对易腐或不易保管的货物,承运人可视情况及时处理。"

(5)交付规定。

①承运人应按货运单交付货物。《航空货物运输合同实施细则》第15条规定："承运人应按货运单交付货物。交付时,如发现货物灭失、短少、变质、污染、损坏时,应会同收货人查明情况,并填写货运事故记录。收货人在提取货物时,对货物状态或重量无异议,并在货运单上签收,承运人即解除运输责任。"

②承运人应按照货运单上和约定将货物运达到货地点。《航空货物运输合同实施细则》第二章第12条规定："承运人应按照货运单上填明的地点,按约定的期限将货物运达到货地点。货物错运到货地点,应无偿运至货运单上规定的到货地点,如逾期运到,应承担逾期运到的责任。"

(四)集装箱运输及多式联运规定

集装箱运输相关规则主要有《铁路集装箱运输规则》。

1. 集装箱运输及多式联运经营合同签订规定

集装箱运输及多式联运经营合同签订规则首先遵循其他单一的运输模式下承运人和托运人签订的各项基础协议,除此之外,多式联运经营还需要在站场等联运交接场所做好配套的工作协议。

由于汽车运输是多式联运的承接环节,所以多式联运能否顺利执行必须有汽车对集装箱运输业务开展做基本保障。

铁路和水路货物联运的签订受到设施和设备的影响,以及国家战略运输需求的考虑,有特定的车站、港口和换装地点,签订过程中需要遵循联运规则的换装要求。

2. 集装箱运输及多式联运经营托运规定

《铁路集装箱运输规则》中提到了部分关于集装箱多式联运下托运经营的规则。

(1)托运人(收货人)可自行安排汽车取送集装箱,也可委托车站办理,车站均应提供便利条件。《铁路集装箱运输规则》第25条规定："托运人(收货人)可自行安排汽车取送集装箱,也可委托车站办理,车站均应提供便利条件。托运人(收货人)领取铁路箱出站的,车站应与托运人(收货人)签订铁路箱出站使用协议并收取保证金;铁路局可结合实际免收保证金。根据托运人(收货人)要求,可在站内指定区域装、掏箱。"

(2)发送的集装箱应于约定进站日期当日进站完毕。《铁路集装箱运输规则》第26条规定："发送的集装箱应于约定进站日期当日进站完毕。到达的集装箱,应于承运人发出领货通知的次日起算,2日内领取集装箱货物,并于领取的当日内将箱内货物掏完或将集装箱搬出。集装箱货物(含空自备箱)在车站存放超过上述免费仓储期限,应按规定核收仓储费。"

(3)托运人或收货人使用铁路箱超过特定期限,自超过之日起核收集装箱延期使用费。《铁路集装箱运输规则》第28条规定："托运人或收货人使用铁路箱超过下列期限,自超过之日起核收集装箱延期使用费:①站内装箱的,应于约定进货日期当日装完。站内掏箱的,应于领取的当日内掏完。②到达的集装箱,应于承运人发出领货通知的次日起算,28日内领取集装箱。③集装箱出站的,重去空回或空去重回时,应于领取的次日送回;重去重回时,应于领取的3日内送回。"

(4)发站在接收集装箱时,检查发现箱号或封印内容与运单记载不符或未按规定操作的应由托运人改善后接收,箱体损坏危及货物和运输安全的不得接收。《铁路集装箱运输规则》第30条规定:"发站在接收集装箱时,检查发现箱号或封印内容与运单记载不符或未按规定关闭箱门、拧固、施封的,应由托运人改善后接收。箱体损坏危及货物和运输安全的不得接收。"

3.集装箱运输及多式联运经营承运规定

《铁路集装箱运输规则》中提到了部分关于集装箱多式联运下承运经营的规定。

(1)物资规定。承运人有权对集装箱货物进行检查。《铁路集装箱运输规则》第30条规定:"承运人有权对集装箱货物品名、重量、数量、包装、装载状况等进行检查。需要开箱检查货物时,在发站应通知托运人到场,在到站应通知收货人到场。托运人有违约责任时,承运人应按合同约定或有关规定向托运人或收货人核收违约金和因检查产生的作业费用。可继续运输的,车站应会同托运人补封,编制货运记录。"

(2)费用规定。承运人在运输经营过程中可视情况收取相应名目的费用。

因托运人或收货人直接责任引起的超过额定装卸箱、掏拆箱时间、装卸箱落空的等待时间,承运方可收延滞费。

思考

1.国内运输法规的表现层面有哪些?

2.国内运输法规和国际运输法规的约束差异主要有哪些?

知识拓展

《交通运输部办公厅关于加强交通运输标准化工作的意见》节选

(一)统筹规划交通运输标准体系

研究制定交通运输标准化发展规划和交通运输标准体系,完善工程建设、道路运输、城市客运和智能交通等各标准化技术委员会的标准体系,根据需要制定重点领域标准体系。强化国家标准、行业标准、地方标准之间的协调性,从源头上避免有关标准之间重复、交叉和矛盾问题。

(二)建立综合运输标准体系

组织开展综合运输标准体系研究工作,重点加强综合客货运枢纽、运输装备、多式联运、信息交换等方面的标准制修订,促进不同运输方式之间的有效衔接与协同发展,提高综合运输一体化服务水平。

(三)建立绿色交通标准体系

组织开展绿色交通标准体系研究工作,重点加强节能减排、资源节约、环境保护、循环利用等方面的标准制修订,提高交通运输绿色发展的水平。

(四)完善交通运输服务标准体系

从满足人民群众安全便捷出行需求出发,完善交通运输服务标准体系,重点加强服务设施、服务规范、服务质量、出行信息等客运服务的标准制修订;从提高物流服务效率和水平出发,重点加强物流设施设备、物流公共信息和社会化物流服务标准制修订。

（五）加快重点领域标准制修订

围绕发展现代交通运输业的战略任务和重大需求，突出优先主题和重点领域，注重改善民生、社会关注、行业急需的标准制修订，加快现代物流、工程建设、交通安全、城市客运、信息化等重点领域标准制修订。

（六）加强标准实施的监督管理

充分发挥标准化技术委员会、行业协会的组织作用，创新标准宣贯方式。完善标准实施反馈机制，强化标准与计量、认证认可、检验检测、产品质量抽查等工作的协调联动。建立标准一致性、符合性审查机制与标准评价制度，加强评价结果的运用，将评价结果及时反馈到标准立项、起草、复审等环节中，形成标准化工作的良性循环。

（七）积极参与国际标准化活动

加强国际标准跟踪研究，积极引进、消化和吸收国际先进标准。鼓励和支持相关机构参与国际标准化活动。积极推动我国交通运输标准走向国际，全面提高标准的国际化水平，提升企业在"走出去"战略实施中的核心竞争力，增强我国在交通运输优势领域国际标准制修订中的话语权和影响力。

（八）强化标准化工作的信息化建设

建立标准化信息共享及服务机制，搭建标准化信息公共服务及工作平台，整合现有资源，为各级交通运输主管部门、标准化技术委员会、企业以及利益相关方提供信息互通及资源共享的渠道，提升标准化工作的信息化水平。

（九）促进标准化工作的能力建设

推动标准化从业人员培训的制度化、系统化、常态化，加强专家队伍建设。优化标准化技术委员会布局，规范标准化技术委员会的运行管理。研究建立激励机制，调动全行业参与标准化工作的积极性。

（十）积极筹措标准化工作经费

积极争取政府财政性投入，建立持续稳定的标准化经费保障机制。采取多种方式吸引社会资金，引导和鼓励企业和社会积极投入，建立多元化投入渠道。强化标准化技术委员会秘书处承担单位的投入保障。

案例分析

1. 课堂任务操作

针对导入案例，进行讨论：

（1）分析案情；

（2）找出适用的法律法规条款；

（3）根据法律法规条款的规定分析案例。

2. 课外任务

查阅《铁路集装箱运输规则》等规定。

思考讨论

1. 铁路和水路运输规定都有哪些异同？请举出例子。

2. 说明多式联运规定的作用和内容。

任务3 配送管理法规

案例导入

A 企业是重庆某新鲜蔬果生产基地,B 公司是重庆某货物配送中心。2016 年 1 月,为了集中力量发展核心竞争力,A 企业决定把物流外包出去。所以,A 企业与 B 公司订立了为期 1 年的配送服务合同,合同约定:配送中心按重庆市各大超市的要求对蔬菜进行拣选、加工、包装等作业后,在指定的时间送至各大超市,配送费月付。在合同履行过程中,先后出现了以下情况:4 月 15 日,重百超市检查配送的蔬菜时发现了漏送的品种;7 月 20 日,重百超市又发现配送的蔬菜有些叶子已经变黄,而且包装不符合要求;10 月 3 日,新世纪百货发现配送的蔬菜中有错送,而且发现包装外的标签和里面的蔬菜不一样。

思考:

1.A 企业是否应该赔偿重百超市和新世纪百货的经济损失?为什么?

2.损失最终由谁来负责?为什么?

3.为了使各方利益最大化,请提出一个合理解决方案。

相关知识

一、配送管理法规概述

配送是指在经济合理区域范围内,根据客户要求,对物品进行拣选、加工、包装、分割、组配等作业,并按时送达指定地点的物流活动。由于配送活动是集装卸、包装、分拣、保管、加工、配货、运输等一系列活动于一身的活动,所以配送的法规也多散布于其他相关法律文献,是对其他文献中规范主体的补充。但由于配送本身是一种企业活动行为,其本身又需要以规范的形式确定,因此配送行为又需要以《合同法》中的相关规定加以约束。随着配送行为的终端价值体现得越来越明显,而目前又没有现成的配送法规出台,因此目前我国已有有关部门颁布规章规范和出台指导意见,以及融合配送活动的相关合同,进行配送规定的初步尝试。如《商品代理配送制行业管理若干规定》《商务部关于推进现代物流技术应用和共同配送工作的指导意见》。

二、配送行业管理规定

《商品代理配送制行业管理若干规定》是目前为数不多的对配送行业管理作出规定的法律文献。该规定从以下方面作了说明:

1.配送保护和监管

(1)配送合同签订应遵循平等自愿、协商一致和诚实信用的原则。《商品代理配送制行业管理若干规定》第 4 条规定:"签订商品的采购、销售代理合同、商品的物流与配送合同,应遵循平等自愿、协商一致和诚实信用的原则。"

(2)国家工商行政管理和国家商品流通主管部门在物流与配送中应做好监督管理工作。《商品代理配送制行业管理若干规定》第 6 条规定:"国家工商行政管理和国家商品流通主管部门在各自职责范围内,依照有关法律和本规定的规定,做好商品的采购、销售代理和物流与配送的监督管理工作。"

2.配送行业经营管理规定

(1)配送具备经营资格规定。

《商品代理配送制行业管理若干规定》第8—10条规定,从事商品流通代理、配送营销应当具备下列条件:①从事商品营销并取得法人资格;②具备开展相应代理业务的人员、场地、设施和资金,加工、运输和技术服务能力;③具备制造商、用户或者通过一级代理商出具的委托证明;④法律、法规规定的其他条件。

对于国家统购统销、专卖的商品,国家或地方政府统一管理的商品,以及法律、法规规定经营资格的重要商品,应当具备政府有关法规规定的经营条件,并需要按照法律、法规的规定,获得相应的经营许可批准文件,方可进行代理和配送。国家实行一级代理、配送商资格认证制度。一级代理、配送商的资格认证工作,由国家商品流通主管部门组织实施。

(2)签订配送合同规定。

《商品代理配送制行业管理若干规定》第14条规定:"国家鼓励供货商与接受配送的生产企业、用户、零售商经营网点、项目建设单位,订立配送合同。配送计划经用户提出并与供货商协商确认后,应以合同形式予以确定。双方职责、结算方式、违约责任等权利义务要在合同中予以明确,并严格执行。"

《商品代理配送制行业管理若干规定》第15条规定:"在配送合同条款中,应当明确:①供货企业与用户企业的名称和通讯地址;②商品名称、商标、型号、规格,以及质量标准;③加工标准、包装要求、有关配货的数量和批次、送货时间和地点等的配送计划;④结算方式;⑤售后技术服务;⑥权益、职责和义务;⑦违约责任;⑧合同变更和终止的条件;⑨调解、仲裁程序。"

(3)配送商品定价规定。配送商品的价格不得高于委托方规定的市场牌价。《商品代理配送制行业管理若干规定》第23条规定:"对于委托方实行统一市场牌价的,代理方向生产企业、用户、零售商经营网点、项目建设单位提供配送商品的价格,应与配货、包装、运输、送货等服务费用分别计算。原则上,配送商品的价格不得高于委托方规定的市场牌价。加工后的配送商品,其价格的确定不在其列。"

三、共同配送工作规定

中华人民共和国商务部2002年颁布的《商务部关于推进现代物流技术应用和共同配送工作的指导意见》(以下简称《共同配送工作指导意见》)是从对共同配送工作视角作出规定的法律文献。该意见从以下方面作了说明:

1.共同配送工作目标规定

该意见确定了共同配送工作目标。《共同配送工作指导意见》中将工作目标确定为:"通过开展现代物流技术应用和共同配送工作,促进大中城市合理规划和布局城市物流节点、优化物流配送组织方式,形成布局合理、运行高效、通行有序、绿色环保的城市配送网络体系。同时,引导和推进批发、零售企业、第三方物流企业供应链模式创新,培育一批运营规范、技术应用水平高、管理有序的商贸物流示范企业。力争到'十二五'末,重点城市共同配送(含统一配送)网点覆盖率达到40%以上,等量货物运输量降低30%以上,物流费用占商品流通费用的比率下降2%。"

2.共同配送工作任务规定

该意见确立了共同配送工作任务。

(1)完善城市共同配送节点规划布局。从实现物流资源利用的社会化、物流资源信息共享、提高重点商品共同配送率为出发点,加强试点城市商贸物流设施规划布局,构建以重点商贸物流园区、公共配送中心和末端共同配送点等物流节点为支撑的城市物流配送网络体系。

(2)鼓励商贸物流模式创新。支持商贸、物流企业以联盟、共同持股等多种形式开展共同配送;鼓励连锁零售企业、网络零售企业构建新型配送体系,提高统一配送水平;支持各类批发市场完善和提升物流服务功能,形成集展示、交易、仓储、加工、配送等功能于一体的集约式商贸物流园区;引导物流公共信息服务平台健康发展,支持建设一批物流电子交易平台。

(3)加快物流新技术应用步伐。支持企业改造升级现有物流信息系统,实现物流企业与商贸流通企业、生产企业及相关管理部门之间的数据共用、资源共享。大力推进物联网技术、RFID 射频识别码、GPS 实时监控等新技术在共同配送工作中的应用水平。引导企业在物流活动中采用标准托盘和集装单元,实行货物生产、包装、装卸、运输的全过程标准化管理,推动大型连锁零售企业率先采用标准化托盘共用系统,提高托盘使用率。

(4)加大商贸物流设施改造力度。根据城市共同配送节点规划布局,引导和支持建设、改造一批商贸物流设施:一是支持商贸物流区建设、改造,支持城市近郊服务于城市配送和货物转运的商贸物流园区发展;二是支持标准化配送中心建设、改造,鼓励企业建设立体化仓库、采用先进的分拣设备、设施,引导企业加大冷库设备更新改造,鼓励建设低耗节能型冷库;三是支持流通末端共同配送点和卸货点建设、改造,鼓励建设集配送、零售和便民服务等多功能于一体的物流配送终端。

3.共同配送保障措施规定

该意见明确了共同配送保障措施。

(1)明确工作思路,制订实施方案。各地商务主管部门要根据本地区商贸物流工作基础、发展特点和实际需求,选择工作重点,提出推进本地区现代物流技术应用和共同配送工作的总体工作思路,提出符合地区经济发展需要、与本地经济社会发展规划相衔接的工作方案,确定工作目标、实施范围、重点内容和具体措施。

(2)加强组织领导,完善工作机制。各地商务主管部门要高度重视现代物流技术应用和共同配送工作,建立健全与相关部门密切沟通、相互协作的工作联动机制,会同相关部门协调解决工作中企业遇到的土地、城市车辆通行、停靠、企业融资等方面遇到的困难。

(3)有序开展试点,树立工作典范。各地区要结合本地实际,组织重点城市、选择重点领域组织开展试点,树立典范,以点带面。商务部将把实施方案科学合理、组织措施得力、工作成效显著的城市,列为商务部现代物流技术应用和共同配送综合试点城市。

(4)完善政策措施,加大支持力度。各地要充分运用财政资金,通过多种形式引导和带动社会投资,加大对现代物流技术应用和共同配送工作的支持力度,有条件的地区要积极争取设立有关专项支持资金。商务部将相关部门对纳入商务部试点城市组织实施的示范项目给予一定的财政资金支持。

(5)明确目标责任,强化绩效考核。各地要建立以共同配送网点覆盖率、商贸物流费用率、货物运输量等指标为主体构成的商贸物流量化指标考核体系,加强对比分析和绩效考核。商务部将以此为依据对各地工作开展情况和取得的成效进行量化考核。

四、配送合同规定

配送合同是配送人根据用户需要为用户配送商品,用户支付配送费用的合同。用户是配送活动的需求者,配送人是配送活动的提供者。作为配送活动需求者的用户,既可能是销售合同的卖方,也可能是买方,或者是与卖方或买方签订综合物流服务合同的物流企业。作为配送活动提供者的配送人,既可能是销售合同中的卖方,也可能是独立于买卖双方的第三方物流企业。配送合同的类型包括配送服务合同和销售配送合同。由于销售配送合同多发生在具有产品活动服务销售功能的产品批发或零售企业,而一般第三方物流公司以提供独立的配送活动为主,故签订的多是配送服务合同。物流服务行业所指的配送合同也多为配送服务合同。

1. 配送合同主要条款

无论是独立的配送服务合同还是附属配送服务合同都需要对配送服务活动当事人的权利和义务协商达到意见一致,并通过合同条款准确地表述。

配送合同也符合《合同法》中对一般条款组成的规定。

(1)合同当事人。合同当事人是合同的责任主体,是所有合同都须明确表达的项目。

(2)配送合同的标的。配送合同的标的就是将配送货物有计划地在确定时间和确定地点交付收货人。配送合同的标的是一种行为,因而配送合同是行为合同。

(3)配送方法。配送方法即配送要求,是合同双方协商同意配送所要达到的标准,是合同标的完整细致的表述,根据委托方的需要和配送方的能力协商确定。配送方法有定量配送、定时配送、定时定量配送、即时配送、多点配送等多种方法。需要在合同中明确时间及其间隔、发货地点或送达地点、数量等配送资料。配送方法还包括配送人对配送货物处理的行为约定,如配装、分类、装箱等,以及配送方法变更的方法,如订单调整等。

(4)标的物。被配送的对象,可以为生产资料或生活资料,但必须是动产,有形的财产。配送货物的种类品名、包装、单重、尺度体积、性质等决定了配送的操作方法和难易程度,这在合同中明确。

2. 配送合同的订立

(1)配送合同是双方对委托配送经协商达成一致意见的结果。《合同法》第13条规定:"当事人订立合同,采取要约、承诺方式。"经过要约和承诺的过程,承诺生效合同成立。在现阶段我国的配送合同订立往往需要配送经营人首先要约,向客户提出配送服务的整体方案,指明配送业务对客户产生的利益和配送实施的方法,以便客户选择接受配送服务并订立合同。

(2)配送合同的要约和承诺可用口头形式、书面形式或其他形式。《合同法》第10条规定:"当事人订立合同,有书面形式、口头形式和其他形式。法律、行政法规规定采用书面形式的,应当采用书面形式。当事人约定采用书面形式的,应当采用书面形式。"同样的,配送合同也可采用口头形式、书面形式或其他形式。但由于配送时间延续较长,配送服务所涉及的计划管理性强;非及时性配送所产生的后果可大可小,甚至会发生如生产线停工、客户流失等重大损失;配送服务过程受环境因素的影响较大,如交通事故等,因此为了便于双方履行合同、利用合同解决争议,采用完整的书面合同最为合适。

3. 配送合同的履行

配送合同的履行不能擅自更改。《合同法》第19条规定:"有下列情形之一的,要约不得撤销:①要约人确定了承诺期限或者以其他形式明示要约不可撤销;②受要约人有理由认为要约是不可撤销的,并已经为履行合同做了准备工作。"

配送合同双方应按照合同约定严格履行合同,任意一方不得擅自改变合同的约定,是双方的基本合同义务。

(1)配送委托人保证配送货物适宜配送。配送委托人需要保证由其本人或者其他人提交的配送货物适宜于配送和配送作业。对配送货物进行必要的包装或定型;标注明显的标识并保证能与其他商品相区别;保证配送货物可按配送要求进行分拆、组合;配送货物能用约定的或者常规的作业方法进行装卸、搬运等作业;配送货物不是规定禁止运输和仓储的禁品;对于限制运输的物品,需提供准予运输的证明文件等。

(2)配送经营人采取合适的方法履行配送的义务。配送经营人所使用的配送中心具有合适的库场,适宜于配送货物的仓储、保管、分拣等作业;采用合适的运输工具、搬运工具、作业工具,如干杂货使用厢式车运输,使用避免损害货物的装卸方法,大件重货使用吊机、拖车作业;对运输工具进行妥善积载,使用必要的装载衬垫、捆扎、遮盖;采取合理的配送运输线路;使用公认的或者习惯的理货计量方法,保证理货计量准确。

(3)配送人提供配送单证。配送人需要向买受人提供配送单证。《合同法》第135条规定:"出卖人应当履行向买受人交付标的物或者交付提取标的物的单证,并转移标的物所有权的义务。"配送经营人在送货时须向收货人提供配送单证、配送货物清单。配送清单为一式两联,详细列明配送货物的品名、等级、数量等配送货物信息,经收货人签署后收货人和配送人各持一联,以备核查和汇总。

> **思考**
> 1.配送法规和运输法规的受众群体差异是什么?
> 2.配送法规的表现形式有哪些?

案例分析

1.课堂任务操作

针对导入案例,进行讨论:

(1)分析案情;

(2)找出适用的法律法规条款;

(3)根据法律法规条款的规定分析案例。

2.课外任务

查阅《合同法》中关于配送的法律规定。

思考讨论

1.配送合同履行时应注意哪些方面的问题?

2.比较运输类规定和配送类规定的异同。

任务4 包装管理法规

案例导入

甲为农副产品进出口公司,乙为综合物流服务商。2015年7月,甲欲将黄麻出口至印度,它将包装完好的货物交付给乙,乙为甲提供仓储、运输等服务。黄麻为易燃物,储存和运输的处所都不得超过常温。甲因听说乙已多次承运过黄麻，即未就此情况通知乙，也未在货物外包装上作警示标志。2015年8月9日，乙将货物运至其仓储中心，准备联运，因仓库储物拥挤，室温高达15度。8月11日，货物突然起火，因救助不及，致使货物损失严重。据查，起火原因为仓库温度较高导致货物自燃。双方就此发生争议。

　　思考：甲公司的损失应该由谁来承担？为什么？

相关知识

一、包装管理法规概述

　　物流包装的法律法规源于包装在物流活动中的功能。在物流活动中，包装的功能主要有三个：保护商品、方便储运和便于销售。我国对于包装的法律法规首先在《合同法》和《中华人民共和国产品质量法》中有所体现，其法律范畴主要涵盖了产品质量保护和运输物品过程中便于储运等基本功能。其次物流包装的法律法规来源于物流包装国家标准，如《一般货物运输包装通用技术条件》《包装储运图示标志》《危险货物运输包装通用技术标准》等数十项标准，标准涵盖了包装的产品、容器、尺寸、技术等，相关的国家行业标准细化了不同类型产品的实际包装方法以及对于包装行为的执行效果。此外包装法规中还有有关部门规章中的包装规范，如《铁路零担货物运输包装管理办法》《水路危险货物运输规则》《药品包装用材料、容器管理办法》等，这些规则办法对特殊行业的包装要求和责任判定有了更具针对性的说明。

二、包装功能管理规定

　　我国对于包装的法律规定首先在《中华人民共和国产品质量法》和《合同法》中有所体现，《中华人民共和国产品质量法》的法律范畴主要涵盖了产品质量保护，《合同法》的法律范畴主要放在运输物品过程中方便储运规定层面。

　　1. **便于商品储运包装规定**

　　(1)出卖人应按约定包装方式交付。《合同法》第156条规定："出卖人应当按照约定的包装方式交付标的物。对包装方式没有约定或者约定不明确，依照本法第61条的规定仍不能确定的，应当按照通用的方式包装，没有通用方式的，应当采取足以保护标的物的包装方式。"《合同法》第61条规定："合同生效后，当事人就质量、价款或者报酬、履行地点等内容没有约定或者约定不明确的，可以协议补充；不能达成补充协议的，按照合同有关条款或者交易习惯确定。"《合同法》第306条规定："托运人应当按照约定的方式包装货物。对包装方式没有约定或者约定不明确的，适用本法第156条的规定。"

　　(2)托运人对危险品应按规定妥善包装，作出危险物标志和标签。《合同法》第307条规定："托运人托运易燃、易爆、有毒、有腐蚀性、有放射性等危险物品的，应当按照国家有关危险物品运输的规定对危险物品妥善包装，作出危险物标志和标签，并将有关危险物品的名称、性质和防范措施的书面材料提交承运人。"

　　(3)保管人对原产品包装不合规的损毁产品不承担损害赔偿责任。《合同法》第394条规定："储存期间，因保管人保管不善造成仓储物毁损、灭失的，保管人应当承担损害赔偿责任。因仓储物的性质、包装不符合约定或者超过有效储存期造成仓储物变质、损坏的，保管人不承担损害赔偿责任。"

　　2. **保护商品质量包装规定**

　　(1)向认证机构申请质量体系认证合格后，企业将被准许在产品或其包装上使用产品质量认证标志。《中华人民共和国产品质量法》第 14 条规定:"国家根据国际通用的质量管理标准,推行企业质量体系认证制度。企业根据自愿原则可以向国务院产品质量监督部门认可的或者国务院产品质量监督部门授权的部门认可的认证机构申请企业质量体系认证。经认证合格的,由认证机构颁发企业质量体系认证证书。国家参照国际先进的产品标准和技术要求,推行产品质量认证制度。企业根据自愿原则可以向国务院产品质量监督部门认可的或者国务院产品质量监督部门授权的部门认可的认证机构申请产品质量认证。经认证合格的,由认证机构颁发产品质量认证证书,准许企业在产品或者其包装上使用产品质量认证标志。"

(2)不合格的产品包装物可直接被查封或扣押。《中华人民共和国产品质量法》第 18 条规定:"县级以上产品质量监督部门根据已经取得的违法嫌疑证据或者举报,对涉嫌违反本法规定的行为进行查处时,可以行使下列职权:……④对有根据认为不符合保障人体健康和人身、财产安全的国家标准、行业标准的产品或者有其他严重质量问题的产品,以及直接用于生产、销售该项产品的原辅材料、包装物、生产工具,予以查封或者扣押。"

(3)生产企业对其产品包装上说明的产品质量内容负责。《中华人民共和国产品质量法》第 26 条规定,产品质量应符合在产品或者其包装上注明采用的产品标准,符合以产品说明、实物样品等方式表明的质量状况。

(4)真实产品包装标识应有专向说明。《中华人民共和国产品质量法》第 27 条规定:"产品或者其包装上的标识必须真实,并符合下列要求:①有产品质量检验合格证明。②有中文标明的产品名称、生产厂厂名和厂址。③根据产品的特点和使用要求,需要标明产品规格、等级、所含主要成分的名称和含量的,用中文相应予以标明;需要事先让消费者知晓的,应当在外包装上标明,或者预先向消费者提供有关资料。④限期使用的产品,应当在显著位置清晰地标明生产日期和安全使用期或者失效日期。⑤使用不当,容易造成产品本身损坏或者可能危及人身、财产安全的产品,应当有警示标志或者中文警示说明。裸装的食品和其他根据产品的特点难以附加标识的裸装产品,可以不附加产品标识。"

(5)特殊危险品的包装质量必须符合相应要求。《中华人民共和国产品质量法》第 28 条规定:"易碎、易燃、易爆、有毒、有腐蚀性、有放射性等危险物品以及储运中不能倒置和其他有特殊要求的产品,其包装质量必须符合相应要求,依照国家有关规定作出警示标志或者中文警示说明,标明储运注意事项。"

(6)售出产品若不符合包装说明的销售者应当负责修理、更换、退货甚至赔偿。《中华人民共和国产品质量法》第 40 条规定:"售出的产品有下列情形之一的,销售者应当负责修理、更换、退货;给购买产品的消费者造成损失的,销售者应当赔偿损失:①不具备产品应当具备的使用性能而事先未作说明的;②不符合在产品或者其包装上注明采用的产品标准的;③不符合以产品说明、实物样品等方式表明的质量状况的。"

(7)产品标识不符合规定的,责令生产商改正甚至罚款。《中华人民共和国产品质量法》第 54 条规定:"产品标识不符合本法第 27 条规定的,责令改正;有包装的产品标识不符合本法第 27 条第(4)项、第(5)项规定,情节严重的,责令停止生产、销售,并处违法生产、销售产品货值金额 30％以下的罚款;有违法所得的,并处没收违法所得。"

(8)以假充真的产品包装物应当予以没收。《中华人民共和国产品质量法》第 60 条规定:"对生产者专门用于生产本法第 49 条、第 51 条所列的产品或者以假充真的产品的原辅材料、包装物、生产工具,应当予以没收。"

三、包装图示标准规定

物流包装的图示规定来源于物流包装国家标准,如《包装储运图示标志》,其他多个标准文件中也有相关描述说明,相关的国家行业标准细化了不同类型产品的实际包装图示以及对于包装行为的执行效果。由于《包装储运图示标志》涵盖面相对较广,本教材仅以此作为包装图示标准文件。

《包装储运图示标志》规定了包装储运图示标志的名称、图形、尺寸、颜色及使用方法,适用于各种货物的运输包装。具体如下:

1. **标志的名称和图形**

图示标志共 17 种,其名称和图形如表 7-1 所示。

2. **标志的尺寸和颜色**

(1)标志的尺寸。标志外框为长方形,其中图形符号外框为正方形,标志尺寸一般分为 4 种,见表 7-2。如遇特大或特小的运输包装件,标志的尺寸可以比表 7-2 的规定适当扩大或缩小。

(2)标志的颜色。标志颜色应为黑色。如果包装的颜色使得黑色标志显得不清晰,则应在印刷面上用适当的对比色,黑色标志最好以白色作为标志的底色。

必要时,标志也可使用其他颜色,但应避免采用易于同危险品标志相混淆的颜色。除非另有规定,一般应避免采用红色、橙色或黄色。

3. **标志的使用方法**

(1)标志的打印。可采用印刷、粘贴、拴挂、钉附及喷涂等方法打印标志。印刷时,外框线及标志名称都要印上,出口货物可省略中文标志名称和外框线;喷涂时,外框线及标志名称可以省略。

(2)标志的数目和位置。

①一个包装件上使用相同标志的数目,应根据包装件的尺寸和形状决定。

②标志应标注在显著位置上,下列标志的使用应按如下规定:

标志 1 "易碎物品"应标在包装件所有四个侧面的左上角处(见表 7-1 标志 1 的位置示例)。

标志 3 "向上"应标在与标志 1 相同的位置(如表 7-1 标志 3 示例(a)所示)。当标志 1 和标志 3 同时使用时,标志 3 应更接近包装箱角(如表 7-1 标志 3 示例(b)所示)。

标志 7 "重心"应尽可能标在包装件所有六个面的重心位置上,否则至少应标在包装件 2 个侧面和 2 个端面上(见表 7-1 标志 7 的位置示例)。

标志 11 "由此夹起"只能用于可夹持的包装件上,标注位置应为可夹持位置的两个相对面上,以确保作业时标志在作业人员的视线范围内。

标志 16 "由此吊起"至少应标注在包装件的两个相对面上(见表 7-1 标志 16 的位置示例)。

表 7 - 1　标志名称和图形

序号	标志名称	标志图形	含义	备注/示例
1	易碎物品		表明运输包装件内装易碎品,搬运时应小心轻放	
2	禁用手钩		表明搬运运输包装件时禁用手钩	
3	向上		表明该运输包装件的正确位置是竖直向上	位置示例 （a）　　（b） （c）
4	怕晒		表明该运输包装件不能直接照晒	
5	怕辐射		表明该包装物品一旦受辐射便会变质或损坏	

序号	标志名称	标志图形	含义	备注/示例
6	怕雨		表明该运输包装件怕雨淋	
7	重心		表明该包装件的重心位置,便于起吊	位置示例 本标志应标在实际的重心位置上
8	禁止翻滚		表明搬运时不能翻滚该运输包装件	
9	此面禁用手推车		表明搬运货物时此面禁止放在手推车上	
10	禁用叉车		表明不能用升降叉车搬运的包装件	
11	由此夹起		表明搬运货物时可用夹钳的面	
12	此处不能卡夹		表明搬运货物时不能用夹钳的面	

序号	标志名称	标志图形	含义	备注/示例
13	堆码重量极限	$\cdots kg_{max}$	表明该运输包装件所能承受的最大质量极限	
14	堆码层数极限	n	表明可堆码相同运输包装件的最大层数	包含该包装件，n 表示从底层到顶层的总层数
15	禁止堆码		表明该包装件只能单层放置	
16	由此吊起		表明起吊货物时挂绳索的位置	位置示例 本标志应标在实际的起吊位置上
17	温度极限		表明该运输包装件应该保持的温度范围	$\cdots \text{℃}_{max}$ $\cdots \text{℃}_{min}$ (a) $\cdots \text{℃}_{max}$ $\cdots \text{℃}_{min}$ (b)

表 7 - 2 图形符号及标志外框尺寸(mm)

序号	图形符号外框尺寸	标志外框尺寸
1	50×50	50×70
2	100×100	100×140
3	150×150	150×210
4	200×200	200×280

四、包装技术标准规定

物流包装的技术标准规定来源于物流包装国家标准如《一般货物运输包装通用技术条件》《危险货物运输包装通用技术标准》等数十项国家标准文件,相关的国家行业标准细化了不同类型产品的实际包装方法以及对于包装行为的执行效果。其中,《一般货物运输包装通用技术条件》较为全面涵盖了通用货物运输包装的技术条件。

《一般货物运输包装通用技术条件》对于包装的技术规定作了详细的说明。具体标准如下:

1. 箱类包装技术标准规定

(1)木箱。

①普通木箱应符合 GB/T 12464 的规定,滑木箱应符合 GB/T 18925 的有关规定,框架木箱应符合 GB/T 7284 的规定,钢丝捆扎应符合 GB/T 18924 的规定。

②根据货物的性质、价值、体积、重量合理选用箱型及材种;价值较高、容易散落和丢失的货物应使用木箱。

③装运机械仪器,其质量超过 100kg 的木箱,应有底盘、底座或加厚底带,其材质应保证搬运装卸作业安全。箱内货物应采用螺栓与底盘,底座固定牢固,不摇晃,不滚动。

④装运精密仪器等货物,应具有必要的防震装置。

(2)瓦楞纸箱。

①普通瓦楞纸箱。根据内装货物、质量及用途,应符合 GB/T 6543 的规定。

②重型瓦楞纸箱。内装货物质量超过 55kg 时,应选用重型瓦楞纸箱,其质量应符合 GB/T 6543 的要求,内装物质量应根据 GB/T6543 标准计算所得。重型瓦楞纸板质量应符合 GB/T 6544。

③钙塑瓦楞箱。根据内装货物、质量及用途,应符合 GB/T 6980 的规定。

2. 桶类包装技术标准规定

(1)钢桶。根据内装货物、质量及用途,应符合 GB/T 325、GB 13252、GB/T 17343 的规定。

(2)胶合板(纤维板)桶。

①制桶用胶合板不少于 3 层,桶底、桶盖应使用五层胶合板,不允许有脱胶、鼓泡。纤维板应有良好的抗水性能。

②桶体应挺实坚固、无明显失圆、凹瘪、歪斜等缺陷。桶身两端应有钢带加强箍。

③桶口内缘应有衬肩。桶盖封口应采用咬口盖箍紧、销牢。

④胶合板桶装运粉、粒状货物,应有内衬纸袋、布袋或塑料袋盛装并严密封口。并应层码、摆齐严紧。

(3)硬纸板桶。

①硬纸板桶采用多层牛皮纸粘压制成,表层应涂具抗水性能的防护层。

②桶盖或桶底可采用相同材料或 5 层胶合板制成、桶底与桶身应采用钢带卷边压制结合。

③封口:采用咬口盖应箍紧销牢。

④硬纸板桶装运胶状物质,应有内衬袋盛装,袋口应扎牢。内衬袋的容积应大于外包装桶。

(4)琵琶型木桶。

①制桶用板料厚度不小于 20mm。

②桶身应有 5 道加强铁箍箍紧,其厚度不小于 5mm,宽度不小于 35mm,接头用铆钉铆牢。

③桶盖和桶底均需有"十"型术档。要求其厚度为 20mm～30mm,宽度不小于 35mm。

(5)硬塑料桶。

①要求不裂、不漏、无老化现象。其造型应便于堆码、装卸和搬运。

②封口要求双层桶盖拧紧,内货不渗漏。

③根据内装货物、质量及用途,应符合 GB/T 13508 的规定。

④跌落试验应在－18℃以下进行,堆码试验温度在 40℃以上,持续时间 28d,试验合格后方能使用。并尽可能采用集装单元运输。

3.袋类包装技术标准规定

(1)麻袋。

①各类包装袋袋口均应折叠缝密、针距均匀。内货不外漏、不撒漏。不允许手工扎口。

②根据内装货物、质量及用途,应符合 GB/T 731、GB/T 732 的规定。

③麻袋袋口不是整边时,应折边缝合。缝针密度应不少于 6 针/100mm(用单纱缝合时不少于 10 针/100mm),封口后应在袋角扎口,以作装卸之抓手。

(2)布袋

①制袋布使用普通棉布、帆布或塑料编织布,布料应为整块、无裂口、无破洞、不允许使用旧布。

②布袋缝边处的缝针密度为 4 针/10mm～6 针/10mm,袋身不允许开线、裂口。

③布袋袋口应折边缝合,每边宽度为 5mm～8mm,袋口无毛边无开线,不允许扎口、敞口。

④布袋装运粉粒状等易撒漏货物时,应有坚韧结实的内衬袋,并严密封口后再装入布袋。

(3)纸袋。

①纸袋应采用坚韧牛皮纸制作,纸面应洁净、无折褶、皱纹、裂口和破洞。纸袋纸不允许补贴。纸袋层数为 5 层以上(含 5 层)。

②纸袋缝线涂胶宽度不小于 10mm,粘合应牢固,不开胶,不虚贴。

③纸袋应机器封口,两端折叠缝口针角长度应在 11mm～13mm 间,严禁扎口、敞口。

④水泥包装袋应符合 GB 9774 的规定。

(4)塑料编织袋。

①塑料编织袋用扁丝外观应光滑、平整,无明显起毛。

②编织袋裁剪应采用热熔切割,以保证切口处熔融粘连不散边。

③编织袋缝边、缝口一般采用工业或民用缝纫机缝线,缝线到边、底距离为 8mm～12mm,无边袋口卷折不大于 10mm。

④根据内装货物、质量及用途,应符合 GB/T 8946、GB/T 8947 的规定。

⑤装运粉、粒状货物要求有内衬袋。

(5)复合袋。

①复合袋材质是以纸袋纸、涂膜、聚丙烯编织布等经热压复合成一体,经切割、压杠缝纫而成的袋。

②袋的剪裁应用热熔切割,以保证切口处熔融粘连不散边。

③复合袋缝边、缝口之缝线到边、底的距离为 8mm～12mm;缝针密度为 16 针/100mm～

25 针/100mm。袋上口卷折度不应大于 10mm,底部折回不小于 10mm。

4. 裹包类包装技术标准规定

(1)布包。

①布包包皮不允许有破口、皱纹。

②布包成包后,包身搭边应不小于 60mm,两头缝包处应留出大于 40mm 的包皮布折进缝入包内。

③布包缝搭边及包头处应缝严,包头应缝牢,针距不超过 50mm。

④捆包带间距不大于 200mm。

⑤机械捆包或人力捆包,都应使用适宜的捆扎带或绳索捆紧加固。要求不开扣、不断线、不变形、捆扎等距均匀,松紧适度。

⑥包内衬物,应能保护内装货物的性质,如:装运布匹、针棉织品应用塑料布、坚韧牛皮纸或防潮纸等裹严。

⑦对易撒漏、易污染其他货物和易被其他货物污染的裹包类货物,应有内衬裹严。

(2)麻包。

①材料要求不霉、不烂,编制紧密。

②缝口处应折回缝牢,严密不露,缝线不能过细。

③麻包外应捆扎牢固。

(3)纸包。

①使用坚韧牛皮纸包装,不少于 3 层。

②纸包捆扎,一般使用机械捆扎或绳索进行"井"字型捆扎加固。

③纸包只适用于装运书报、杂志、纸制印刷品等货物。

(4)塑料编织布包。

①编织布裁剪应用热熔切割,以保证切口处熔融粘连不散边。

②编织布用扁丝外观应光滑、平整,无明显起毛。

③装运军服等军备品应用坚韧牛皮纸或塑料布、防潮纸等内衬物。

5. 夹板、轴盘类包装技术标准规定

(1)夹板用木板厚度应不小于 12mm,宽度不小于 80mm,横档厚度不小于 24mm。轴盘木板厚度不小于 15mm,板宽在 80mm～150mm 间。结构要求牢固严密。

(2)钉夹板或轴盘时,钉距不大于 50mm,夹板、轴盘木板端不少于 2 钉,钉裂长度不应超过板长的五分之一。不允许有虚钉,裸露钉尖应盘平。

(3)木夹板的质量、规格应与货重、尺寸相适应,其尺寸以略大于货件为宜,保护货物不外露、不松动、不变形,夹板外部应以钢带或铁线捆扎加固。夹板端面和侧面应加以防护。

(4)木轴盘两侧应具有防护板,周围具有防护横档;货物应在盘内紧密缠绕,端头固定,货物周围应有防护横板,应突出板外的端头,应有特殊防护,护板外应有转动方向等指示标志。

6. 筐、篓类包装技术标准规定

(1)编制筐篓用荆、柳、藤、竹均应质量良好,不朽、不烂、无虫蛀。荆、柳条应为原条,不允许用半条或劈裂。

(2)筐篓的编结应紧密结实,条尖向内,边缘整齐;体身应加立筋,确保端正、平稳、不松懈、不变形。

（3）筐篓之上盖应大于筐口，并用绳索、铁线结扎紧固严密。结扎不少于4处。

（4）装运易碎品时（原则上只装运粗杂易碎品），应采用衬垫填实；装运金属制品要串捆塞牢，不窜动；装运五金工具、机械零件等较小物品，应有袋、盒、包盛装，摆排整齐、填塞妥实；外用捆扎带或绳索捆牢。

7. 坛类包装技术标准规定

（1）坛类包装应光滑，无裂纹、无沙眼、无破口等缺陷；其形状应落地平稳，无倾斜。

（2）坛耳应坚固，封口要严密，装货后不允许渗漏。

（3）坛类包装均应以绳索密缠或装入花格木箱、竹筐、竹箩、藤箩并加缓冲材料隔衬，防止破损。

（4）坛类包装易碎，内装货物又多为流质，极易污染其他货物，应采用特殊防护。

8. 局部包装及捆绑类

（1）采用局部包装应在保障自身货物安全的同时，又不影响其他货物安全，且其形态应方便搬运、装卸及堆码作业。

（2）捆绑易松散货物，应用竹片、麻片、竹席等包扎紧，使用各种绳索（棕、麻、草绳或铁丝）捆绑，腰箍不少于4道，绳索交叉处应压扣锁口。

（3）使用草绳捆绑，不允许一绳到底，每5圈～10圈作一死结，分段缠绕；使用铁丝、铁腰捆绑货物，不少于3道，应捆扎结实。

（4）分段缠绕货物每5周作索扣索紧，对满缠货物每10周作一索扣索紧。

（5）根据货物的性质、形状、质量及其特点，选用拉力强的捆绑材料，确定捆扎方式和道数。

（6）捆、缠、绑的部位，对于容易造成破损、折裂的部位，要厚垫满缠。

（7）特别是柜橱、家具等除捆绑外，在其四周、腿部和具有玻璃处，应特殊防护加固。柜、橱家具内不允许盛物，避免加大质量，造成破损。

五、铁路运输货物包装管理专门规定

关于铁路运输货物包装规定，《铁路货物运输规程》中有专门的条文涉及。铁路运输过程中的包装规则主要用于协助装卸搬运以便于开展铁路运输。《铁路货物运输规程》第15条规定："托运人托运货物，应根据货物的性质、重量、运输种类、运输距离、气候以及货车装载等条件，使用符合运输要求、便于装卸和保证货物安全的运输包装。有国家包装标准或部包装标准（行业包装标准）的，按国家标准或部标准（行业标准）进行包装。货物的运输包装不符合前款要求时，应由托运人改善后承运。对没有统一规定包装标准的，车站应会同托运人研究制定货物运输包装暂行标准，共同执行。对于需要试运的货物运输包装，除另定者外，车站可与托运人商定条件组织试运。承运人同托运人应积极开展集装化运输，保证货物安全。货物状态有缺陷，但不致影响货物安全，可以由托运人在货物运单内具体注明后承运。"

思考

1. 不同包装规范的相似内容有哪些？

2. 包装技术的设置对包装法规确立的价值有哪些？

案例分析

1. 课堂任务操作

针对导入案例,进行讨论:

(1)分析案情;

(2)找出适用的法律法规条款;

(3)根据法律法规条款的规定分析案例。

2. 课外任务

查阅《危险货物运输包装通用技术条件》《水路危险货物运输规则》等规定中关于特殊产品的包装条款。

思考讨论

1.选择材料作商品外包装时,应注意哪些方面的问题?

2.讨论《中华人民共和国产品质量法》中对于包装的要求条款。

任务5 装卸搬运法规

案例导入

某服装公司委托物流公司通过海运运送一批羽绒服,要求"不准配装甲板,应装在舱内"。货运到达时,收货人在码头堆场提货时,对箱体外表状况、关封状况未提出任何异议,但拆箱时,却发现三个集装箱中部分羽绒服水浸,经商检认定水浸系因海水所致。

思考:物流公司是否承担赔偿责任?

相关知识

一、装卸搬运法规概述

装卸是指"物品在指定地点以人力或机械装入运输设备或卸下"。搬运是指"在同一场所内,对物品进行水平移动为主的物流作业"。装卸活动的基本动作包括装车(船)、卸车(船)、堆垛、入库、出库以及联结上述各项动作的短程输送,装卸搬运是随运输和保管等活动而产生的必要活动。物流搬运、装卸的规定是用以规范发生在以上场地站点的物资装卸搬运过程的作业要求。基于装卸搬运活动的连接属性和伴随属型,相应的法律规范也有一定的局限性,例如《民法通则》《合同法》中有关承揽搬运的作业规范。但对于比较专业的转运场站或物流枢纽,由于装卸搬运成为了场站或枢纽的主要作业任务,因此相关的作业规则也逐渐出台并实施,例如《铁路集装箱运输规则》《铁路装卸作业安全技术管理规则》。基于装卸搬运的动作特性和经营特性,相应的规定集中体现在作业过程的监管控制和作业收益规定上。

二、装卸搬运作业规定

装卸搬运的作业规定基本上离不开装卸搬运人员及其活动行为、装卸搬运工具、场地和物资。

1. 装卸搬运作业人员及动作规定

(1)托运人可自行装箱,也可委托承运人装箱。《铁路集装箱运输规则》第22条规定:"托运人可自行装箱,也可委托承运人装箱。装箱时应码放稳固,装载均衡,不超载、不集重、不偏重、不偏载、不撞砸箱体,采取防止货物移动、滚动或开门时倒塌的措施,保证箱内货物和集装箱运输安全。"

(2)集装箱施封由托运人负责。《铁路集装箱运输规则》第23条规定:"集装箱施封由托运人负责。通用集装箱重箱必须施封;施封时确认左右箱门锁舌和把手入座后,在右侧箱门把手锁件施封孔处施封一枚,用10号镀锌铁线将箱门把手锁件拧固并剪断余尾。其他类型集装箱根据实际情况采取适合的施封方法。托运的空集装箱可不施封,托运人须关紧箱门并用10号镀锌铁线拧固。"

(3)码放集装箱时要整齐对齐和控制层数。《铁路集装箱运输规则》第45条规定:"码放集装箱时,必须关闭箱门,码放整齐,箱门朝向宜保持一致。多层码放时,要角件对齐,不得超过限制堆码层数。"

(4)集装箱装车时,应填制"集装箱货车装载清单"。《铁路集装箱运输规则》第48条规定:"集装箱装车时,应填制'集装箱货车装载清单',记明箱号、车号等信息。在货运票据封套的右上角加盖集装箱类型戳记并填记箱号,在"货物品名"栏内按《铁路货车统计规则》规定填记'箱主+型号+重(空)+箱数',在'货物实际重量'栏内填记全车集装箱总重。"

(5)为防止工人过度疲劳,保证作业效率和安全,必须保证每车作业轮班的必要人数。《铁路装卸作业安全技术管理规则》第25条规定:"为防止工人过度疲劳,保证作业效率和安全,必须保证每车作业的必要人数,并在连续工作两小时或1车后,应有不少于10分钟的间歇时间。车站应根据具体情况核定每车最少作业人数,出勤不足时要合并班组,一般情况下:零担作业不得少于4人(包括叉车司机);整车作业不得少于5人(包括叉车司机);起重机作业不得少于4人(包括司机);集装箱、集装化、卸煤机、装砂机作业等可视具体情况配备人员。"

2. 装卸搬运场站使用规定

(1)通过提升装卸机械设备,提高转场作业能力。《铁路集装箱运输规则》第44条规定:"车站应充分利用场地和装卸机械条件,扩大集装箱堆存面积,提高集装箱堆存能力;同时,根据需要配置空箱叉车、集装箱卡车、空箱堆高机等装卸搬运机械,提高转场作业能力。"

(2)车站交接集装箱时,要核对箱体信息。《铁路集装箱运输规则》第56条规定:"车站交接集装箱时,要核对箱体和铭牌号码,必要时核对箱内号码,发现各处号码不一致的,不得继续使用。铁路箱由车站报铁路局货运管理部门;铁路局货运管理部门通知集装箱公司处理,并将有关情况报总公司运输局。"

3. 装卸搬运工具使用规定

(1)装卸和搬运集装箱应合理使用集装箱装卸搬运机械并注意安全。《铁路集装箱运输规则》第46条规定:"装卸和搬运集装箱应使用集装箱装卸搬运机械,稳起轻放,防止刮蹭、冲撞集装箱和货车。"

(2)集装箱装车前,须清扫干净车地板,确认箱体、车体上无杂物,安全。《铁路集装箱运输规则》第50条规定:"集装箱装车前,须清扫干净车地板,确认箱体、车体上无杂物。使用集装箱专用平车或共用平车时,装车前须确认锁头齐全、状态良好;装车后要确认锁头完全入位,箱门处的门挡立起。"

（3）集装箱专用平车有卸车特殊要求。《铁路集装箱运输规则》第 51 条规定："安装 F－TR 型锁的集装箱专用平车或共用平车卸车时,须确认箱车完全分离后再进行后续作业。"

（4）集装箱专用平车有装箱特殊要求。《铁路集装箱运输规则》第 52 条规定："未安装 F－TR 型锁的集装箱专用平车或共用平车装运空集装箱时,必须使用 4 股以上 8 号镀锌铁线捆绑。其中,使用共用平车时,将集装箱底部角件与车辆捆绑牢固;使用专用平车时,将相邻两箱底部角件捆绑在一起,仅装运一箱时,须将集装箱底部角件与车辆底架捆绑牢固。卸车前,要将铁线剪断并清除干净,防止损坏车辆和箱体。折叠式台架箱、板架式汽车箱按其运输条件执行。"

（5）特殊地区对集装箱专用平车有装卸特殊要求。《铁路集装箱运输规则》第 53 条规定："进入青藏线格拉段(不含格尔木站)的重集装箱禁止使用敞车装运,空集装箱(板架式集装箱除外)禁止使用未安装 F－TR 型锁的集装箱专用平车装运。"

（6）使用铁路货车装运集装箱时总重应符合货车装载技术条件要求。《铁路集装箱运输规则》第 54 条规定："使用铁路货车装运集装箱时,全车集装箱总重不得超过货车标记载重,且应符合货车装载技术条件要求,保证货车不出现超载、偏载、偏重等问题。集装箱不得与其他货物装入同一辆货车内。端部有门的 20 英尺集装箱使用集装箱专用平车或共用平车装运时,箱门应朝向相邻集装箱。集装箱宜使用集装箱专用平车或共用平车装运。使用敞车装运重集装箱时,应采取防止偏载的措施,运行速度执行有关规定。折叠式台架箱、板架式汽车箱按其运输条件执行。"

（7）集装箱装车和卸车时应核查箱况。《铁路集装箱运输规则》第 55 条规定："集装箱装车和卸车时,应核对箱号,检查箱体和施封情况。使用特种货物箱和专用箱的,还要检查外部配件。"

4. 装卸作业线路安全规定

（1）装卸作业前必须由作业工组按一定规定进行防护。

《铁路装卸作业安全技术管理规则》第 29 条规定,装卸作业前必须安设带有脱轨器的红色信号(昼间为红色方牌,夜间为红色灯光),由作业工组按下列规定进行防护:

①在作业车两端各距 20 米外的来车方向左侧钢轨上设置防护信号。如在同一线路上车辆分解后作业时,应在该线路的前部与最后部车辆外端防护。分解间隔大于 40 米时可在 20 米处设置。尽头线路只在道岔方向一端防护。

②作业车停留位置距警冲标不足 20 米时,防护信号应设在与警冲标相齐处。

③办理列车作业时,根据车站值班员通知的起止时间防护,昼间为红色信号旗,夜间为红色信号灯,安置在作业车前进方向的左侧。

④车站应将装卸防护信号使用办法列入车站行车工作细则,除装卸作业工组外,其他人员无权撤除装卸防护信号。

（2）在线路附近搬运作业时人员注意安全。《铁路装卸作业安全技术管理规则》第 30 条规定:"在线路附近搬运作业时,装卸、运输机具和人员不宜进入距钢轨头部外侧 1.5 米以内的空间,否则必须注意了望或防护。"

（3）跨越正线及到发线作业时必须经车站值班员许可或停止作业。《铁路装卸作业安全技术管理规则》第 31 条规定:"跨越正线及到发线作业时(如跨线搬运、搭跳板、牵拉绳索等)必须经车站值班员许可,工组长要指定专人防护。如有机车或列车通过时,车站值班员应先通知工组停止作业,待撤除机具及防护信号后方可开通线路。"

(4)调车人员办理调车时先确认安全。《铁路装卸作业安全技术管理规则》第32条规定:"调车人员对正在进行装卸作业的车辆(包括列车作业)办理调车(暂时移动)时,必须事先通知监装卸货运员和工组长停止作业、整理好车内货物防止倒塌,棚车关好车门车窗,人员全部离开作业车,撤除防护信号后方准进行。"

(5)通过线路时必须谨慎看路。《铁路装卸作业安全技术管理规则》第33条规定,通过线路时必须遵守下列规定:

①横越线路要一站、二看、三通过,遇有行驶的机车车辆必须待车尾过去后并确认邻线无来往车辆时再通过。如通过调车作业频繁线路时,工组长要指定专人负责了望。

②越过线路时要注意信号导线、警冲标等障碍物,不得踩在基本轨与尖轨中间或辙岔处两轨中间。禁止顺着线路在道床上、限界内行走。

③禁止在车底下钻过或从车钩上翻越,严禁在钢轨上坐卧休息。

(6)禁止在车辆移动时乱动或乘坐不合规车。《铁路装卸作业安全技术管理规则》第34条规定:"执行装卸任务乘车时,应遵守下列规定:①禁止在车辆移动时抓车、跳车、越车。②禁止乘坐平板车、油罐车、棚车顶部及货物已超出车帮的敞车,也不得坐在车辆内货件空隙中或坐在车帮上。"

思考

1. 我国装卸搬运的法规表现在哪些规章中?

2. 我国装卸搬运法规的面向对象是什么?

案例分析

1. 课堂任务操作

针对导入案例,进行讨论:

(1)分析案情;

(2)找出适用的法律法规条款;

(3)根据法律法规条款的规定分析案例。

2. 课外任务

查阅《中华人民共和国海商法》中关于产品装卸搬运规定的条款。

思考讨论

1. 装卸搬运货品时,应从法律角度注意哪些方面的问题?

2. 比较码头、空港、车站站场涉及的装卸搬运法律条款的差异。

任务 6 流通加工法规

案例导入

育明中学向某服装厂定做了360套校服,并签订了加工承揽合同。服装厂在合同签订之后,便将这批加工任务转包给某街道被服厂。在合同交货之日,育明中学发现有1/3的校服不符合所定规格,要求服装厂重做或赔偿损失。但服装厂以不是他们所制作的为由,不予理睬。双方发生了纠纷。

思考:你认为法院该如何判决?

相关知识

一、流通加工法规概述

流通加工是为了提高物流速度和物品的利用率,在物品进入流通领域后,按客户的要求进行的加工活动,即在物品从生产者向消费者流动的过程中,为了促进销售、维护商品质量和提高物流效率,对物品进行一定程度的加工。流通加工通过改变或完善流通对象的形态来实现"桥梁和纽带"的作用,因此流通加工是流通中的一种特殊形式。

流通加工有两种形式,一种是物流企业为他人加工,一种是物流企业委托他人加工,无论哪种形式,都属于加工承揽。流通加工法规是与流通加工相关的规定的总称,由于目前我国没有单独立法的流通加工法律规定,在流通加工环节中,物流企业可以通过加工承揽合同履行其物流服务合同的加工义务,即物流企业通过与承揽人签订分合同的形式将其加工义务分包出去,因此《合同法》中关于加工承揽合同的规定相对可适用。此外,不同物资流通领域基于产品的特殊性,也分别颁布了与之相关的规则或制度,成为了对流通加工规定的重要补充。

二、流通加工承揽合同规定

流通加工在实施的过程中需要签订加工承揽合同。《合同法》第251条规定:"承揽合同是承揽人按照定作人的要求完成工作,交付工作成果,定作人给付报酬的合同。承揽包括加工、定作、修理、复制、测试、检验等工作。"

1.承揽加工内容规定

承揽合同明确了内容范畴。《合同法》第252条规定:"承揽合同的内容包括承揽的标的、数量、质量、报酬、承揽方式、材料的提供、履行期限、验收标准和方法等条款。"

2.承揽加工工作方式规定

承揽加工工作方式规定主要体现在完成流通工作的人员和责任上。《合同法》第253条和254条规定:承揽人应当以自己的设备、技术和劳力,完成主要工作,但当事人另有约定的除外。承揽人将其承揽的主要工作交由第三人完成的,应当就该第三人完成的工作成果向定作人负责;未经定作人同意的,定作人也可以解除合同。承揽人可以将其承揽的辅助工作交由第三人完成。承揽人将其承揽的辅助工作交由第三人完成的,应当就该第三人完成的工作成果向定作人负责。

3.承揽加工选材规定

承揽加工选材规定主要涉及材料的选择检验和更换。《合同法》第255条规定:"承揽人提供材料的,承揽人应当按照约定选用材料,并接受定作人检验。"

《合同法》第256条规定:"定作人提供材料的,定作人应当按照约定提供材料。承揽人对定作人提供的材料,应当及时检验,发现不符合约定时,应当及时通知定作人更换、补齐或者采取其他补救措施。承揽人不得擅自更换定作人提供的材料,不得更换不需要修理的零部件。"

4.承揽加工权利义务规定

(1)承揽人可指出加工技术漏洞并对其损失索赔。《合同法》第257条规定:"承揽人发现定作人提供的图纸或者技术要求不合理的,应当及时通知定作人。因定作人怠于答复等原因造成承揽人损失的,应当赔偿损失。"

(2)承揽人因加工变更造成损失的应获赔偿。《合同法》第258条规定:"定作人中途变更承揽工作的要求,造成承揽人损失的,应当赔偿损失。"

(3)承揽工作需要定作人协助的,定作人有协助的义务。《合同法》第259条规定:"承揽工作需要定作人协助的,定作人有协助的义务。定作人不履行协助义务致使承揽工作不能完成的,承揽人可以催告定作人在合理期限内履行义务,并可以顺延履行期限;定作人逾期不履行的,承揽人可以解除合同。"

(4)承揽人在工作期间,有接受定作人督验义务。《合同法》第260条规定:"承揽人在工作期间,应当接受定作人必要的监督检验。定作人不得因监督检验妨碍承揽人的正常工作。"

(5)承揽人完成后交付工作成果。《合同法》第261条规定:"承揽人完成工作的,应当向定作人交付工作成果,并提交必要的技术资料和有关质量证明。定作人应当验收该工作成果。"

(6)承揽人交付有缺陷成果需返修赔付。《合同法》第262条规定:"承揽人交付的工作成果不符合质量要求的,定作人可以要求承揽人承担修理、重作、减少报酬、赔偿损失等违约责任。"

(7)定作人应当按照约定的期限支付报酬。《合同法》第263条规定:"定作人应当按照约定的期限支付报酬。对支付报酬的期限没有约定或者约定不明确,依照本法第61条的规定仍不能确定的,定作人应当在承揽人交付工作成果时支付;工作成果部分交付的,定作人应当相应支付。"

(8)承揽人对未获支付的工作成果享有留置权。《合同法》第264条规定:"定作人未向承揽人支付报酬或者材料费等价款的,承揽人对完成的工作成果享有留置权,但当事人另有约定的除外。"

(9)加工承揽人应当对加工产品、内容、相关要求等做好技术保密或承担连带责任。《合同法》第265—268条规定:承揽人应当妥善保管定作人提供的材料以及完成的工作成果,因保管不善造成毁损、灭失的,应当承担损害赔偿责任。承揽人应当按照定作人的要求保守秘密,未经定作人许可,不得留存复制品或者技术资料。共同承揽人对定作人承担连带责任,但当事人另有约定的除外。定作人可以随时解除承揽合同,造成承揽人损失的,应当赔偿损失。

思考
1.我国流通加工的法规表现在哪些法律法规中?
2.我国不同产品的流通加工的法规差异有哪些体现?

知识拓展

《粮食流通管理条例》有关条款

我国是一个农业大国,粮食流通管理是国计民生的基础保障工作,对粮食的流通管理也特别颁布了《粮食流通管理条例》。部分与流通加工操作运营相关的规范条例如下:

一、粮食流通经营管理规定

1.严禁阻碍粮食自由流通

《粮食流通管理条例》第49条规定:"违反本条例规定,阻碍粮食自由流通的,依照《国务院关于禁止在市场经济活动中实行地区封锁的规定》予以处罚。"

2.严禁非法干预粮食经营者正常经营

《粮食流通管理条例》第50条规定："监督检查人员违反本条例规定,非法干预粮食经营者正常经营活动的,依法给予行政处分;构成犯罪的,依法追究刑事责任。"

二、粮食流通价格管理规定

财政部门须按照国家规定及时、足额拨付补贴资金,不得挤占、挪用、截留。

《粮食流通管理条例》第48条规定："财政部门未按照国家关于粮食风险基金管理的规定及时、足额拨付补贴资金,或者挤占、截留、挪用补贴资金的,由本级人民政府或者上级财政部门责令改正,对有关责任人员依法给予行政处分;构成犯罪的,依法追究有关责任人员的刑事责任。"

案例分析

1.课堂任务操作

针对导入案例,进行讨论:

(1)分析案情;

(2)找出适用的法律法规条款;

(3)根据法律法规条款的规定分析案例。

2.课外任务

查阅特殊商品流通加工规定的条款。

思考讨论

1.签订加工承揽合同时,应从法律角度注意哪些方面的问题?

2.比较普通商品和粮食在流通加工过程中涉及法律规范的差异。

任务7 物流信息管理法规

案例导入

某客户在在淘宝一家叫"百家信数码广场"买了台机器,收到货后,就确认付款了,在刚买来的几天,发现问题越来越多,耳机孔铜片明显氧化有脏物,键盘露光,电池待机时间短,耳机音质相差很大,与商家沟通,商家态度很差,后来商家说机器可退换,当商家收到货后,打电话来说要客户先给予好评才发货,不然不发货。

思考:客户该如何投诉?

相关知识

一、物流信息管理法规概述

物流信息(logistics information)是反映物流各种活动内容的知识、资料、图像、数据、文件的总称。物流信息管理是对物流信息进行采集、处理、分析、应用、存储和传播的过程,也是将物流信息从分散到集中、从无序到有序的过程。物流信息管理具有可得性、及时性、准确性、集成性、适应性和易用性等特点。物流信息管理涉及了计算机技术、网络技术、信息分类编码技术、条码技术、射频识别技术、电子数据交换技术、全球定位系统（GPS）、地理信息系统（GIS）等。信息技术的产生及在物流活动的应用过程中，发生了较多政策、技术、安全等问题。然而，国家现在尚未出台一部相关法律直接约束物流信息管理的行为。当前人们在执行过程中，遵循的法律规范主要源于信息技术的实施领域，例如铁路运输、电子商务买卖，其法律的参照内容主要是物流信息事实领域的其他法律文献，如《中华人民共和国电子签名法》、《中华人民共和国著作权法》，以及由全国人大常委会审议通过的《关于加强网络信息保护的决定》和商务发布的《第三方电子商务交易平台服务规范》等决定、办法文件。

二、物流信息管理系统操作规定

1. 物流信息数据采集与录入规定

物流信息数据的录入和交换是信息系统平台的基本工作职能，基于当前推广物流信息数据收集、整合乃至全民应用的政府企业平台是邮政部门，经营企业平台是铁路运输系统，所以邮政部门和铁路系统在《邮政行业安全信息报告和处理规定》及《铁路集装箱运输规则》有部分出台的信息统计和监控规定。

（1）邮政部门应做好信息收集分析和预警。《邮政行业安全信息报告和处理规定》第7条第1款规定："邮政管理部门应当收集、统计、分析与行业安全运行有关的信息，及时向邮政企业、快递企业发出安全预警。"

（2）车站应于作业完成后限时完成物流信息录入。《铁路集装箱运输规则》第85—86条规定：车站应于作业完成后1小时内，将装卸车、进出站、交付、出入境、下水、修理、报废、备用、新箱投入等信息录入铁路集装箱运输管理信息系统。铁路局应加强监督检查，保证集装箱运输信息采集和上报完整、准确、及时，做好大点箱日常清查核实工作，保证铁路箱资产安全。

2. 物流信息数据监控规定

（1）铁路集装箱运输信息应当跟踪共享。《铁路集装箱运输规则》第84条规定："铁路集装箱运输管理信息系统对集装箱实行精确的号码制管理，动态跟踪每个集装箱的位置和状态，实现各作业环节信息共享和作业流程贯通。"

（2）邮政企业、快递企业和邮政管理部门应当实行特殊时期实时跟踪监控信息。《邮政行业安全信息报告和处理规定》第13条规定："邮政企业、快递企业和邮政管理部门应当实行特殊时期24小时值班制度，接收、核实、报告、跟踪有关突发事件信息，并按照职责权限承担或者参与事件的处置。"

（3）集装箱运输使用的电子数据交换和信息共享。《铁路集装箱运输规则》第83条规定："集装箱运输使用统一的票据、报表和电子单证，实现作业信息的实时采集与综合利用，逐步实现与港口、口岸、客户等的电子数据交换和信息共享。"

3. 物流信息数据安全规定

《邮政行业安全信息报告和处理规定》第10条规定了邮政企业、快递企业日常生产经营中与安全有关的运营信息范围："本规定所称邮政企业、快递企业日常生产经营中与安全有关的运营信息（以下简称日常安全信息）主要包括：①寄递过程中发现枪支弹药、毒品、非法出版物等禁寄物品；②用户使用寄递服务的信息遭非法泄露；③邮件、快件被盗窃、非法扣留、冒领、私自开拆、隐匿、毁弃，或者运送邮件、快件的车辆被非法拦截、强登、扒乘；④邮政企业、快递企业负责人或者安全管理人员变更；⑤邮政企业、快递企业主要负责人因违法行为被有关部门立案调查;⑥邮政企业、快递企业因违反安全监管规定或者因其他违法行为被有关部门查处;⑦邮政企业、快递企业因安全管理工作成效突出受到有关部门表彰;⑧邮政企业、快递企业发现重大安全隐患自身难以排除;⑨其他日常生产经营中与安全有关的重要运营信息。"

随着网络操作交易的日益发达,电子签名在网络交易环境中使用越来越多,因此网络电子签名的使用也尤为关键。

《中华人民共和国电子签名法》第13条规定了有效的电子签名:①电子签名制作数据用于电子签名时,属于电子签名人专有;②签署时电子签名制作数据仅由电子签名人控制;③签署后对电子签名的任何改动能够被发现;④签署后对数据电文内容和形式的任何改动能够被发现。当事人也可以选择使用符合其约定的可靠条件的电子签名。

《中华人民共和国电子签名法》第17条规定:"提供电子认证服务,应当具备下列条件:①取得企业法人资格;②具有与提供电子认证服务相适应的专业技术人员和管理人;③具有与提供电子认证服务相适应的资金和经营场所;④具有符合国家安全标准的技术和设备;⑤具有国家密码管理机构同意使用密码的证明文件;⑥法律、行政法规规定的其他条件。"

对于信息的安全处理,当前主要的规定有:

①做好信息安全培训。《邮政行业安全信息报告和处理规定》第6条规定:"邮政管理部门、邮政企业、快递企业应当加强安全信息报告和处理的宣传培训,增强有关人员的责任意识,提高安全信息报告和处理能力。"

②电子认证服务提供者应当制定、公布符合国家规定的认证业务规则并备案。《中华人民共和国电子签名法》第19条规定:"电子认证服务提供者应当制定、公布符合国家有关规定的电子认证业务规则,并向国务院信息产业主管部门备案。电子认证业务规则应当包括责任范围、作业操作规范、信息安全保障措施等事项。"

③电子认证服务提供者收到申请后审查材料。《中华人民共和国电子签名法》第20条规定:"电子签名人向电子认证服务提供者申请电子签名认证证书,应当提供真实、完整和准确的信息。电子认证服务提供者收到电子签名认证证书申请后,应当对申请人的身份进行查验,并对有关材料进行审查。"

三、第三方电子商务交易服务规定

随着网络销售购物的日渐频繁,电子商务交易已经逐渐代替了部分实体经营,与之伴随的电商交易安全保障也逐渐被人们所提出,为此,中华人民共和国商务部于2011年4月12日发布了《第三方电子商务交易平台服务规范》(简称《电商交易平台服务规范》),旨在规范第三方电子商务交易平台的经营活动,保护企业和消费者合法权益,营造公平、诚信的电子商务交易环境。

《电商交易平台服务规范》通过对数据存储与查询,制定和实施平台交易管理制度,用户协议,交易规则,终止经营,平台交易情况的统计及对交易信息的管理,实现对物流信息技术和数据管理的规范。

1. 交易平台设施及运行环境维护规定

交易平台应保障设施完好,运行环境正常并能稳定维护。《电商交易平台服务规范》5.4条规定:"平台经营者应当保障交易平台内各类软硬件设施的正常运行,维护消防、卫生和安保等设施处于正常状态。平台经营者应按照国家信息安全等级保护制度的有关规定和要求建设、运行、维护网上交易平台系统和辅助服务系统,落实互联网安全保护技术措施,依法实时监控交易系统运行状况,维护平台交易系统正常运行,及时处理网络安全事故。日交易额1亿元人民币以上(含1亿元)的第三方电子商务交易平台应当设置异地灾难备份系统,建立灾难恢复体系和应急预案。"

2. 数据存储与查询规定

电商平台应当能保障数据存储与查询的安全保密性。《电商交易平台服务规范》5.5条规定:"平台经营者应当妥善保存在平台上发布的交易及服务的全部信息,采取相应的技术手段保证上述资料的完整性、准确性和安全性。站内经营者和交易相对人的身份信息的保存时间自其最后一次登录之日起不少于两年;交易信息保存时间自发生之日起不少于两年。站内经营者有权在保存期限内自助查询、下载或打印自己的交易信息。鼓励第三方交易平台通过独立的数据服务机构对其信息进行异地备份及提供对外查询、下载或打印服务。"

3. 平台交易管理规定

平台交易管理过程应当规范化。《电商交易平台服务规范》5.6条规定:"平台经营者应提供规范化的网上交易服务,建立和完善各项规章制度,包括但不限于下列制度:①用户注册制度;②平台交易规则;③信息披露与审核制度;④隐私权与商业秘密保护制度;⑤消费者权益保护制度;⑥广告发布审核制度;⑦交易安全保障与数据备份制度;⑧争议解决机制;⑨不良信息及垃圾邮件举报处理机制;⑩法律、法规规定的其他制度。平台经营者应定期在本平台内组织检查网上交易管理制度的实施情况,并根据检查结果及时采取改善措施。"

4. 交易信息的管理规定

交易应体现真实、安全和合法的信息。《电商交易平台服务规范》6.4条规定:"平台经营者应对其平台上的交易信息进行合理谨慎的管理:①在平台上从事经营活动的,应当公布所经营产品的名称、生产者等信息;涉及第三方许可的,还应公布许可证书、认证证书等信息。②网页上显示的商品信息必须真实。对实物(有形)商品,应当从多角度多方位予以展现,不可对商品的颜色、大小、比例等做歪曲或错误的显示;对于存在瑕疵的商品应当给予充分的说明并通过图片显示。发现站内经营者发布违反法律、法规广告的,应及时采取措施制止,必要时可以停止对其提供网上交易平台服务。③投诉人提供的证据能够证明站内经营者有侵权行为或发布违法信息的,平台经营者应对有关责任人予以警告,停止侵权行为,删除有害信息,并可依照投诉人的请求提供被投诉人注册的身份信息及联系方式。④平台经营者应承担合理谨慎信息审查义务,对明显的侵权或违法信息,依法及时予以删除,并对站内经营者予以警告。"

> **思考**
> 1. 物流信息法规的表现形式有哪几种?
> 2. 物流信息管理法规调整的对象是什么?

📙 案例分析

1. 课堂任务操作

针对导入案例,进行讨论:

(1)分析案情;

(2)找出适用的法律法规条款;

(3)根据法律法规条款的规定分析案例。

2. 课外任务

查阅《电商交易平台服务规范》等法律规定。

思考讨论

1. 物流信息管理过程中有哪些相关规定？请举例。
2. 说明物流信息管理涉及法规的作用和内容。

实训操作

案情 1

甲公司为某精肉生产商,乙公司为某物流服务商,专为甲公司等几家精肉生产商提供精细包装、仓储和定时配送服务。2015 年 6 月 2 日,乙公司将甲公司已加工好的猪肉进行包装完毕后存入其第 7 号冷库储存。同年 6 月 4 日,乙公司要扩建仓库通道,通道暂行阻塞,便打开 7 号冷库前后门,时间长达两个小时,在温度超标准很长一段时间后才关闭前后门并强行降温。6 月 8 日,当甲公司派人查看猪肉时发现包装纸箱上有水珠,猪肉表面有黄斑点,甲公司速将猪肉取样送市卫生防疫站化验,结果表明肉质软化,缺乏光泽,有酸味,肉质严重下降。乙公司为了避免纠纷,同意减少仓储费 2500 元,并以每吨 6065 元的价格买下全部存货以由其负责处理。甲公司为了从速处理冻肉,防止继续变质,同意了这种办法,收回货款 48630 元,但仍造成经济损失 10984 元。猪肉处理完毕后,甲公司要求乙公司赔偿损失,双方为此发生了纠纷。乙公司声称其已收购了甲公司的猪肉,而因此承担了大部分损失,问题已经解决,甲公司再要求赔偿没有道理。甲公司则认为,将猪肉卖给乙公司是为了防止损失继续扩大,乙公司的违约责任并未解除。

思考: 甲公司的经济损失应该由谁来承担？为什么？

案情 2

甲为某国际综合物流服务公司。2016 年 4 月,甲公司为某市乙公司提供由中国武汉到美国纽约的全程综合物流服务。2016 年 4 月 16 日,甲公司指示其在上海港的代理安排货物在上海港的短期仓储,以待装船,同时对有关仓储提出了一定要求。该代理依指示而委托上海港的丙仓库代为储存,双方签订了仓储合同,并且约定甲公司交付货物时,丙给付提货单,且凭提货单取货。缔约后,该仓库按要求作了适当安排。但是,2016 年 4 月 20 日,装运该批货物的船舶在运输途中失事,全部货物沉没。于是甲公司通知其上海港的代理解除该仓储合同,但未提交有关机构的证明。丙仓库经营人称,其已为履行合同做好了准备,如要求解除合同,甲公司应承担违约责任并赔偿损失。双方协调不成,诉至法院。

思考: 甲公司是否应该承担违约责任并赔偿损失？为什么？

案情 3

4 月 25 日,申请人张某和被申请人上海某家具厂签订了一份合作协议书。协议约定,申请人委托被申请人加工生产柚木家具共×套,每套单价为 a 元,合同总价为 A 元。双方约定,被申请人先生产一套样品,样品按照被申请人提供的家具尺寸、结构、工艺等基础上双方协定修改来生产,家具样品应该在 5 月 10 日前向申请人交付,并由申请人验收后下达样品确认书,被申请人根据样品确认书的标准进行生产。双方还约定,签订合作协议书时,申请人支付给被申请人预付款 B 元,用于样品生产;家具样品完成主体框架后,申请人支付样品剩余货款 C

元;家具样品确认书下达后三个工作日内,申请人支付货款 D 元,余款在被申请人完成家具生产后,送货的前一天支付。另外,双方约定如有一方违约,另一方可以提出解约,终止合同,违约方应当赔偿对方的损失;在没有造成损失的情况下,违约方应支付合同金额 20% 的违约金。

合作协议签订后,申请人支付了样品生产的预付款 B 元,被申请人按照双方的约定进行家具样品的生产。4 月 30 日、5 月 9 日,申请人先后两次到被申请人的家具样品生产场地对家具样品进行查验,并对床、床头柜、电视柜、大衣柜的质量,提出了整改意见;被申请人也承诺同意按照要求进行更改。5 月 22 日,申请人向被申请人发出解约函,要求解除双方签订的合作协议书,并要求被申请人返还预付款 B 元,并支付违约金 E 元。

思考:

1. 上海某家具厂是否违约?为什么?

2. 应当由谁承担违约责任?

参考文献

[1]杨希锐,吴礼林.交通事故处理与索赔案例分析[M].北京:人民交通出版社,2014:193.

[2]曾宪培.道路交通法规[M].北京:机械工业出版社,2013:44－46,269－270.

[3]王明.最新道路交通法38个热点问题[M].北京:中国法制出版社,2014:10－11.

[4]胡兴成,等.物流法律与法规[M].北京:高等教育出版社,2006:11

[5]交通运输部道路运输司.道路运输事故典型案例评析[M].北京:人民交通出版社,2013:34－35.

[6]王朝辉,方乐新.交通行政执法理论结合案例研究[M].长春:吉林人民出版社,2006:103－105.

[7]何树林.道路交通运输管理法规与案例教程[M].北京:国防工业出版社,2012:76－110,205.

[8]牛洪波.交通事故·案件要览[M].北京:中国经济出版社,2010:120.

[9]王水平.道路运输事故典型案例评析[M].北京:人民交通出版社,2013:67－79.

[10]道路危险货物运输管理规定释义[M].北京:人民交通出版社,2013:25－32.

[11]雷孟林.运输合同法总论[M].北京:人民交通出版社,2006:14－20.

[12]中华人民共和国交通部.道路运输行政处罚规定[M].北京:人民交通出版社,2001:56－88.

[13]法律出版社法规中心.中华人民共和国道路交通安全法配套规定:注解版[M].北京:法律出版社,2009:3－5.

[14]余霞,石贵舟.运输管理实务[M].北京:人民邮电出版社,2012.

[15]危险物品运输合同[EB/OL].(2012－07－27)[2016－01－25].http://www.66law.cn/topic2010/wlysht/53589.shtml.

[16]交通行政诉讼法案例分析[EB/OL].(2014－12－24)[2016－01－20].http://wen.bailiff.com/link?Burl=KZz1qYCeRvMGHnnOlYmFoJc6gZKGnyR16R94rcgiAsdFo9hkge6EZEMqXrkDPO7C4n_TAHlUHGcIbqcynP7knEfM8－Wzltro0TAUSFSPgpG.

[17]保险合同的基本内容[EB/OL].(2014－08－11)[2016－10－12].http://www.cpic.com.cn/zixun/hydt/930605.shtml.

[18]刘思佳.第三方物流合同法律问题研究[J].湖北警官学院学报,2013(4):94－96.

[19]刘全运.论国际货物运输合同的法律特征[J].商,2014(16):163.

[20]郑国华.交通运输法概论[M].长沙:中南大学出版社,2009:8－10.

[21]驾驶员继续教育学院.道路交通事故十大典型案例[EB/OL].(2014－09－05)[2016－10－8].http://www.jsy360.cn/html/wroks－break/2014/09/05/22491.html.

[22]王玫,等.物流法律法规[M].武汉:华中科技大学出版社,2010.

[23]中华人民共和国国家质量监督检验检疫总局,中国标准化管理委员会.一般货物运输包装通用技术条件(GB/T 9174—2008)[M].北京:中国标准出版社,2008.

[24]中国国家标准化管理委员会.物流公共信息平台应用开发指南——组件与功能(GB/T 22263)[S].2008.

[25]物流企业分类与评估指标(GB/T19608—2013)[M].北京:中国标准出版社,2013.

图书在版编目(CIP)数据

交通运输与物流法规/余霞主编. —西安:西安
交通大学出版社,2017.1(2021.7 重印)
ISBN 978 - 7 - 5605 - 9371 - 5

Ⅰ.①交… Ⅱ.①余… Ⅲ.①交通运输管理-法规-
中国-高等职业教育-教材②物流-物资管理-法规-中
国-高等职业教育-教材 Ⅳ. ①D922.296②D922.294

中国版本图书馆 CIP 数据核字(2017)第 011937 号

书 名	交通运输与物流法规	
主 编	余 霞	
责任编辑	史菲菲	

出版发行　西安交通大学出版社
　　　　　(西安市兴庆南路 1 号　邮政编码 710048)
网　　址　http://www.xjtupress.com
电　　话　(029)82668357　82667874(发行中心)
　　　　　(029)82668315(总编办)
传　　真　(029)82668280
印　　刷　西安日报社印务中心

开　　本　787mm×1092mm　1/16　印张 14.875　字数 360 千字
版次印次　2017 年 1 月第 1 版　　2021 年 7 月第 5 次印刷
书　　号　ISBN 978 - 7 - 5605 - 9371 - 5
定　　价　34.80 元